もくじ・学習の記録

【合格へのステップ】

3月

- 1・2年の復習
- 苦手教科の克服

苦手を見つけて早めに克服していこう！　国・数・英の復習を中心にしよう。

7月

- 3年夏までの内容の復習
- 応用問題にチャレンジ

夏休み中は1・2年の復習に加えて，3年夏までの内容をおさらいしよう。社・理の復習も必須だ。得意教科は応用問題にもチャレンジしよう！

9月

- 過去問にチャレンジ
- 秋以降の学習の復習

いよいよ過去問に取り組もう！できなかった問題は解説を読み，できるまでやりこもう。

12月

- 基礎内容に抜けがないかチェック！
- 過去問にチャレンジ
- 秋以降の学習の復習

基礎内容を確実にすることは，入試本番で点数を落とさないために大事だよ。

入試までの勉強法

【本書の使い方と特長】

はじめに
苦手な内容を早いうちに把握して，計画的に勉強していくことが，
入試対策の重要なポイントになります。
本書は必ずおさえておくべき内容を１回４ページ・15回で学習できます。

ステップ１
基本事項を確認しよう。
自分の得意・不得意な内容を把握しよう。

ステップ２
制限時間と配点がある演習問題で，ステップ１の内容が身についたか確認しよう。
UP の問題もできると更に得点アップ！

高校入試実戦テスト
実際の公立高校の入試問題で力試しをしよう。
制限時間と配点を意識しよう。

別冊解答
入試につながる で入試の傾向や対策，
得点アップのアドバイスも確認しよう。
パワーアップ でさらに関連事項を確認しよう。

解き方動画
わからない問題があるときや，もっとくわしく知りたいときは
無料の解き方動画を見ながら学習しよう。

わからない問題に時間をかけすぎずに，解答と解説を読んで理解して，もう一度復習しよう。

動画の視聴方法

対応 OS：iOS 12.0 以上（iPad，iPhone，iPod touch 対応）／ Android 6.0 以上

① App Store や Google Play で「スマレク ebook」と検索し，専用アプリ「スマレク ebook」をインストールしてください。

②「スマレク ebook」で専用のカメラを起動し，紙面にかざすと解き方動画が再生されます。

[AR カメラ] をタップしてカメラを起動します。

カメラを紙面にかざします。

解き方動画が再生されます。
※画像は数学の動画授業です。

※動画の視聴には別途通信料が必要となりますので，ご注意ください。

漢字・ことば 1

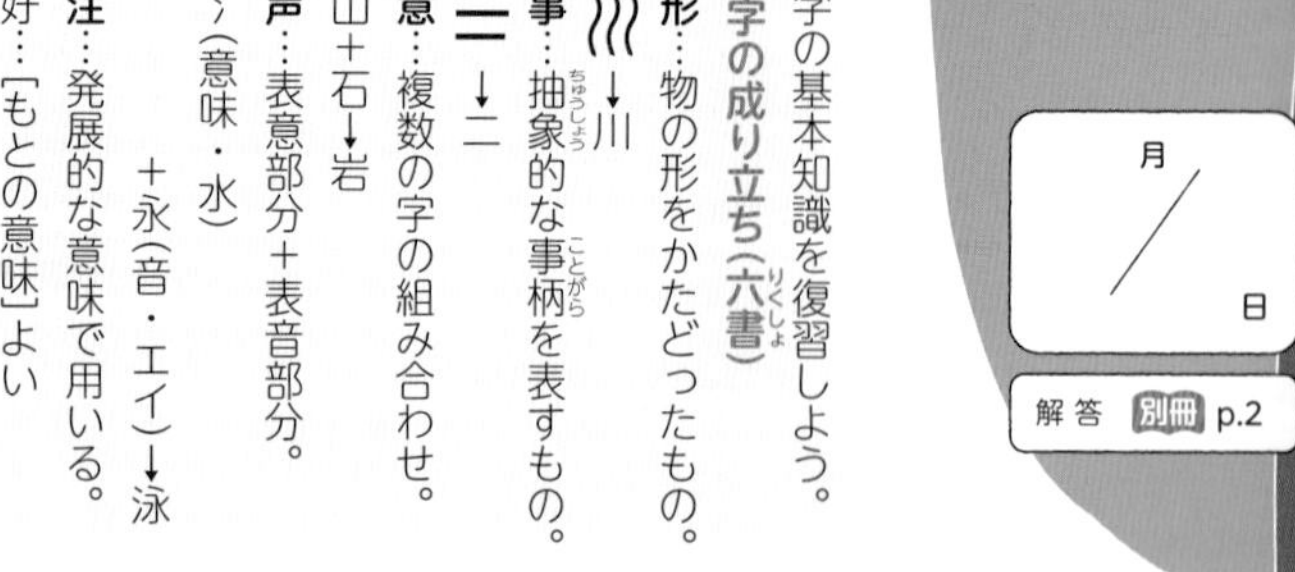

月／日

解答 別冊 p.2

漢字の基本知識を復習しよう。

1 漢字の成り立ち（六書）

象形…物の形をかたどったもの。
例 巛→川

指事…抽象的な事柄を表すもの。
例 二→二

会意…複数の字の組み合わせ。
例 山＋石→岩

形声…表意部分＋表音部分。
例 氵（意味・水）＋永（音・エイ）→泳

転注…発展的な意味で用いる。
例 好…［もとの意味］よい→［発展的意味］このむ

仮借…音だけ借りて語を表す。
例 亜米利加（アメリカ）

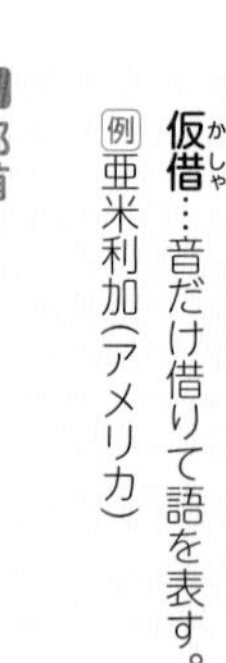

2 部首

偏…例 扌（てへん）→指
旁…例 彡（さんづくり）→影
冠…例 宀（うかんむり）→家
脚…例 皿（さら）→盆
垂…例 厂（がんだれ）→厄
繞…例 廴（えんにょう）→廷
構…例 囗（くにがまえ）→国

1 次の漢字の成り立ちの種類を、あとのア～エから選びなさい。

(1) 花（　　） (2) 一（　　） (3) 鳴（　　）
(4) 畑（　　） (5) 目（　　） (6) 校（　　）

ア 象形　イ 指事　ウ 会意　エ 形声

2 次の漢字の部首名を、あとのア～セから選びなさい。

(1) 届（　　） (2) 単（　　） (3) 党（　　）
(4) 補（　　） (5) 胸（　　） (6) 敬（　　）
(7) 悲（　　） (8) 我（　　） (9) 段（　　）
(10) 窓（　　）

ア ひとあし　イ のぶん
ウ にくづき　エ るまた
オ まだれ　カ しかばね
キ つかんむり　ク こころ
ケ くさかんむり　コ ころもへん
サ しめすへん　シ うかんむり
ス あなかんむり　セ ほこがまえ

3 次の漢字の総画数を算用数字で答えなさい。

(1) 留（　　） (2) 断（　　） (3) 級（　　）
(4) 極（　　） (5) 身（　　） (6) 批（　　）

4 次の――線部の漢字の読みを答えなさい。

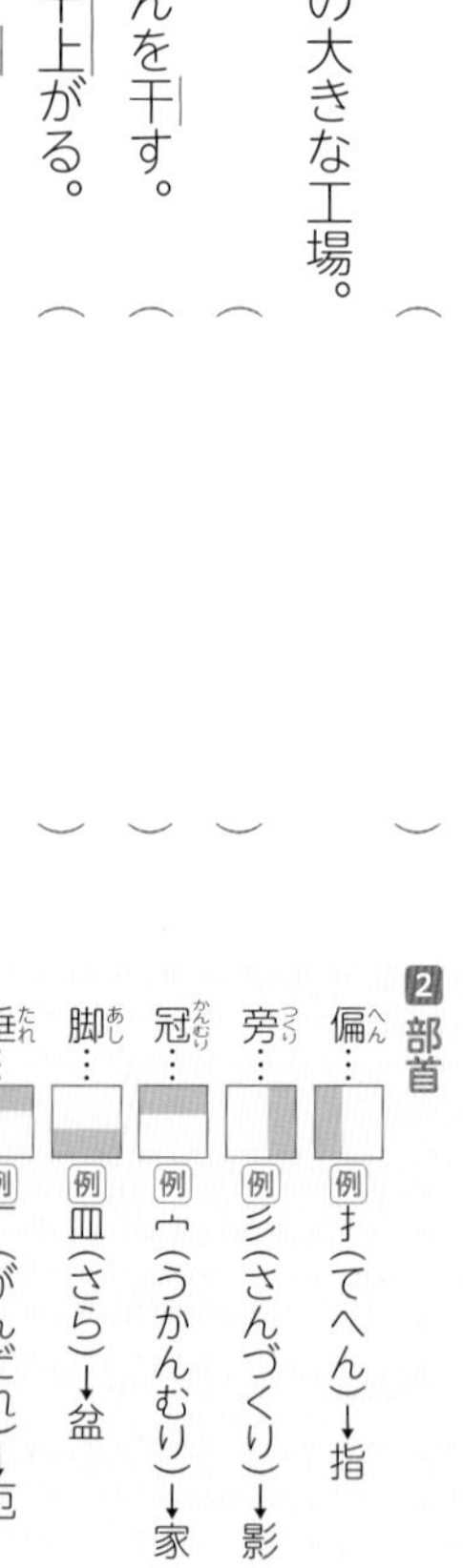

(1) ① 役者の衣装を用意する。（　　）
② マスクを装着する。（　　）

(2) ① 五十分の一の模型を作る。（　　）
② 規模の大きな工場。（　　）

(3) ① ふとんを干す。（　　）
② 水が干上がる。（　　）

(4) ① 書物を著す。（　　）
② 成長が著しい。（　　）

5 次の――線部の熟語について、①・②の各文中での読み方をそれぞれ答えなさい。 ≫4

(1) ① 目下、奮闘(ふんとう)中です。（　　）
② 彼(かれ)は、目下の者にも優(やさ)しい。（　　）

(2) ① 背筋力を鍛(きた)える。（　　）
② 背筋が寒くなる。（　　）

(3) ① 最近人気が出てきた歌手。（　　）
② 人気のない道を通る。（　　）

6 次の熟語の、上下の漢字の読み方の組み合わせを、あとのア～エから選びなさい。 ≫4

(1) 朝晩（　　）　(2) 誠意（　　）
(3) 縁側（　　）　(4) 片手（　　）
(5) 黒幕（　　）　(6) 傷口（　　）
(7) 茶色（　　）　(8) 頂上（　　）

ア 音＋音　**イ** 訓＋訓
ウ 音＋訓(重箱読み)　**エ** 訓＋音(湯桶(ゆとう)読み)

7 次の――線部のカタカナを、文中の意味に合う漢字に直して書きなさい。 ≫4

(1) ① 採用をケントウする。（　　）
② 答えのケントウが付かない。（　　）

(2) ① 樹氷などの自然ゲンショウ。（　　）
② 人口のゲンショウを防ぐ。（　　）

(3) ① 改善策のメイアンが浮(う)かぶ。（　　）
② 運が二人のメイアンを分ける。（　　）

8 次の――線部のカタカナを、文中の意味に合う漢字に直して書きなさい。 ≫4

(1) ① 湯がサめる。（　　）
② 目がサめる。（　　）

(2) ① 年がアける。（　　）
② 木戸をアける。（　　）
③ 旅行で家をアける。（　　）

(3) ① 結婚(けっこん)式の司会をツトめる。（　　）
② 弱点を克服(こくふく)するようツトめる。（　　）
③ 鉄鋼関係の会社にツトめる。（　　）

3 画数

画の形と筆順に注意し、楷書(かいしょ)で正しく書きながら数える。

ここに注意
活字の形にまどわされない。「比」「収」は四画。「糸」は六画。「卵」は七画。

一画で書く部分に注意
例 乙…総画数＝1
及…総画数＝3

4 漢字の音訓

複数の音訓を持つ漢字
読みは言葉によって決まる。
例 紅 音紅白…コウハク
音真紅…シンク
訓口紅…くちべに
訓紅に染まる…くれない

複数の読みを持つ熟語
例 草原…ソウゲン・くさはら

二字熟語の読みの組み合わせ
音＋音、訓＋訓が普通(ふつう)だが、出題でねらわれるのは次のもの。

絶対暗記
重箱読み…「ジュウばこ」。上が音、下が訓。
湯桶読み…「ゆトウ」。上が訓、下が音。

同音異義語・同訓異字
漢字の意味に注意して使い分ける。

漢字・ことば 1

時間 20分　目標 75点

得点　　　点

解答 別冊 p.2

1 次の漢字と成り立ちが同じものをあとのア～エから、成り立ちの種類をa～dから選びなさい。 8点(各1)

① 持　漢字（　　）・成り立ちの種類（　　）
② 本　漢字（　　）・成り立ちの種類（　　）
③ 車　漢字（　　）・成り立ちの種類（　　）
④ 武　漢字（　　）・成り立ちの種類（　　）

ア 森　イ 肉　ウ 清　エ 末

a 象形　b 指事　c 会意　d 形声

2 例にならって次の漢字の部首の部分の形を抜(ぬ)き出して書き、また、その部首名もひらがなで答えなさい。 10点(各1)

例 開　部首の形（門）・部首名（もんがまえ）

① 原　部首の形（　　）・部首名（　　）
② 祈　部首の形（　　）・部首名（　　）
③ 建　部首の形（　　）・部首名（　　）
④ 顔　部首の形（　　）・部首名（　　）
⑤ 然　部首の形（　　）・部首名（　　）

3 次の漢字と総画数が同じ漢字を、あとのア～カから選びなさい。 10点(各2)

① 革（　　）
② 疑（　　）
③ 忘（　　）
④ 危（　　）
⑤ 蒸（　　）

ア 乱　イ 穀　ウ 宅
エ 巻　オ 幕　カ 郷

4 次の――線部の漢字の読みを答えなさい。 16点(各2)

① a 話を聞いて納得する。（　　）
　 b 受験料を納入する。（　　）
② a 精神を鍛(きた)える。（　　）
　 b 日々精進する。（　　）
③ a 皿を割る。（　　）
　 b 時間を割く。（　　）
④ a 厳しい暑さが和らぐ。（　　）
　 b 和やかな雰囲気(ふんいき)。（　　）

5 **次の熟語の読み方を二通りずつ答えなさい。** 6点（各1）

① 年月（　　）・（　　）
② 金色（　　）・（　　）
③ 梅雨（　　）・（　　）

6 **次の熟語と上下の漢字の音訓の組み合わせが同じものを、あとのア〜エから選びなさい。** 8点（各2）

① 本箱（　）　② 坂道（　）
③ 座席（　）　④ 手帳（　）

ア 場所　**イ** 青空　**ウ** 自由　**エ** 台所

7 **次の各文の――線部のカタカナを、文中の意味に合う漢字に直して書きなさい。** 30点（各2）

① **a** 彼（かれ）の行動にカンシンした。（　　）
b 絵画にカンシンを示す。（　　）
② **a** 選択（せんたく）のヨチがない。（　　）
b 地震（じしん）をヨチする。（　　）
③ **a** 家具の場所をイドウする。（　　）
b 人事のイドウを発表する。（　　）
c 両者にイドウはない。（　　）
④ **a** カタい材木を使用する。（　　）
b 彼らは団結がカタい。（　　）
c カタい文章だ。（　　）
⑤ **a** 明日の試験にソナえる。（　　）
b 仏前に花をソナえる。（　　）
⑥ **a** 布をタつ。（　　）
b 友人が消息をタつ。（　　）
c 酒をタつ決心をする。（　　）

8 **次の(1)・(2)の問いに答えなさい。**

(1) 次の行書で書かれた漢字を楷書（かいしょ）で書いたときの総画数を、漢数字で答えなさい。〔鹿児島県〕6点

被

（　　）画

(2) 「高台の気象観測所」の――線部は湯桶（ゆとう）読みの熟語です。次のア〜オの中から湯桶読みをするものを二つ選びなさい。〔静岡県改題〕6点（各3）

ア 雨具　**イ** 番組　**ウ** 荷物
エ 若者　**オ** 着陸

（　　）（　　）

ヒント **8**(2) 「湯桶読み」とは、二字熟語の漢字の、上が訓読み、下が音読みの読み方である。

漢字・ことば 2

1 次の熟語の構成を、あとのア～クから選びなさい。なお、選択肢は何度使用してもよい。 »1

(1) 知性（　　）　(2) 握手（　　）
(3) 上昇（　　）　(4) 軽食（　　）
(5) 表裏（　　）　(6) 人造（　　）
(7) 国連（　　）　(8) 道路（　　）
(9) 点火（　　）　(10) 市営（　　）
(11) 非常（　　）　(12) 達筆（　　）

ア　上下の漢字が似た意味のもの。
イ　上下の漢字が対立する意味のもの。
ウ　上が修飾語、下が被修飾語のもの。
エ　上が動詞、下が目的語か補語のもの。
オ　上が主語、下が述語のもの。
カ　上が下を打ち消すもの。
キ　下の漢字が接尾語になっているもの。
ク　長い熟語を省略したもの。

2 次の言葉の対義語を、あとのア～エから選びなさい。 »2

(1) 能動（　　）
ア 躍動　イ 受動　ウ 可能　エ 不動

(2) 離陸（　　）
ア 着陸　イ 発着　ウ 出発　エ 上陸

(3) 増進（　　）
ア 増強　イ 強化　ウ 進退　エ 減退

(4) 生産（　　）
ア 産出　イ 死亡　ウ 消費　エ 労働

3 次の言葉の類義語をあとの［　］から選んで、漢字に直して書きなさい。 »2

(1) 自然（　　）　(2) 向上（　　）
(3) 同感（　　）　(4) 任務（　　）

しめい　てんねん
きょうめい　しんぽ

1 二字熟語の構成

①**上下が似た意味**
例 安易・永久・絵画

②**上下が対立する意味**
例 有無・往復・天地

③**上が修飾語・下が被修飾語**
例 好評…好い→評価
急増…急に→増える

④**上が動詞・下が目的語か補語**
例 加熱…加える←熱を
寄港…寄る←港に

⑤**上が主語・下が述語**
例 氷解…氷が—解ける

⑥**上が下を打ち消す**
例 不順…順当でない

⑦**下が接尾語**
例 私的・液化

⑧**長い熟語の略語**
例 入試…入学試験

絶対暗記
打ち消す漢字…不・無・未・非・否
接尾語…性・然・化・的

2 対義語・類義語

●**対義語**…相反する、あるいは対照的な意味の言葉どうし。
例 絶対↔相対　戦争↔平和

月／日

解答 別冊 p.3

4 **次の四字熟語の読みを書き、その意味をあとのア〜キから選びなさい。** »3

(1) 枝葉末節（　　）（　　）
(2) 付和雷同（　　）（　　）
(3) 針小棒大（　　）（　　）
(4) 馬耳東風（　　）（　　）
(5) 我田引水（　　）（　　）
(6) 起死回生（　　）（　　）
(7) 自画自賛（　　）（　　）

ア 人の意見や忠告を気にかけず聞き流すこと。
イ 自分のことを自分で褒めること。
ウ もうだめかと思われた状態から回復すること。
エ 大げさなこと。
オ 主要ではない部分。
カ 自分に都合のいいようにはからうこと。
キ 自分自身の考えがなく、むやみに他人の意見に同調すること。

5 **〔　〕に示した意味の慣用句となるように、□に入る体の一部分を表す漢字一字を答えなさい。** »4

(1) □が広い〔知り合いが多い。〕（　　）
(2) □が痛い〔弱点をつかれ、聞くのがつらい。〕（　　）
(3) □が高い〔誇らしい。得意である。〕（　　）
(4) □を焼く〔持て余す。〕（　　）

---

6 **次の故事から生まれた故事成語をあとのア〜オから、その意味をa〜dから選びなさい。** »5

(1) 楚の国の商人が売り口上に「自分の売る盾は丈夫で何にも突き通されない」「自分の売る矛は鋭くて何でも突き通す」と言ったが、「その矛でその盾を突いたらどうなるか」と聞かれ、答えに詰まった。
　　故事成語（　　）　意味（　　）

(2) 宋の国の農夫が、偶然切り株に衝突して死んだウサギを拾って以来、働くのをやめ、またウサギを拾おうと株の番を続けて笑い者になった。
　　故事成語（　　）　意味（　　）

(3) 宋の国の杜黙が作った詩は、詩の決まりに合っていないものが多かった。
　　故事成語（　　）　意味（　　）

(4) 漢の国の名将韓信は、あえて退路を断つため川を背にして戦い、勝利を収めた。
　　故事成語（　　）　意味（　　）

ア 杜撰　**イ** 背水の陣
ウ 守株　**エ** 矛盾　**オ** 白眼視

a 古い習慣にこだわり続け、進歩がないこと。
b 物事のつじつまが合わないこと。
c 決死の覚悟で立ち向かうこと。
d 書物に誤りが多いこと。物事が雑なこと。

類義語（同意語）…同じ、または似た意味の言葉どうし。
例 外観―外見　機構―組織

3 四字熟語
成語　四字全体で特別な意味を表すものは、意味・用法を覚える。
例 **公明正大**…正しく立派である。
大同小異…大きな違いはない。

4 慣用句
もとの意味とは違う意味で使われるようになった短い言葉。体の一部を表す語を使ったものが多い。
例 **首を長くする**…待ち遠しい。
腹をくくる…覚悟を決める。

5 故事成語
主に中国の古典の中の記述がもとになってできた言葉。「故事」とは「昔のできごと」という意味。
例 **杞憂**
故事 杞の国に、天が崩れ落ちてこないかと心配する人がいた。
意味 取り越し苦労をすること。

絶対暗記
漁夫の利…二者の争いに乗じて第三者が利益を得ること。
五十歩百歩…大差ないこと。
蛇足…余計な付け足し。
四面楚歌…周りがすべて敵であること。孤立無援。

漢字・ことば 2

1 **次の熟語と構成が同じものをあとのア〜クから、構成の説明をa〜hから選びなさい。** 24点(各2)

① 帰郷　熟語（　　）・説明（　　）
② 禍福（かふく）　熟語（　　）・説明（　　）
③ 日照　熟語（　　）・説明（　　）
④ 急性　熟語（　　）・説明（　　）
⑤ 思考　熟語（　　）・説明（　　）
⑥ 俊足（しゅんそく）　熟語（　　）・説明（　　）

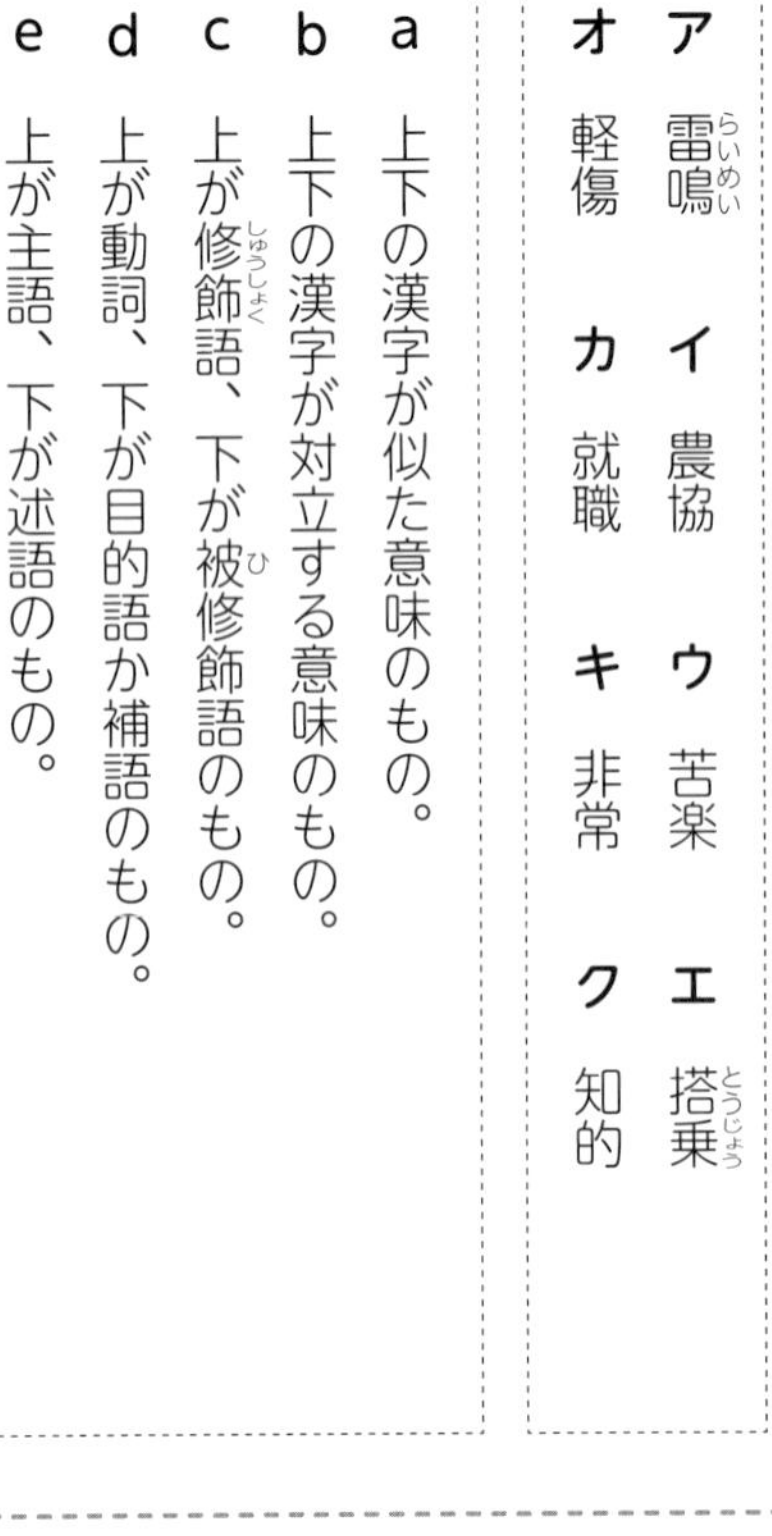

ア 雷鳴（らいめい）　イ 農協　ウ 苦楽　エ 搭乗（とうじょう）
オ 軽傷　カ 就職　キ 非常　ク 知的

a 上下の漢字が似た意味のもの。
b 上下の漢字が対立する意味のもの。
c 上が修飾語（しゅうしょくご）、下が被修飾語（ひしゅうしょくご）のもの。
d 上が動詞、下が目的語か補語のもの。
e 上が主語、下が述語のもの。
f 上が下を打ち消すもの。
g 下の漢字が接尾語（せつびご）になっているもの。
h 長い熟語を省略したもの。

2 **次の言葉の類義語となるように、あとの□から一つずつ選び、漢字に直して答えなさい。** 8点(各2)

① 必然 ―（　　）然
② 詳細（しょうさい） ―（　　）細
③ 互角（ごかく） ―（　　）等
④ 同意 ― 賛（　　）

い　とう　せい　たい　だん

3 **次の言葉の対義語をあとの□から選び、漢字に直して答えなさい。** 8点(各2)

① 需要（じゅよう） ⇔（　　）
② 形式 ⇔（　　）
③ 破壊（はかい） ⇔（　　）
④ 理想 ⇔（　　）

げんじつ　けんせつ　きょうきゅう
ないよう　せいさん

4 **示した意味に合う四字熟語になるように、a・bにあてはまる漢字を一字ずつ答えなさい。また、できた四字熟語の読みも答えなさい。** 24点(各2)

① 一[a]二[b]＝一つのことをして二つの利益を得ること。
a（　　）・b（　　）

読み（　　　）

② [a]語[b]断＝もってのほかであること。

a（　　）・b（　　）

読み（　　　）

③ [a]里[b]中＝心が迷って、どうすべきか分からない状態。

a（　　）・b（　　）

読み（　　　）

④ 大[a]晩[b]＝偉大な人物は遅れて立派になるということ。

a（　　）・b（　　）

読み（　　　）

5 次の（　）に入る慣用句を、あとのア～クから選びなさい。

12点（各2）

① 彼には（　）ほど欲しいものがある。（　）

② 彼女と出会ったいきさつを（　）聞く。（　）

③ 行きづまった計画を（　）。（　）

④ （　）ほど言っても、彼の悪い癖は直らない。（　）

⑤ 先生の話を聞き、計画的に勉強しようと（　）。（　）

⑥ （　）間柄の友人に心のうちを話す。（　）

ア 溜飲を下げる　イ 根掘り葉掘り

ウ のどから手が出る　エ すねをかじる

オ 白紙に戻す　カ 口がすっぱくなる

キ 気が置けない　ク 襟を正す

6 次の(1)～(4)の問いに答えなさい。

(1) 「装飾」と熟語の構成が同じものを、次のア～エから選びなさい。〔大阪府改題〕6点

ア 疾走　イ 到着

ウ 撮影　エ 抑揚　（　）

(2) 次のア～エの熟語の組み合わせのうち、二つの熟語の関係が類義語となっているものを一つ選びなさい。〔高知県〕6点

ア 親切―厚意　イ 天然―人工

ウ 難解―平易　エ 保守―革新　（　）

(3) 「彼の歌のうまさには舌を巻く。」の――線部の意味として最も適切なものを、次のア～オから選びなさい。6点

ア 憤慨する　イ 緊張する　ウ 動揺する

エ 驚嘆する　オ 自嘲する　（　）

(4) 次の【会話】の□に入る言葉として、最も適切なものをあとのア～エから選びなさい。〔茨城県改題〕6点

【会話】

A 昨日のテレビドラマの最終回、すごくおもしろかったね。

B そうだね。でも、最後のシーンがなければ、もっと想像が膨らんでよかったと思うな。

A たしかに、あのシーンは□だったね。

ア 圧巻　イ 余地　ウ 蛇足　エ 推敲　（　）

ヒント 6(1)熟語の上下の漢字の意味を考えてみよう。

文法 1

1 例 にならって、次の各文の文節の分かれ目に／を書き入れなさい。 »1

例 私は／いとこから／野鳥図鑑を／借りた。

(1) りんごはすずしい地方でつくられる。

(2) ぼくはそこまで列車で行こうと思う。

(3) 私は雪の結晶を顕微鏡で見ることにした。

(4) 庭のばらがつぼみをつけました。

2 例 にならって、次の各文の単語の分かれ目に｜を書き入れなさい。 »1

例 やかん｜に｜水｜を｜入れ｜た。

(1) 車は長いトンネルをようやく抜けた。

(2) 見方を変えてみるのも大切なことです。

(3) その人にお礼の手紙を書きましょう。

(4) マメのくきはつるになって巻き付く。

3 次の――線部はどんな文の成分ですか。あとのア～オから選びなさい。 »2

(1) メダカは水の流れと逆方向に泳ぐ。（　）

(2) オーロラ、それは一つの奇跡である。（　）

(3) 夏には各地で花火大会が開かれる。（　）

(4) 重いが、一人で持てないことはない。（　）

(5) 道路標識にも絵文字が使われている。（　）

ア 主語　イ 述語　ウ 修飾語
エ 独立語　オ 接続語

4 次の各文の主語を一文節で抜き出しなさい。 »2

(1) 極度の緊張で私のひざはがくがくふるえた。（　）

(2) アフリカにはサバンナとよばれる大草原がある。（　）

(3) 確かにすばらしい作品だ、彼のあの絵は。（　）

(4) チョウの目もトンボと同じように複眼だ。（　）

文法の基本事項を復習しよう。

1 文節・単語

文節…「ネ」や「サ」をつけて区切れ、意味のある最小単位。自立語は一文節に必ず一つだけ入る。付属語は一文節中にないときも、一つのときも、複数入るときもある。

単語…文節よりもっと小さく、これ以上分けると語として成立しない言葉の最小単位。

ここに注意
「待ち望む」「忘れ物」など複合語は一語。「待ち」・「望む」などと分けてはいけない。

2 文の組み立て

▼**文の成分**

主語…「何が(は)」を表す部分。

述語…「どうした・どんなだ・何だ」を表す部分。

修飾語…他の文節の内容をくわしく説明する部分。

接続語…文節どうしの関係や別の文との関係を示す部分。

独立語…他の文節と係り受けの関係のない部分。

月／日

解答 別冊 p.4

5 **次の――線部が直接修飾する文節を抜き出しなさい。** »2 3

(1) 南米の深い森林には、いろいろな珍しくおもしろい生物がすんでいる。（　　）

(2) 屋根に積もった雪の重みで、きのうから部屋の戸があきにくい。（　　）

(3) 彼はいつも仕事のために通る道で、今日は何やら不思議なものを拾った。（　　）

6 **次の――線部①・②の文節の関係を、あとのア〜エから選びなさい。なお、選択肢は何度使用してもよい。** »3

(1) 言葉は　伝達の　①手段で　②ある。（　　）

(2) 卵の　①重さは　平均で　②約五十五グラムです。（　　）

(3) ①姉と　②私は　遊園地で　観覧車に　乗った。（　　）

(4) ①都会にも、多くの　野鳥が　②いる。（　　）

(5) 港を　①出て　②いく　船が　見えた。（　　）

ア 主語・述語の関係　**イ** 修飾・被修飾の関係

ウ 並立の関係　**エ** 補助の関係

7 **次の――線部の言葉の品詞名を、あとのア〜コから選びなさい。なお、選択肢は何度使用してもよい。** »4

(1) どんぐりはリスの好物である。（　　）

(2) あら、停電かしら。（　　）

(3) 渡りをしない鳥は留鳥と呼ばれる。（　　）

(4) トマトは、観賞用の植物だった。（　　）

(5) 人が行き来すると、自然に道になる。（　　）

(6) 赤、もしくは紫の花を植えたい。（　　）

(7) 電話の歴史も調べてみると興味深い。（　　）

(8) とんだ災難にあったものだ。（　　）

(9) 鉄は加工しやすい金属である。（　　）

(10) 天気に関することわざも多い。（　　）

(11) モグラの手は穴掘りに適している。（　　）

(12) 地球の表面は決して平坦ではない。（　　）

(13) 人の心も月のように満ちては欠ける。（　　）

(14) もっと地図記号を覚えよう。（　　）

(15) 新茶の季節が待ち遠しくなった。（　　）

(16) 適度な運動は健康な身体を作る。（　　）

(17) 大地のめぐみに心から感謝する。（　　）

ア 名詞　**イ** 動詞　**ウ** 形容詞

エ 形容動詞　**オ** 連体詞　**カ** 副詞

キ 接続詞　**ク** 感動詞　**ケ** 助動詞

コ 助詞

＊一文節の場合「〜語」というが、連文節（複数の文節の集まり）の場合は「〜部」という。

3 文節の関係

主語・述語の関係

修飾・被修飾の関係

並立の関係…対等に並ぶ関係。順序を入れ替えることができる。

例 風も　雨も　強い。

補助の関係…下の文節が上の文節に補助的な意味を添える関係。

例 走って　いる。
彼は　弱く　ない。

4 品詞の分類　絶対暗記

［自立語（八つ）］

名詞…活用しない。体言。

動詞…活用する。用言。

形容詞…活用する。用言。

形容動詞…活用する。用言。

連体詞…活用しない。体言にかかる。

副詞…活用しない。用言にかかる。

接続詞…活用しない。語と語、文と文などをつなぐ。

感動詞…活用しない。感動・挨拶・応答・呼びかけ。

［付属語（二つ）］

助詞…活用しない。

助動詞…活用する。

第3回　ステップ2

文法 1

時間 20分　目標 75点

得点　　点

解答 別冊 p.4

1 次の各文はいくつの単語からできていますか。算用数字で答えなさい。

10点(各2)

① やはり一人で出かけるのは心細い。（　　）

② 台風の影響で窓ががたがた鳴る。（　　）

③ インコは鳥かごの中で飼うのが一般的である。（　　）

④ 水は液体から固体になるとき、体積が増える。（　　）

⑤ 全国の城の歴史を調べませんか。（　　）

2 次の各文から文全体の主語と述語を、それぞれ一文節で抜き出しなさい。

20点(各2)

① 高温で溶融状態のマグマは、冷却し固まると火成岩となる。

主語（　　）　述語（　　）

② 樹木の年輪は、現代の私たちに興味深い研究材料である。

主語（　　）　述語（　　）

③ この川はかつては川底が見えるほど美しかった。

主語（　　）　述語（　　）

④ はい、これです、先週の木曜に私が読んだ本は。

主語（　　）　述語（　　）

⑤ みんなで世界の地球温暖化について考える時期が来た。

主語（　　）　述語（　　）

3 次の各文の文の成分の組み立てを、あとのア～クから選びなさい。

16点(各2)

① 特別天然記念物のニホンカモシカは日本にしかいない。（　　）

② 携帯電話は今や世界中に普及した。（　　）

③ 公園、この場所は都会のオアシスだ。（　　）

④ クワガタの大あごの力は強い。（　　）

⑤ 頑張ったが、意外にも記録は伸びなかった。（　　）

⑥ 彼は見つめ続けた、釣りざおの浮きの動きを。（　　）

⑦ 頂いた子犬は二匹とも元気に育ちました。（　　）

⑧ 豆腐を大豆から作ることは周知の事実だ。（　　）

ア 主語＋述語＋修飾語＋修飾語＋修飾語

イ 接続語＋修飾語＋主語＋述語

ウ 主語＋修飾語＋修飾語＋述語

エ 修飾語＋修飾語＋主語＋述語

オ 修飾語＋修飾語＋修飾語＋主語＋修飾語＋述語

カ 独立語＋修飾語＋主語＋修飾語＋述語

キ 修飾語＋主語＋修飾語＋述語

ク 修飾語＋主語＋修飾語＋修飾語＋述語

4 **次の――線部が直接修飾する一文節を抜き出しなさい。** 16点（各4）

① 画家がキャンバスに色鮮やかな美しいさまざまな絵を描いた。（　　）

② みんなが寝てから、こっそりお菓子を食べた。（　　）

③ 私は休日の昼間は、通常、読書をしている。（　　）

④ 折り紙を使って兄弟たちと飛行機を作った思い出がある。（　　）

5 **次の――線部の単語の品詞名を、あとのア～コから選びなさい。なお、選択肢は何度使用してもよい。** 28点（各2）

① 今夜はきれいな満月が見られそうだ。（　　）

② 祖母の手を取ってゆっくりと歩いた。（　　）

③ あの老人はやはり古くから住んでいる。（　　）

④ しばらく雨が降っていない。（　　）

⑤ アサガオの種を花壇にまきました。（　　）

⑥ 国会、それは唯一の立法機関だ。（　　）

⑦ 将来は音楽より美術の道へ進みたい。（　　）

⑧ 発表会はいつもどきどきする。（　　）

⑨ 彼は元気に過ごしているそうだ。（　　）

⑩ いいえ、ちがいます。（　　）

⑪ 動物の赤ちゃんはとてもかわいい。（　　）

⑫ 三時のおやつにクッキーまたはケーキが食べたい。（　　）

⑬ 約束の時間は過ぎたのに彼女はまだ来ない。（　　）

⑭ 年末になると毎日忙しくなる。（　　）

ア 名詞　イ 動詞　ウ 形容詞　エ 形容動詞
オ 連体詞　カ 副詞　キ 接続詞　ク 感動詞
ケ 助動詞　コ 助詞

6 **次の(1)・(2)の問いに答えなさい。**

(1) 「子供たちが元気に遊んでいる。」を単語に区切り、切れる箇所に／を書きなさい。 完答6点

子 供 た ち が 元 気 に 遊 ん で い る。

(2) 次の文を文節で分けたとき、いくつに分かれるか、その数を漢数字で答えなさい。 〔島根県改題〕 4点

この土地が、今日から家族の新しく住む場所になる。

（　　）文節

ヒント **6**(1) 「たち」は接尾語。「で」は助詞「て」が濁音化したものである。形容動詞に注意しよう。

文法 2

1 **次の各文から自立語をすべて順に抜き出しなさい。** ≫1

(1) あの人はとてもなめらかな英語を話す。
（　　　　）

(2) 今までにすばらしい映画がたくさん作られた。
（　　　　）

(3) 兄との約束を、うっかり忘れるところでした。
（　　　　）

(4) 古代人にとって海は恐ろしい場所でもあった。
（　　　　）

2 **次の各文から体言をすべて順に抜き出しなさい。** ≫2

(1) 作文はなるべく身近な題材で書くとよい。
（　　　　）

(2) あいさつは親しみの気持ちを表す。
（　　　　）

(3) デザートに二種類のケーキを食べた。
（　　　　）

(4) アゲハチョウは葉に黄色い卵を産みつける。
（　　　　）

3 **次の各文に含まれる用言を、言い切りの形にして書き、品詞名も答えなさい。** ≫2

(1) 朝から波は穏やかだった。
言い切りの形（　　　　）
品詞名（　　　　）

(2) この天気では、外はさぞ寒かろう。
言い切りの形（　　　　）
品詞名（　　　　）

(3) 贈り物に選んだのは金色の懐中時計だった。
言い切りの形（　　　　）
品詞名（　　　　）

月／日

解答 別冊 p.5

品詞のうち自立語は八つ。それぞれの性質を確かめよう。

1 自立語と付属語

自立語…単独で文節を作れる言葉。

付属語…自立語に付属して使われる言葉。単独で文節を作ることができない。

2 体言と用言

体言…ものの名を表し、主語になれる言葉。**名詞**。

用言…動作や様子を表し、述語になれる言葉。活用のある自立語。

・**動詞**…動作や存在を表す。言い切りの形の終わりはウ段の音。

・**形容詞**…様子や状態を表す。言い切りは「い」で終わる。

・**形容動詞**…様子や状態を表す。言い切りは「だ」で終わる。

3 動詞の活用

▼**活用形**

未然形…ナイ・ウ(ヨウ)に続く形。

連用形…タ・マスに続く形。

終止形…言い切る形。

連体形…体言に続く形。

仮定形…バに続く形。

命令形…命令して言い切る形。

4 次の――線部の動詞の活用の種類をあとのア～オから、活用形をa～fから選びなさい。 »3

(1) トンボの幼虫は水の中で暮らします。
活用の種類（　　）活用形（　　）

(2) 世界には一九〇を超える国がある。
活用の種類（　　）活用形（　　）

(3) 節分の日に豆まきをした思い出がある。
活用の種類（　　）活用形（　　）

(4) 音楽を聴けば、楽しい気分になれる。
活用の種類（　　）活用形（　　）

(5) すべての生物と、地球の上でともに生きる。
活用の種類（　　）活用形（　　）

(6) 返事が来ないと不安になる。
活用の種類（　　）活用形（　　）

(7) 来週の月曜日に課題を提出せよ。
活用の種類（　　）活用形（　　）

(8) 目標は高く掲げよう。
活用の種類（　　）活用形（　　）

ア 五段活用　イ 上一段活用
ウ 下一段活用　エ カ行変格活用
オ サ行変格活用

a 未然形　b 連用形　c 終止形
d 連体形　e 仮定形　f 命令形

5 次の――線部の単語の品詞名を、あとのア～エから選びなさい。 »4

(1) 瞳はまるで星のように輝いていた。（　　）

(2) 駅に集合ですね、はい、承知しました。（　　）

(3) 改善のためにあらゆる努力をする。（　　）

(4) 彼女は母の姉の娘、すなわちいとこだ。（　　）

ア 連体詞　イ 副詞
ウ 接続詞　エ 感動詞

6 次の各文から副詞を抜き出し、その種類をあとのア～ウから選びなさい。 »4

(1) 風がびゅうびゅう吹き、木を激しく揺らした。
副詞（　　）種類（　　）

(2) 傷つける気など全くなかった。
副詞（　　）種類（　　）

(3) ずいぶん長く待ったが、相手は現れなかった。
副詞（　　）種類（　　）
副詞（　　）種類（　　）

ア 状態の副詞　イ 程度の副詞
ウ 陳述（呼応）の副詞

▼活用の種類

絶対暗記

五段活用…ナイに続く音がア段。例 書く→書かナイ
上一段活用…ナイに続く音がイ段。例 足りる→足りナイ
下一段活用…ナイに続く音がエ段。例 植える→植えナイ
カ行変格活用…「来る」一語だけ。
サ行変格活用…「する」とその複合語だけ。

ここに注意
「活用形」と「活用の種類」を混同しないこと。

4 主語にならず活用しない自立語

・**連体詞**…専ら体言を修飾する。
例 わが国の文化。
・**副詞**…主に用言を修飾する。
状態の副詞…例 きらきら光る。
程度の副詞…例 かなり遠い。
陳述(呼応)の副詞
例 おそらく晴れるだろう。
少しもあわてない。
・**接続詞**…語と語、文と文などをつなぐ。文中で接続語になる。
順接／逆接／並列・累加・添加／説明・補足／対比・選択／転換
・**感動詞**…感動・挨拶・応答・呼びかけ。文中で独立語になる。
例 あっ、思い出した。

第4回 ステップ2

文法 2

時間 20分　目標 75点

得点　　点

解答 別冊 p.5

1 例にならって、次の文から自立語をすべて順に抜(ぬ)き出しなさい。また、そのうち体言は○で囲みなさい。 10点（各完答5）

例 木の葉が色づく季節になった。
（(木)　(葉)　色づく　(季節)　なっ）

① 夜に咲(さ)く花は意外に多いのである。
（　　　　）

② コナラに比べるとクヌギの実は丸い。
（　　　　）

2 次の各文から用言を抜き出し、言い切りの形にして答えなさい。また、品詞名も答えなさい。 12点（各2）

① 彼(かれ)はみんなにとても親切な少年だ。
言い切りの形（　　　　）
品詞名（　　　　）

② 今日は一年の中でも特に暑かった。
言い切りの形（　　　　）
品詞名（　　　　）

③ 明日私とあなたとで彼女(かのじょ)の演奏会に行こう。
言い切りの形（　　　　）
品詞名（　　　　）

3 次の動詞を（　）にあてはまる形に活用させて答えなさい。 16点（各2）

① **助ける**　困っている人がいたら（　）よう。（　　　　）

② **見る**　公開したばかりの映画を早く（　）たい。（　　　　）

③ **走る**　フルマラソンを（　）ときの心構えを聞く。（　　　　）

④ **来る**　開演時間に間に合うように（　）。（命令する言い方。）（　　　　）

⑤ **成功する**　もし（　）ば、大きな成果が期待できる。（　　　　）

⑥ **捨てる**　海にゴミを（　）ないようにしよう。（　　　　）

⑦ **起きる**　明日は朝練があるので、午前六時に（　）ます。（　　　　）

⑧ **読む**　図書館で借りた本を（　）だ。（　　　　）

4 **次の――線部の動詞の活用の種類をあとのア～オから、活用形をa～fから選びなさい。** 40点(各2)

① いっしょに試験を受けよう。 種類（　　）・活用形（　　）
② 野菜は柔らかく煮ます。 種類（　　）・活用形（　　）
③ もっと速く縄跳びを回せ。 種類（　　）・活用形（　　）
④ 全く練習しない。 種類（　　）・活用形（　　）
⑤ 桜はまだ咲きません。 種類（　　）・活用形（　　）
⑥ 風邪によく用いる薬だ。 種類（　　）・活用形（　　）
⑦ 秋は食欲が増す。 種類（　　）・活用形（　　）
⑧ あなたも来ればいいのに。 種類（　　）・活用形（　　）
⑨ 明日の試合に備えて早く寝た。 種類（　　）・活用形（　　）
⑩ たくさん運動をしたい。 種類（　　）・活用形（　　）

ア 五段活用　**イ** 上一段活用　**ウ** 下一段活用
エ カ行変格活用　**オ** サ行変格活用

a 未然形　**b** 連用形　**c** 終止形
d 連体形　**e** 仮定形　**f** 命令形

5 **次の――線部に注意して、（　）にあてはまる副詞をあとのア～カから選びなさい。** 12点(各2)

①（　）そんなことはあるまい。 （　　）
②（　）忘れていたら教えてください。 （　　）
③ 天気予報によると、（　）明日は雨でしょう。 （　　）
④ 今度は私の家に（　）遊びに来てください。 （　　）
⑤（　）人に話してはいけない。 （　　）
⑥ ぼくは、彼が（　）来なかったのかを考えた。 （　　）

ア たぶん　**イ** 決して　**ウ** もし
エ なぜ　**オ** どうぞ　**カ** まさか

6 **次の(1)・(2)の問いに答えなさい。**

(1) 次の――線部の動詞の中で、活用の種類が他と異なるものを一つ選びなさい。 〔二〇二一年度青森県改題〕 5点

ア 振り返って「お先に失礼します！」と言った。
イ 校舎の西側の教室に夕日が差し込む。
ウ 彼らの表情から目をそらさずにいた。
エ 一年間一緒に事務局員を務めてきた。 （　　）

(2) 次の文の――線部の品詞名を、あとのア～エから選びなさい。 5点

> 春爛漫の頃、あるイギリス人が日本を訪れ、桜の美しさに感動して、その後日本に定住したとのことである。

ア 動詞　**イ** 名詞　**ウ** 副詞　**エ** 連体詞 （　　）

ヒント 6 (1)まずそれぞれの動詞の終止形をとらえ、「ナイ」を付けて活用の種類を判別する。

文法 3

助動詞・助詞・敬語を確認する。

月 日

解答 別冊 p.6

1 次の――線部の助動詞の意味を、あとのア～タから選びなさい。 ≫1

(1) まるで紙のように薄いクレープだ。( )
(2) あれが新しくできた橋だ。( )
(3) 無駄な時間は過ごすまい。( )
(4) 私は小鳥を飼いたい。( )
(5) 化石が埋まっていそうな場所を掘る。( )
(6) 妹に掃除を手伝わせる。( )
(7) 某国の大統領が来日するそうだ。( )
(8) 部屋の中にだれかがいるらしい。( )
(9) 彼の作品は審査員に絶賛された。( )
(10) 落ち着かない気分で順番を待つ。( )
(11) 昨年は十一月に初雪が降った。( )
(12) そろそろバスが来ます。( )

ア 使役　イ 受け身　ウ 可能　エ 自発
オ 尊敬　カ 希望　キ 丁寧　ク 断定
ケ 過去　コ 打ち消し　サ 打ち消し意志
シ 推定　ス 比況　セ 例示　ソ 伝聞
タ 様態

2 次の――線部の助詞の種類を、あとのア～エから選びなさい。 ≫2

(1) 不安なのは最初のうちだけだ。( )
(2) よし、がんばるぞ。( )
(3) 少年が天体望遠鏡をのぞく。( )
(4) 君がいてくれれば、心強い。( )

ア 格助詞　イ 副助詞
ウ 接続助詞　エ 終助詞

3 次の――線部の単語の品詞名を答えなさい。 ≫3

(1) 質問の回答がまだ来ない。( )
(2) この道具は古い。でも、とても使いやすい。( )
(3) 聞きたいことがある。( )
(4) 食べたいケーキがない。( )

1 助動詞

せる・させる…使役
れる・られる…受け身・可能・自発・尊敬
たい・たがる…希望
ます…丁寧
だ・です…断定
た(だ)…過去・完了・存続
ない・ぬ・ん…打ち消し
う・よう…意志・推量・勧誘
まい…打ち消し意志・打ち消し推量
ようだ…推定・比況(たとえ)・例示
そうだ…伝聞・様態
らしい…推定

ここに注意
「そうだ」は終止形に付くと伝聞、連用形に付くと様態。
例 晴れるそうだ。(伝聞)
晴れそうだ。(様態)

2 助詞

格助詞…文の中での関係を示す。
副助詞…意味を添える。
接続助詞…接続語を作る。
終助詞…文末で意味を添える。

4 **次の——線部と意味・用法が同じものを、あとのア～エから選びなさい。** »3

(1) 今から一時間後に会おう。
ア 牛乳からチーズを作る。
イ からになった箱をつぶす。
ウ 二時から会議を始める。
エ 暑いから窓を開けよう。　（　　）

(2) このくつ下は、弟のだ。
ア 波の音が耳から離れない。
イ その本は、図書館のだ。
ウ 口数の少ない人がほほえんだ。
エ いったい、何時に出かけるの。　（　　）

(3) 修理が終わるまでこの階段は使うな。
ア 世の中にはいろんな人がいる。
イ みんなの元気な顔を見たい。
ウ もうすぐ完成なのでわくわくしている。
エ 明日は絶対に遅刻するな。　（　　）

(4) 生まれたときからここに住んでいる。
ア 夢中になって本を読んでいる。
イ 試合が、雨で中断した。
ウ じょうぶで長持ちする品物がよい。
エ 砂浜で貝殻を拾う。　（　　）

5 **次の——線部の敬語の種類を、あとのア～ウから選びなさい。** »4

(1) まもなく始まります。　（　　）
(2) 係員がご案内する。　（　　）
(3) 先生は今、理科室にいらっしゃる。　（　　）
(4) 非常口は二か所にございます。　（　　）
(5) お目にかかる機会もあると思います。　（　　）
(6) 先生方が会議に出席される。　（　　）

ア 尊敬語　**イ** 謙譲語　**ウ** 丁寧語

6 **次の——線部を、適切な敬語表現に直して書きなさい。** »4

(1) どうぞお先にお乗りしてください。　（　　）
(2) スープはあたたかいうちにいただいてください。　（　　）
(3) 先生が申されたことを皆に伝える。　（　　）
(4) 私が先生の荷物をお持ちになる。　（　　）
(5) 明日、私の方から先生のお宅においでになります。　（　　）

3 まぎらわしい品詞

- ある日。（連体詞）
- 余裕がある。（動詞）
- 自分に負けない。（助動詞）
- 勇気がない。（形容詞）
- 川が流れる。（格助詞）
- 遠いが、よい所だ。（接続助詞）
- 遠い。が、よい所だ。（接続詞）
- 無理でも、行く。（形容動詞語尾「で」＋副助詞「も」）
- 無理だ。でも、行く。（接続詞）
- 犬でも恩を知る。（副助詞）
- 花はまた咲く。（副詞）
- 芋、栗、また、柿など。（接続詞）
- 駅前らしいにぎわいを感じる。（形容詞を作る接尾語）
- 店は駅の近くらしい。（助動詞）

4 敬語

尊敬語…敬意の対象者に使う。
・先生が話される。
・先生がお話しになる。
・先生がおっしゃる。

謙譲語…自分側の動作などに使う。
・私からお話しする。
・私から申し上げる。

丁寧語…改まった気持ちなどを示す。
・～です・ます・ございます
・お菓子。

絶対暗記
尊召し上がる——謙いただく
尊なさる——謙いたす
尊ご覧になる——謙拝見する

文法 3

時間 20分　目標 75点

得点　　点

解答 別冊 p.6

1 次の――線部の助動詞の意味を、あとのア～シから選びなさい。

12点(各2)

① サッカーやバレーボールのような球技は苦手だ。（　　）

② 妹はたいていジュースを飲みたがる。（　　）

③ 食べられる木の実かどうか先生に聞く。（　　）

④ 雨が降らねば、虹(にじ)は出ない。（　　）

⑤ 人の悪口は決して言うまい。（　　）

⑥ 脳を活性化させるトレーニング。（　　）

ア 使役(しえき)　**イ** 受け身　**ウ** 可能
エ 自発　**オ** 尊敬　**カ** 希望
キ 様態　**ク** 例示　**ケ** 意志
コ 打ち消し　**サ** 伝聞　**シ** 打ち消し意志

2 次の――線部の助詞の種類を、あとのア～エから選びなさい。

8点(各2)

① 書類の提出期限は明日までです。（　　）

② なるべく遠くへは遊びに行かないでね。（　　）

③ 魚の刺身(さしみ)は、弥生(やよい)時代から食べられていたそうだ。（　　）

④ アボカドをむくと、黄緑色の実が現れる。（　　）

ア 格助詞　**イ** 副助詞　**ウ** 接続助詞　**エ** 終助詞

3 次の各組の――線部の単語の品詞名をそれぞれ答えなさい。

30点(各3)

① a 映画のチケット料金は千九百円です。なお、六十歳(さい)以上は千二百円です。（　　）
　b コンサート会場はアンコールでなお盛り上がった。（　　）

② a 住み慣れた土地を去るのは、寂(さび)しいです。（　　）
　b 去る九月十五日に無事、退院しました。（　　）

③ a 実力のほどは分からない。（　　）
　b 五日ほど旅行する。（　　）

④ a 彼(かれ)を訪ねた。けれど、会えなかった。（　　）
　b いい本だけれど、私には少し難しい。（　　）

⑤ a おかしい話で笑いが起こる。（　　）
　b おかしな話で合点がいかない。（　　）

4 **次の――線部と意味・用法が同じものを、あとのア〜エから選びなさい。** 20点（各4）

① 泣いてばかりいてもしかたがない。（　　）

ア 雨は強くなるばかりだ。　イ 毎日仕事ばかりだ。

ウ 今食べたばかりだろう。　エ 男手が五人ばかり必要だ。

② 彼が借りたのはどうやら科学の図鑑らしい。（　　）

ア かわいらしい動物たち。　イ 人気店らしい混み具合。

ウ 冬らしい寒さが続く。　エ 彼がこの店の店長らしい。

③ 観光バスは予定通り到着するそうだ。（　　）

ア 台風は通過しそうだ。　イ 他に異常はなさそうだ。

ウ 彼女も出席するそうだ。　エ 確かにそうだが理解し難い。

④ 私たちのチームが負けたのは事実だ。（　　）

ア 祖母が好きなのは緑茶だ。　イ あの鳥はトキのようだ。

ウ 今年は手袋を編んだ。　エ この道は夜は静かだ。

⑤ 雪はやんだが、雨はまだ降っている。（　　）

ア 体は小さい。が、力持ちだ。　イ 花火が上がっている。

ウ 弟はカレーが大好きだ。　エ 狭いが、快適な部屋だ。

5 **次の（　）に入る最も適切な敬語表現を、あとのア〜キから選びなさい。** 20点（各4）

① 市長は三時に会場へ（　　）。（　　）

② 先生がぼくたちにけんかの理由を（　　）。（　　）

③ 社長に経過を（　　）。（　　）

④ お客様からお手紙を（　　）。（　　）

⑤ ご年配のご婦人が紅茶とお菓子を（　　）。（　　）

ア 参る　イ ご報告する　ウ お尋ねになる

エ 召し上がる　オ お見えになる　カ おっしゃる

キ いただく

6 **次の(1)・(2)の問いに答えなさい。**

(1) 次の文中の――線「ない」と同じ用法のものを、あとのア〜エの中から選びなさい。〔滋賀県〕5点

遠すぎて見えない。（　　）

ア 映画の終わり方が切ない。

イ 今日は、あまり寒くない。

ウ どんなことがあっても笑わない。

エ 高い建物がない。

(2) 「調べるためにパソコンを使う。」の「に」と同じ用法のものを、次のア〜エの中から選びなさい。〔二〇二一年度青森県改題〕5点（　　）

ア 夏なのに涼しい。

イ 風がさわやかに吹く。

ウ すでに船は出てしまった。

エ 野球の試合を見に行く。

ヒント
6 (1) 「ない」は形容詞、補助形容詞、助動詞、語の一部がある。
(2) 「に」は格助詞、接続助詞、形容動詞の一部、副詞の一部がある。

論理的文章 1

1 次の文章を読んで、あとの問いに答えなさい。

①「である」は、前の章でのべましたが、江戸時代の学者が講釈などで使った公的な感じのする文末表現です。明治時代になると、ヨーロッパの書物の翻訳にも用いられました。また、演説や講演などの公の話の場で用いられた文末表現です。日常の会話にはあまり用いません。

②こうした性質をもつ「である」が、なぜ、言文一致体の停滞を打破できたのか？　③それまでに存在する文末表現では、うまく表現できなかったことが「である」の出現によって可能になったからです。

それまで地の文で説明に用いられる文末は、「でございます」「であります」「です」「だ」です。ところが、これらは、いずれも読み手に直接働きかけてしまう文末なのです。地の文で客観的に説明したい時には、向かない表現形式なのです。

それに対して、「である」は、客観的に説明するのに向いています。ちょっと例をあげてみます。地の文で「彼はあの人が好き」という状況を説明しなければならないとします。地の文ですよ、会話文ではありません。「彼はあの人が好きでございます」「彼はあの人が好きであります」「彼はあの人が好きです」「彼はあの人が好きだ」と、地の文に書いたとします。読者は、直接書き手の判断を聞かされた感じになって、客観的な描写にはなりにくい。丁寧な表現かぞんざいな表現かという違いはありますが、これらは、すべて直接読者に語りかける表現形式なので、客観性が出にくいのです。

④ところが、「彼はあの人が好きである」とすると、客観性のある説明文になる。「である」は、もともと公の話の場で用いられる表現なので、客観的な語感を持っているからです。地の文の機能は、物事の説明や描写にあります。それが、「である」の出現によって、客観的に行なえるようになったのです。これは、重要なポイントです。

言文一致体の一番の悩みは、地の文の記述に客観性が確保できない点だったのです。日本語のように、つね

月／日

解答 別冊 p.7

論理的な文章には主に二種類ある。

- **説明文**…事実の伝達が中心。
- **論説文**…筆者の主張が中心。

どちらも、読む人の理解や納得を得るために、筆者は、事実のありさまや主張の根拠などをくわしく説明する。したがって、読解問題では、まず説明部分の正確な読み取りが求められる。筆者が示す例の働きや、因果関係などをしっかりとおさえながら読もう。

問題で特にねらわれるのは指示語と接続語である。

1 指示語…**指す内容**が問われる。例外もあるが、多くの場合は前の部分からとらえることができる。まず直前に注目し、なければ前へ前へとさかのぼって探してみよう。

ここに注意

「これ」「それ」「あれ」などの指示語の指す内容を答えるときは**体言**で終わらせる。結びに使える体言が文中にないときも「〜こと。」や「〜もの。」で結ぶ。

に相手を意識して話す話し言葉を書き言葉に援用する時のネックでした。それが、⑤「である」体の出現によって、打破できたのです。

（山口仲美「日本語の歴史」より）

注　**言文一致体の停滞**＝明治時代に起きた話し言葉の文法で文章を書く試みが一時下火になったことを指す。

(1)　この文章全体の話題として最も適切なものを、次の中から一つ選びなさい。

ア　会話文と地の文の違い
イ　言文一致体の文末表現
ウ　「である」体の欠点
エ　日本語の話し言葉の特質

（　　）

(2)　――線①「『である』」は、言文一致体が現れる以前はどんなものに用いられていましたか。明治時代の例を文章中から三つ探し、それぞれ二字で抜き出しなさい。

□□　□□　□□

(3)　――線②「こうした性質」が指す内容を三十字以内で答えなさい。　»1

〔　　　　〕

(4)　――線③「それまでに存在する文末表現」の例をまとめて挙げた一文の、初めの五字を抜き出しなさい。

□□□□□

(5)　――線④「ところが」と同じ働きをする言葉を次の中から一つ選びなさい。　»2

ア　あるいは
イ　さて
ウ　なぜなら
エ　けれども

（　　）

(6)　――線⑤「『である』体の出現」によって可能になったのはどんなことですか。文章中の言葉を用いて、二十字以上二十五字以内で答えなさい。

〔　　　　〕

(7)　筆者が説明の中で用いた手法を、次の中から一つ選びなさい。

ア　実験結果の提示
イ　権威ある人物の見解の引用
ウ　反対意見の論破
エ　表現の具体例の対比

（　　）

2 接続語…選択肢による**空欄補充**形式での出題が多い。
前後の内容の関係をとらえて、選択肢の中から合うものを選ぶ。

- **順接**…前の内容があとの内容の原因・理由であることを示す。
  例 だから・したがって・そこで・すると
- **逆接**…前とあとの内容がくいちがうことを示す。
  例 しかし・でも・ところが・だが
- **添加・累加**…前の内容にあとの内容を付け加える。
  例 さらに・しかも・そのうえ
- **並立(並列)**…対等の内容を前後に並べる。
  例 ならびに・および・また
- **対比・選択**…前後から一方を選ばせる。
  例 あるいは・もしくは・それとも
- **説明・補足**…前の内容の理由・例・言いかえ・補足にあたる内容をあとに示す。
  例 なぜなら・たとえば・つまり・ただし
- **転換**…話題を前とは変えることを示す。
  例 ところで・さて・ときに

論理的文章 1

時間 20分 目標 75点

得点　　点

解答 別冊 p.7

1 次の文章を読んで、あとの問いに答えなさい。（二〇二一年度山口県改題）

文字の起源は絵画であると一般に信じられている。そしてその理解はおおむね正しい。山があれば、それを表す文字として人々は山の絵を描き、水が流れるさまを描いたものを、川を表す文字とした。

（中略）

文字の萌芽期の段階では、世界の文字は非常によく似た形のものだった。しかし絵画は①そのままでは文字になりえない。絵画として描かれる事物は、原則的に世界中でただそれ一つしか存在しない。だからこそ肖像画というジャンルが成立するのであり、ごく普通の絵画でも、たとえば渓流を泳ぐ魚の絵は、水槽に飼われている金魚や、マーケットに売られている鯛を描いたものではないし、カゴに盛られたリンゴは画家の目の前（あるいは脳裏）にあるリンゴであって、果物屋の店頭に並んでいるそれではない。

それに対して文字では、指し示す実体に対する普遍性が要求される。「魚」という漢字は、正月の膳を飾った鯛というような特定の魚ではなく、世界中のあらゆる魚類を指し示すことができなければならない。□文字とは絵画として描かれるフォルムに普遍性をあたえたものと定義できるだろう。

実際の例をあげる。ある人がこれから山登りに出かけるとする。その人が登ろうとする山は、富士山のように左右均等になだらかに

(1) □に入る語として最も適切なものを、次の中から一つ選びなさい。 15点

ア なぜなら　イ しかし　ウ まして　エ つまり　（　）

(2) ――線①「そのままでは文字になりえない」とありますが、それは「絵画」がどのようなものであるからだと筆者は述べていますか。次の□に入る内容を、二十五字以内で答えなさい。 20点

絵画は□ものであるから。

UP (3) ――線②「ここに文字が成立する場がある」とありますが、「ここ」とはどのような場合のことですか。「普遍性」という語を使って、五十字以内で説明しなさい。 30点

広がった山かもしれないし、槍ヶ岳のように頂上が鋭く尖っている山かもしれない。標高三千メートルを超える高い山かもしれないし、たかだか五百メートルくらいの、山よりむしろ丘と呼ぶべきものかもしれない。だからその人が登ろうとする山を絵に描くなら、富士山と槍ヶ岳とでは、あるいは高山と丘程度の低い山とでは描き方がちがって当然である。

しかしそれが山である限りは、地表から隆起した土塊であることは確実で、そのことは山をかたどったフォルムで表現することができる。だから「山」というフォルムを見れば、だれでも山という事物を思い浮かべることが可能となる。そしてこの場合、「山」が示しているのは富士山などの特定の山ではなく、どの山でもかまわない。②ここに文字が成立する場がある。

★
目に見える実体のある事物を表す文字を作ろうとして、事物のもっとも端的な特徴を抽出し、具体的かつ「絵画的」に描いたものを象形文字という。ただしこれはあくまで「絵画的」に描いたものであって、絵画そのものではない。なぜならばそこに呈示されるフォルムは、指し示す実体に対しての普遍性をもつものでなければならないからである。そして普遍性をあたえられるがゆえに、その描写は必ずしも写実的である必要はない。「山」という漢字で表される山の峰が、必ずしも三つあるとは限らない。

このように③具体的な事物の特徴をうまくつかんだ文字を特に多く含んでいるのが、漢字である。

（阿辻哲次「日本人のための漢字入門」より。一部省略がある）

注　**フォルム**＝形。形状。　**槍ヶ岳**＝長野県と岐阜県の境界にある山。

---

(4) ★の段落が文章中で果たしている役割の説明として最も適切なものを、次の中から一つ選びなさい。 15点

ア これまで述べてきた「文字」について内容を整理する事柄を示し、「絵画」との差異を改めて明確にしている。

イ これまで述べてきた「文字」について異なる視点からの説明を補足し、「絵画」との共通点を強調している。

ウ これまで述べてきた「文字」と「絵画」の両方の性質をあわせもつ記号を示し、これまでの論を否定している。

エ これまで述べてきた「文字」と「絵画」について新たな具体例を挙げて対比し、問題提起を繰り返している。 （　　）

(5) ――線③「具体的な事物の特徴をうまくつかんだ文字」とありますが、文章の内容を踏まえた「象形文字」の例として正しいものを、次の中から一つ選びなさい。 20点

ア 「中」という字は、あるものを一線で貫く様子を記号化して示すことで抽象的な「なか」という意味を表す。

イ 「湖」という字は、「水」を表す「氵」と「コ」という音を表す「胡」から成り「みずうみ」という意味を表す。

ウ 「雨」という字は、雲から水滴が降ってきている様子を模式的に描いて示すことで「あめ」という意味を表す。

エ 「計」という字は、「いう」を表す「言」と数の「十」を組み合わせることで「かぞえる」という意味を表す。 （　　）

ヒント (3) ――線②の前は「山」の例が挙げられているが、「文字」というのは「山」の文字だけを指しているのではない。

論理的文章 2

1 次の文章を読んで、あとの問いに答えなさい。

いま非常に大きい問題となっているのは、個人と集団との関係だと思います。個人は、集団に属さなければ、ひとりでは①影響力を社会に与えることができません。たとえば、平和を望むならば、平和のためにある人たちが一緒に共同して動かなければなりません。行為や行動を効果的に行い、意見を社会に対して伝えていくためには集団に属する必要があります。

しかし、集団の連帯行動のために、あるいはその集団内部の調和のために②個人が完全に吸収されてしまえば、その集団は脆弱なものになってしまうのです。集団は、その目的に向かって、一致協力して行動をすることになりますが、そのときに集団のメンバーである個人が、その価値を、あるいは目標を内面化して自分のものにしていなければ、すなわち、個人が集団に吸収されてしまうのではなくて、積極的に同じ価値を共有する個人が集まるというのでなければ、その集団は脆弱になってしまいます。

もうひとつの弱みは、集団に個人が吸収されてしまうと、集団が解散したのちも個人が同じ価値を保持し続けるということはむずかしくなります。多くの場合には、個人は別の価値を持つようになってしまうでしょう。

たしかに、組織やグループなど集団に個人が吸収されることは、みんなが一致して、ひとつの方向に向かっているときには、その集団の目標を達成するために有効です。ひとつの目標に向かって進んでいるときに、ああでもないこうでもないと内部で揉めていると、能率は確実に下がります。しかし、集団の構成メンバーである個人のなかに、その集団と同じ価値をしっかりと保持しているのでなければ、困難にぶつかったときに、その集団は簡単に分解してしまいます。分解してしまえば跡形もなくなってしまいます。日本と欧米を比較したときに、日本ではこうした傾向が強いと思います。

このように個人と集団とは、緊張関係にあります。集団に個人が埋没しなければその集団の効率は悪くなります。そうなると集団が目的を達成することはできません。しかし、集団に埋没したときには、別の意味で集

論理的文章では、内容全体にかかわる問題が必ず出る。対処法を確かめておこう。

1 意味段落…切れ目が問われる。いくつに分けるのかによって、小さい切れ目は無視せざるを得ない場合もある。全体的に見て分ける。

- **段落初めの接続語**をヒントにしてつかむ。
  切れ目の目安＝**逆接・転換**
- 接続語がない場合は、段落の要点をとらえて関係を判断する。同じ話題ならつながり、新しい話題に入っていたら切れる。

2 段落の関係や組み立て…穴埋めや選択問題で出る。一つ一つの形式段落の要点をとらえ、意味段落のまとまりや関係をつかむ。

3 内容照合…選択問題で出る。選択肢の内容を文章中の内容と照らし合わせる。消去法で、文章中にない内容の選択肢をはずしていく。

月／日

解答 別冊 p.8

団が弱くなるのです。そこに緊張関係が生じてきます。これは、簡単には解決できない問題のひとつだと思います。

（加藤周一「学ぶこと　思うこと」より）

注　**脆弱**＝弱くてもろいこと。

(1)　――線①「影響力を社会に与える」には、どうすることが必要ですか。文章中の言葉を用いて、十五字程度でまとめなさい。

〔　　　　　　　　〕

(2)　――線②「個人が完全に吸収されてしまえば」とありますが、これについて次の問いに答えなさい。

a　この「吸収される」とほぼ同じ意味で用いられている動詞を探し、言い切りの形にして四字で答えなさい。

□□□□

b　個人が集団に吸収されるとはどういうことですか。最も適切なものを、次の中から一つ選びなさい。

ア　個人が要請を受けて集団に入ること。
イ　個人が集団のために主体性を失うこと。
ウ　個人が目的をもつのをやめること。
エ　個人が積極的に集団に参加すること。

（　　）

c　個人が集団に吸収されることは、どんなとき、どんなことに有効ですか。文章中の言葉を用いて、四十字以内でまとめなさい。

〔　　　　　　　　〕

(3)　この文章で結論をまとめている段落はどれですか。段落の初めの五字を抜き出しなさい。　»4

□□□□□

(4)　この文章の要旨として最も適切なものを、次の中から一つ選びなさい。　»4

ア　平和実現のためには人々の団結が必要である。
イ　個人は集団の価値や目的を優先すべきである。
ウ　日本では健全で強い集団が生まれにくい。
エ　個人と集団の間には解決の難しい緊張関係がある。

（　　）

4 要旨…選択問題や、要旨の文の穴埋め、または制限字数内でまとめる問題として出る。

主張が中心の文章では、**話題についての筆者の考え**が要旨。**結論段落**から読み取ることができる。

結論段落の探し方

(1) **構成をつかむ**
根拠を説明した部分と結論部分に分ける。論理的文章は**尾括型**が多いので、結論段落はおおむね終わりのほうにある。

《論理的文章の構成》
尾括型…根拠→結論
双括型…結論→根拠→結論
頭括型…結論→根拠

(2) **表現に注目する**
●**段落初めの言葉**…文章の終わりの方にあって「このように」で始まる段落は、結論段落であることが多い。
●**文末表現**…考えを示す文末表現が使われている。
・〜と思う。〜と考えられる。
・〜べきである。
・〜ではないだろうか。

ここに注意
要旨にはキーワード（全体の話題の中心語句）が入る。記述で答える場合も忘れずに入れよう。

論理的文章 2

1 次の文章を読んで、あとの問いに答えなさい。（鹿児島県改題）

学校では、たくさんの科目を学びます。得意な科目も、苦手な科目もあることでしょう。得意な科目の中に苦手な単元があるかもしれませんし、苦手科目だからと言ってすべてが苦手なわけではなく、中には得意な単元が見つかるかもしれません。学校でさまざまなことを勉強するのは、多くのことにチャレンジするためでもあるのです。苦手なところで勝負する必要はありません。嫌なら逃げてもいいのです。

しかし、①無限の可能性のある若い皆さんは、簡単に苦手だと判断しないほうが良いかもしれません。（中略）

リスは、木をすばやく駆け上がります。しかし、リスの仲間のモモンガは、リスに比べると木登りが上手とは言えません。ゆっくりゆっくりと上がっていきます。しかし、モモンガは、木の上から見事に滑空することができます。木に登ることをあきらめてしまっては、空を飛べることに気がつかなかったかもしれません。

人間でも同じです。（中略）

小学校では、算数は計算問題が主です。しかし、中学や高校で習う数学は、難しいパズルを解くような面白さもあります。大学に行って数学を勉強すると、抽象的だったり、この世に存在しえないような世界を、数字で表現し始めます。もはや哲学のようです。計算

しかし最初に上陸を果たした両生類は、［ⓑ］勇気あるヒーローではありません。追い立てられ、傷つき、負け続け、それでも②「ナンバー1になれるオンリー1のポジション」を探した末にたどりついた場所なのです。

（稲垣栄洋「はずれ者が進化をつくる　生き物をめぐる個性の秘密」より。一部省略がある）

注　**滑空**＝風の力、高度差、上昇気流などによって空を飛ぶこと。
フロンティア＝開拓地。

(1) 本文中の［ⓐ］・［ⓑ］に入る語の組み合わせとして最も適切なものを、次の中から一つ選びなさい。　20点

ア ⓐやはり　ⓑあたかも　**イ** ⓐもちろん　ⓑけっして
ウ ⓐたとえば　ⓑちょうど　**エ** ⓐつまり　ⓑほとんど

（　　）

UP (2) ――線①「無限の可能性のある若い皆さんは、簡単に苦手だと判断しないほうが良いかもしれません」とありますが、なぜですか。六十五字以内で説明しなさい。　30点

時間 20分　目標 75点

得点　　点

解答 別冊 p.8

問題が面倒くさいというだけで、「苦手」と決めつけてしまうと、数学の本当の面白さに出会うことはないかもしれません。

勉強は得意なことを探すことでもあります。苦手なことを無理してやる必要はありません。最後は、得意なところで勝負すればいいのです。しかし、得意なことを探すためには、すぐに苦手と決めて捨ててしまわないことが大切なのです。（中略）

勝者は戦い方を変えません。その戦い方で勝ったのですから、戦い方を変えないほうが良いのです。負けたほうは、戦い方を考えます。そして、工夫に工夫を重ねます。負けることは、「考えること」です。そして、「変わること」につながるのです。

負け続けるということは、変わり続けることでもあります。生物の進化を見ても、そうです。劇的な変化は、常に敗者によってもたらされてきました。

古代の海では、魚類の間で激しい生存競争が繰り広げられたとき、戦いに敗れた敗者たちは、他の魚たちのいない川という環境に逃げ延びました。ⓐ、他の魚たちが川にいなかったのには理由があります。海水で進化をした魚たちにとって、塩分濃度の低い川は棲めるような環境ではなかったのです。しかし、敗者たちはその逆境を乗り越えて、川に暮らす淡水魚へと進化をしました。

しかし、川に暮らす魚が増えてくると、そこでも激しい生存競争が行われます。戦いに敗れた敗者たちは、水たまりのような浅瀬へと追いやられていきました。そして、敗者たちは進化をします。

ついに陸上へと進出し、両生類へと進化をするのです。

懸命に体重を支え、力強く手足を動かし陸地に上がっていく想像図は、未知のフロンティアを目指す闘志にみなぎっています。

---

(3) ——線②「『ナンバー1になれるオンリー1のポジション』を探した末にたどりついた」とありますが、文章中に述べられたその例を一つ、四十字〜五十字程度で具体的に書きなさい。 30点

［　　　　　　　　　　］

(4) 生物の進化について、筆者の考えに最も近いものを次の中から一つ選びなさい。 20点

ア 昆虫Aは、黄色い花や白い花に集まりやすいという性質をもっていたが、主に生息している場所の白い花が全て枯れてしまったため、黄色い花だけに集まるようになった。

イ 魚Bは、生まれつき寒さに強いという性質を生かし、気候変動によって水温の低くなった川にすみ続けたところ、他の魚たちがいなくなって食物を独占できたので、巨大化した。

ウ 鳥Cは、自分を襲う動物が存在しない島にすんでいたために飛んで逃げる必要がない上、海に潜る力をもっていたことで食物を地上でとらなくてよかったので、飛ばなくなった。

エ 植物Dは、草丈が低いため、日光を遮る植物がいない場所で生きようとしたところ、そこは生物が多く行き交う場所だったので、踏まれても耐えられる葉や茎を持つようになった。

（　　）

ヒント (2)第六段落に着目する。「苦手」と決めつけてしまうと、どうなると述べているか。

文学的文章 1

1 次の文章を読んで、あとの問いに答えなさい。

生きているのか、死んでいるのかもわからず、麻実（あさみ）は、ふるえあがった。よりによって自分の家の真ん前に、①行き倒れ（だお）……？

★

麻実は、おびえた声で、おかあさぁん～、と言いながら、玄関（げんかん）の扉（とびら）を開け、

「人が、人が、倒れてるよー！」と叫（さけ）んだ。

麻実の声を聞いて出てきた母親は、家の前の道で身じろぎもせずうつぶせている身体をみとめて、ひとこと、

おや、まあ、と言った。

麻実は、母親の、のんびりした反応にいらいらした。

「おや、まあ、じゃないよ、これ、人だよ、人間だよ」

「麻実ちゃんに言われなくても、見ればわかるわよ」

母親は、平然とその「人」に近寄り、放置自転車を起こすかのように抱（かか）え起こして、もしもし、だいじょうぶですか？　と声をかけた。麻実は、母親の冷静すぎる様子にあぜんとしつつ、あらわになったその人の顔をまじまじと見つめた。肌（はだ）が黒ずんでいて、眉間（みけん）に深い皺（しわ）が寄せられ、ひどく疲（つか）れている様子だったが、全体の感じから、母親と同世代くらいだろうか、それとももっと若いのかな、いや、意外とすごい年なのかも、などと麻実は推測をめぐらせた。その時、その人は目をゆっくりと開き、小さな声で、あ？　とつぶやいた。

「あら、よかった、生きていたわ」

母親が、その声を聞いて言った。それから、とにかく病院だわね～、とうたうように言い、麻実ちゃん、ちょっと手伝って、と声をかけた。

「どうするの？」「車でこの人を病院に連れていくのよ」「救急車を呼べばいいじゃない」

「救急車より直接連れていってあげた方が早いのよ」「でも、なんでうちが……」

文学的な文章は想像力を働かせて読む。書かれた様子を映像のように思い描（えが）いて読み進めると、内容をとらえやすくなる。

1 場面

場面を構成する四つの要素をおさえる。

- **いつ**（時）…時代・時刻・季節などをおさえる。
- **どこで**（場所）…国・地方・屋外か屋内か、屋内なら室内の様子などをおさえる。
- **だれが**（人物）…登場人物をつかむ。小説は主人公をおさえる。人物同士の関係もおさえる。

＊動物なども人間的に描かれていれば「登場人物」。

- **どうした**（出来事）…場面の中で起きた事柄（ことがら）を読み取る。人物の行動や、状況（じょうきょう）の変化をつかむ。

場面の切れ目

時や場所が変わるところ、人物の入退場などで人物構成が変化したところが切れ目。

2 情景

情景とは場面の様子。できるだけ細かく思い描いてつかむ。

解答 別冊 p.9

「だって、うちの前に倒れてたんだから、うちの管轄でしょ。しょうがないじゃない。今、車を出してくるから、麻実ちゃん、この方を見ててよ」

「この方」は、女の子座りをして、唇をうすく開け、ぼんやりしている。うつろな横顔が、マネキンめいて見える。

「あの……」沈黙が気まずくなって、麻実が思い切って声をかけてみたものの、「この方」は、ぼんやりとしたまま、無反応だった。

「麻実ちゃーん、車出したわよー」

ガレージから車を出してきた母親が声をかけたので、「この方」を車に乗せるため、麻実はしぶしぶ手を貸した。

家の前で②こんなことがあるなんて、縁起でもない、と思いながら、麻実は、病院へ向かう母親の車を見送った。

（東直子「道ばたさん」より）

(1) ——線①「行き倒れ……?」と思ったとき麻実が見ていたものを、二十二字で抜き出しなさい。 »2

〔　　　　〕

(2) 本文中に★で示した部分での、麻実の変化を述べた次の文の a ・ b に入る言葉を、 a は四字、 b は二字で抜き出しなさい。

初めは a が、母親の b な様子につられ、その人を観察し年齢に推測をめぐらせる余裕が出た。

a □□□□　b □□

(3) 倒れていた人が表情や生気にとぼしい様子を比喩で表現した部分を、十字で抜き出しなさい。 »3

〔　　　　〕

(4) ——線②「こんなこと」が指す内容を、十字以内で答えなさい。 »1

〔　　　　〕

●**風景など**…時・場所、人物が見ている物の様子を読み取る。

●**人物**…どんな表情で何をしているのかを読み取る。年齢や服装にも注目する。

＊様子の表現には擬態語や慣用句がよく使われる。穴埋めでは、前後の内容を確かめ、合う言葉を考える。

ここに注意

「うたうように」はのんきな様子にも弾む様子にもとれる言葉だが、上の文中ではどうか。言葉の意味は場面に合わせてつかむ必要がある。

3 表現

●**感覚的な表現**…視覚以外にも、聴覚・嗅覚・触覚・味覚でとらえた表現がある。

●**文体**…一文の長短、文末表現に書き手の個性が出る。

●**表現技法**…比喩・倒置法・体言止め・対句法・反復法など。

比喩の種類

直喩…「ようだ・みたいだ」などを用いるたとえ。

暗喩…「ようだ・みたいだ」などを用いないたとえ。

擬人法…人でないものを人に見立てる。

文学的文章 1

1 次の文章を読んで、あとの問いに答えなさい。〔奈良県改題〕

私たち三人は並んで橋に立ち、川面に糸を垂らした。糸を引っぱられたら竿を上げろ、と父は言ったが、水の流れはときに魚に擬態して、くいくいと糸を引っぱる。てっきり食いついたとばかり思って私は竿を上げるのだが、鉤についたミミズに変化はない。歌子はせっかちだなと笑う父の隣で、妹は眼光鋭く川面をにらんでいた。

（中略）

妹は短い釣り竿を自在に操り、三十分ほどで五匹も魚を釣りあげた。父は三匹、私は一匹で、いずれも大人の中指ほどの細長い魚だ。なんという名の魚だったのか、たいがいの村のひとは、川に棲むフナ、鮎、メダカ、ウナギ以外は、すべておおざっぱに「魚」としか呼ばなかった。父もご多分に漏れず、ようけ魚が釣れたのう、と言った。特に舞子は漁師になれるで、と褒められて妹はうれしそうだった。

その経験があって、海沿いのO市に住む男性との結婚を決めたのかもしれない、などとばかなことを考えつつ、卓袱台に向かって緑茶を飲む。炊飯器が不穏に振動しはじめた。そろそろ買い替えどきだろうか。けれど炊飯器よりさきに私の寿命が来るかもしれず、こうしてなにかしようかと思うつど、どちらが長生きするかを考慮しなければいけないのが厄介だ。（中略）

九匹の小魚が入ったバケツは父がぶらさげ、妹と私はそのあとに

ず、私はなんとなく魚をまえにすると③腰が引けるというか身が引き締まる気持ちになる。見開いたまんまるな目が、「かわいそう」と思ったくせにおいしく食べた私を見透かしている気がするからかもしれない。おまえも俺も、ほかのすべての生き物も、食ったり食われたりして生きて死ぬ。それだけのことだ、と言われている気もして、「なるほどたしかに」などと一人うなずくうちに、だいたいいつも切り身を焼きすぎる。いや、理由の大半は私の料理の腕前にあるが、豚肉や牛肉が相手だとまだまだ想像が至らぬためか加減よく焼けるのもたしかで、魚と問答をはじめてしまうのがいけないと半ば本気で思ってもいる。

炊飯器が振動をやめ、かわりに猛然と蒸気を噴きあげはじめた。

（三浦しをん「魚の記憶」より。一部省略がある）

注 **ようけ**＝たくさん。 **卓袱台**＝四脚の低い食卓。 **はよせんと**＝早くしないと。 **ほかしたら**＝捨てたら。

(1) ――線①「そのあいだに……いっそう悲しくなった」とありますが、「私」をいっそう悲しくさせたのはどのようなことですか。最も適切なものを次の中から一つ選びなさい。 20点

ア 魚の天ぷらを食べずに捨てるとバチが当たってしまうこと。

イ 食べようと思っていた魚の天ぷらを妹に食べられたこと。

ウ 妹よりも食べ物の好き嫌いが激しい自分の幼さに気づいたこと。

時間 20分 目標 75点

得点 点

解答 別冊 p.9

ついて、家に戻った。母と祖父母が釣果を喜び、夕飯のおかずにするため、母と祖母はさっそく台所に立って、小魚に天ぷらの衣をつけた。

私は衝撃を受けた。釣った魚を食べるとは思っていなかったのだ。包丁の腹で頭を叩かれ、気絶だか絶命だかした魚は、おとなしく衣をまぶされ、熱した油に投じられてあっというまに天ぷらになった。祖父母と父に二尾ずつ、母と妹と私が一尾ずつ。小皿に載って座卓へと登場した魚をまえに、食べたくないと私はべそをかいた。

「ふだんも魚の天ぷらを食べとるやろ。あれと同じや」

「おいしいよって食べなさい。はよせんと冷めるで」

両親が口々に言い、

「あれあれ、歌ちゃんは魚を飼うつもりやったんかな。かわいそうなことしたな」

と、私をかわいがっていた祖母が慰めてくれた。①そのあいだに妹は天ぷらを頭からばりばりたいらげており、私はいっそう悲しくなった。最終的には祖父の、

「釣った魚を、食いもせんでほかしたらバチが当たる。かわいそうでもありがたく食うのが、せめてもの供養ちゅうもんや」

という一言で、私は目をつぶって天ぷらを食べた。清流で育った小さな魚は、驚くほどおいしかった。細長いのに身はふくふくとして、ほんのりと甘かった。おじいちゃんたちはもう一匹食べられていいなと、あのとき私はたしかに思い、そんなふうに思う自分がうしろめたく、なんだかおかしくもあった。

いまなら、②「現金な」という形容がふさわしいとわかる。泣き笑いして食べた小魚ほどおいしい天ぷらには、その後もついぞ出会わ

エ 魚に対して自分が抱いたような思いが妹にはないと感じたこと。

（　　）

(2) ――線②「現金な」とは、具体的にどのようなことを指していますか。文章中の言葉を使って書きなさい。 35点

［　　　　］

(3) ――線③「腰が引けると……気持ちになる」とありますが、これとほぼ同じ内容を表す言葉を、次の中から一つ選びなさい。 15点

ア 張り切る　**イ** 身構える

ウ 臆病になる　**エ** 憂鬱になる

（　　）

(4) この文章の特徴として適切なものを、次の中からすべて選びなさい。 完答30点

ア 改まった言葉遣いの会話を描き、魚を食べることに対する、家族と「私」の認識の違いが生み出す緊迫感を伝えている。

イ 「私」がおそるおそる料理をしている様子を擬態語を用いて描写し、「私」の生き物の命を奪うことへの恐怖を表している。

ウ 過去の回想と現在の「私」の様子や気持ちを交互に語ることで、魚に対する「私」の思いを説き明かしている。

エ 魚との問答の中で「私」が何度も同じ言葉を繰り返して述べることで、魚に自分の思いを強く訴えていることを表している。

オ 終始「私」の視点から語ることで、読み手を「私」と同化させ、魚にまつわる「私」の思いについて共感しやすくしている。

（　　）

文学的文章 2

1 次の文章を読んで、あとの問いに答えなさい。

槇尾高校三年の直樹は、友人の中島、西村とともに、女子バスケットボールの練習試合を見ている。槇尾対明朋女子の試合である。清宮真衣が出場していた。

「リバウンドは、ほとんど明朋にとられてしまう」

元バスケット部員の①中島が解説者みたいに説明する。

「それでも点差が開かないのは、槇尾ががっちりゾーンディフェンスを敷いているのと、明朋の女子の方はいつでもリバウンドがとれるので、マークが甘くなりがちだからだ。でも後半からは9番の選手を入れたから、展開は変わってくる」

9番というのは、真衣をマークしている筋肉質の選手のことだ。確かに、9番の黄色いユニフォームが、真衣の行く先々に現れて、きっちりとパスのコースをふさいでいる。真衣は動き回ってマークをはずそうとするのだが、相手の動きも早い。やっとパスをもらったところで、相手が接触してファールになった。

ほんの一瞬だが、真衣は相手の選手を、きつい目つきでにらみつけた。

「すげえ」

そばにいた西村が、つぶやいた。

「清宮と結婚したやつは、ぜったい、尻にしかれるな」

試合は一進一退の展開だった。明朋女子の長身選手がゴール下でガードを固めているので、槇尾の選手はボールをとっても攻撃の糸口がつかめない。相手の密着マークで、真衣も思うように動けないようだ。

真衣は②闘志をむきだしにして、マークしている選手とボールを奪い合った。ヘルドになった時など、相手の選手に押し倒されながらも、ボールを放さなかった。

真衣の細くて小さな体のどこに、それほどの闘志がひそんでいるのだろう。

月／日

解答 別冊 p.10

心情、人物像、テーマ（主題）のつかみ方を復習しよう。

1 心情の内容

次のようなものを手がかりにしてつかむ。

(1) 直接表す言葉

例 悲しい　うきうき　胸がすく　かわいそう

(2) 人物の様子

表情…例 目を丸くする＝驚き　明るい顔＝上機嫌・喜び

動作…例 荒々しくドアを閉めた　＝不機嫌・怒り

会話文…例「ええ？　本当かしら」＝疑い

＊会話文の前後に「疑わしそうに言った」などと心情が説明されることも多い。

(3) 情景

その人物が見る光景に心情が反映されることがある。状況からも気持ちが推測できる。

例 行く手に輝く海が広がる　＝希望

例 雨上がりの夕焼け空　＝困難を乗り越えた達成感

＊**心情の理由**を問われた場合は、心情が生まれる**きっかけとな**

直樹は、目をみはるような思いで、真衣の姿を追っていた。

真衣の体はしなやかで、③刃物のように鋭く、姿全体が輝いて見えた。激しくマークされていながら、時には相手を振り切って、鮮やかなシュートを決めた。身のこなしも見事だったが、意志の強さが感じられた。

真衣のことは、子供の頃から知っている。おとなしくて、口数の少ない女の子だった。目の前の、闘志をむきだしにした真衣の姿が、信じられなかった。

（三田誠広「春のソナタ」より）

注 **ヘルド**＝ヘルドボール。二人の選手がボールを取り合い、どちらがつかんでいるかわからない状態。

(1) ——線①「中島」の人物像として合うものを、次の中から一つ選びなさい。 »2

ア 飄々として、直感で物事を判断する人物。

イ 落ち着きがあり、物事を分析的に見る人物。

ウ 人間嫌いで、物事を批判的に見る人物。

エ 独善的で、物事を自分に都合よく解釈する人物。

（　　）

(2) ——線②「闘志」とありますが、真衣の闘志がその表情を通して表現された一文の、初めの五字を抜き出しなさい。 »1

□□□□□

(3) ボールをとることへの真衣の執念が最も強く伝わる一文の、初めの五字を抜き出しなさい。 »1

□□□□□

(4) ——線③「刃物のように鋭く」とありますが、この表現には真衣に対する直樹のどんな気持ちがこめられていますか。最も適切なものを、次の中から一つ選びなさい。 »1

ア 賞賛　**イ** 恐怖

ウ 親近感　**エ** 憤り

（　　）

(5) この場面の中心内容は何ですか。最も適切なものを、次の中から一つ選びなさい。 »3

ア 熱戦となっている女子バスケットボールの練習試合のおもしろさ。

イ 試合後半のきついマークで、思うように動けない真衣のいらだち。

ウ 幼なじみの真衣が意外な一面をもっていたことを知った直樹の驚き。

エ バスケットボールの選手としての真衣の素質が明らかになったこと。

（　　）

った出来事をおさえる。その人物に、直前に起きた出来事。

＊**心情の変化**を説明するときは、**変化の前後**の心情をおさえ、**変化のきっかけとなった出来事**を読み取る。

＊**心情の移り変わり**は、場面ごとの心情をおさえてつなぐ。

2 人物像

「〜はどんな人物か」などの選択問題で出ることが多い。**年齢・性別・職業・立場・性格・人に対する態度・他の人物による評価**など、人物に関する情報をすべて拾い出し、生きた人間として想像してみる。

3 テーマ（主題）

随筆の場合によく出る。随筆では特に、**全体の話題**となっているものについての、**筆者の思い（感想・考え）**を読み取る。

小説の場合は長文の作品の一部分であることがほとんどなので、その場面の中心内容として出題される。

＊終わりの方でわかる場合が多い。

ここに注意

テーマは全体にかかわるものを選ぶ。小説なら主人公の心情の変化に注目する。

文学的文章 2

1 次の文章を読んで、あとの問いに答えなさい。〔福岡県改題〕

小学五年生の少年は、入院した母のお見舞いにバスで行くようになった。初めて一人で乗ったバスで、整理券の出し方を運転手の河野さんに叱られて以来、河野さんのバスに乗るのが怖くなった。ある日父が迎えに来られなくなり、少年は回数券を使って一人でバスで帰ることになった。

バスが停まる。運賃箱の前まで来ると、運転手が河野さんだと気づいた。それでまた、悲しみがつのった。こんなひとに最後の回数券を渡したくない。

整理券を運賃箱に先に入れ、①回数券をつづけて入れようとしたとき、とうとう泣き声が出てしまった。

「どうした?」と河野さんが訊いた。「なんで泣いてるの?」——ぶっきらぼうではない言い方をされたのは初めてだったから、逆に涙が止まらなくなってしまった。

「財布、落としちゃったのか?」

泣きながらかぶりを振って、回数券を見せた。

じゃあ早く入れなさい——とは、言われなかった。

河野さんは「どうした?」ともう一度訊いた。

その声にすうっと手を引かれるように、少年は嗚咽交じりに、回数券を使いたくないんだと伝えた。母のこともしゃべった。新しい回数券を買うと、そのぶん、母の退院の日が遠ざかってしまう。ご

---

④両手で拝んで頼むと、母は「晩ごはんまでには帰ってきなさいよ」とうなずき、父は「そうだぞ、今夜はお寿司とるからな、パーティーだぞ」と笑った。

バス停に立って、河野さんの運転するバスが来るのを待った。バスが停まると、降り口のドアに駆け寄って、その場でジャンプしながら運転席の様子を確かめる。

何便もやり過ごして、陽が暮れてきて、やっぱりだめかなあ、とあきらめかけた頃——やっと河野さんのバスが来た。

（重松清「バスに乗って」より。）

注 **回数券**＝乗車券の何回分かをとじ合わせたもの。
かぶりを振って＝否定の意を示して。

UP (1) ——線①「回数券をつづけて入れようとしたとき、とうとう泣き声が出てしまった」とありますが、少年はなぜ泣いてしまったのですか。次の□に入る内容を五十字以内で答えなさい。20点

□という不安や悲しみの思いから。

(2) ——線②「小銭が運賃箱に落ちる音が聞こえた」とありますが、

めんなさい、ごめんなさい、と手の甲で目元を覆った。警察に捕まってもいいから、この回数券、ぼくにください、と言った。

河野さんはなにも言わなかった。かわりに、②小銭が運賃箱に落ちる音が聞こえた。目元から手の甲をはずすと、整理券と一緒に百二十円、箱に入っていた。もう前に向き直っていた河野さんは、少年を振り向かずに、「早く降りて」と言った。「次のバス停でお客さんが待ってるんだから、早く」――声はまた、ぶっきらぼうになっていた。

次の日から、少年はお小遣いでバスに乗った。お金がなくなるか「回数券まだあるのか?」と父に訊かれるまでは知らん顔しているつもりだったが、その心配は要らなかった。

三日目に病室に入ると、母はベッドに起き上がって、父と笑いながらしゃべっていた。会社を抜けてきたという父は、少年を振り向いてうれしそうに言った。

「お母さん、あさって退院だぞ」

退院の日、母は看護師さんから花束をもらった。車で少年と一緒に迎えに来た父も、「どうせ家に帰るのに」と母に笑われながら、大きな花束をプレゼントした。

帰り道、「ぼく、バスで帰っていい?」と訊くと、両親はきょとんとした顔になったが、「病院からバスに乗るのもこれで最後だもんなあ」「よくがんばったよね、寂しかったでしょ? ありがとう」と笑って許してくれた。

「③帰り、ひょっとしたら、ちょっと遅くなるかもしれないけど、いい? いいでしょ? ね、いいでしょ?」

どういうことを表しているか答えなさい。　20点

〔　　〕

UP (3) ――線③「帰り、……ちょっと遅くなるかもしれない」、――線④「両手で拝んで頼む」について答えなさい。　40点(各20)

① ――線③の会話や――線④の行動から、少年がどのようなことを考えているとわかりますか。

〔　　〕

② ①のように考えているのは、どのような思いからですか。そう思う理由も含めて、「回数券」の語を使って答えなさい。

〔　　〕

(4) 河野さんの人物像として最も適切なものを、次の中から一つ選びなさい。　20点

ア 仕事においてはとっつきにくいが、実は気のいい人物。
イ 仕事上厳しいところもあるが、子ども好きな優しい人物。
ウ 仕事に真摯に向き合い、不愛想だが思いやりのある人物。
エ 何よりも仕事を優先しようとする、生真面目な人物。（　）

ヒント (3)①この前に少年は「ぼく、バスで帰っていい?」と言っている。②回数券を使わないですんだことから、河野さんに対する気持ちが変化していることをとらえよう。

話す・聞く

1 次のスピーチ原稿と資料1・2を読んで、あとの問いに答えなさい。

スピーチ原稿

私は、「食品ロス」について話したいと思います。先日コンビニで、商品棚の弁当の入れ替えをしているのを見ました。撤去された弁当は、まだ食べられるのに捨てられてしまいます。もったいないと思いませんか。A

まだ食べられるのに、ごみとして捨てられてしまう食品のことを「食品ロス」と言います。日本の食品ロスの量は年間五七〇万トン、毎日大型トラック約一五六〇台分にもなります。一人当たり毎日茶碗一杯分のご飯を捨てているのと同じと言われます。そのうち、家庭から出る、家庭系の食品ロスが二六一万トンです。これは、食べ残し、直接廃棄、過剰除去に分類されます。B

大量の食品ロスを可燃ごみとして燃やすとCO_2が発生し、環境問題にもなります。また、ごみとして捨ててしまうのは、食べ物を一生懸命作ってくださった方たちに対しても申し訳ないと思います。C

私は、食べ物を無駄なく大切に消費するために、食品ロスを減らすことが必要だと考えます。家庭での食品ロスを減らすためには、「買いすぎない」「作りすぎない」「食べきる」ということが言われていますが、私たちは、どんなことができるでしょうか。普段の生活を振り返って、買い物や保存、調理などで、ちょっとした工夫をしてみましょう。自分だけでなく、家族にも呼びかけて、明日からでも始めてみませんか。D

これで私のスピーチを終わります。

資料1

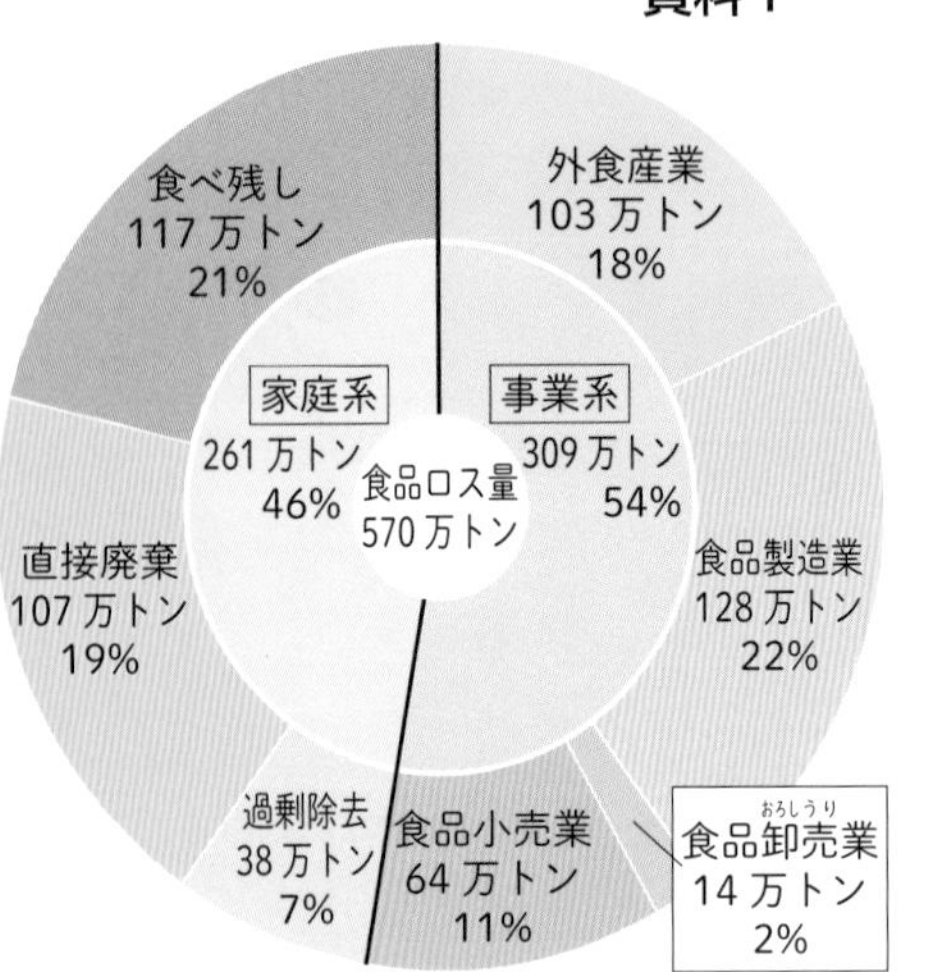

食品廃棄物等の発生状況と割合 〈概念図〉
農林水産省及び環境省「令和元年度推計」より

資料を使ったスピーチ原稿

スピーチ原稿は聞き手を意識することが重要である。聞き手が、わかりやすいようなスピーチになっているかどうかがポイント。

- 話す内容の順序や構成は適切か。
- 資料の提示箇所は適切か。
- 聞き手を引きつけるような話し方になっているか。
- 聞いただけでは意味がわかりにくい語句は、やさしい言葉になっているか。

グラフや表を見て書く作文

- 項目別に数値や割合を見て、特徴をつかむ。
- 年月や時間に伴う変化や、調査の対象による違いに着目する。
- 気付いたことや自分の意見をメモしておく。
- メモをもとに「条件」「注意」などに従って書く。

月　日

解答 別冊 p.11

資料2

事業系食品ロス（食品関連事業者）
・規格外品・売れ残り・返品・食べ残し　など

家庭系食品ロス（一般家庭）
・食べ残し
・直接廃棄
賞味期限切れ、消費期限切れなどで、手つかずで捨てられたもの
・過剰除去
野菜の皮やへたなど、食べられない部分が必要以上に除去されたもの

(1) **資料1・2**は、**スピーチ原稿**のA～Dのどこで提示するとよいか。記号で答えなさい。（　）

(2) この**スピーチ原稿**の工夫としてあてはまらないものを、次の中から一つ選びなさい。（　）
ア 数値を示し、実際の量をイメージさせている。
イ 自分の工夫例を挙げ、説得力をもたせている。
ウ 聞き手に呼びかけて、話に引き込んでいる。
エ テーマを選んだきっかけを述べ、興味をもたせている。

(3) 次の条件に従って、作文をしなさい。
1 **スピーチ原稿**と**資料1・2**を読んで、家庭系食品ロスを減らすために、あなたができる工夫を、自身の見聞や経験を踏まえて具体的に書く。
2 原稿用紙の使い方に従って、解答欄に百二十字（12行）以上百五十字（15行）以内の縦書きで書く。
3 氏名、題名は書かずに、本文から書き始める。

写真・イラスト・文章・ことわざなどをもとに書く作文
・課題に表された情景や内容からテーマをとらえる。
・自分の日常生活や体験と結び付け、意見や感想を「条件」などに従って書く。

課題作文と条件作文
題を指定しているのが課題作文。二段落で、こういう段どりで、など、条件を指定しているものが条件作文。

原稿用紙の使い方
・**題名と氏名**　特に指定されていない場合、題名は一行目の三～四字目から、氏名は二行目の下方に書く。
・**本文**　三行目から（氏名、題名は書かない場合は一行目から）、最初の一字分を空けて書く。
・**改行**　最初の一字分を空ける。会話文はなるべく改行し、「」で囲む。
・**句読点や記号・符号**　一字分を使う。行の初めには書かず、前の行の最後に付ける。

話す・聞く

時間 20分 目標 75点

得点　　点

解答 別冊 p.11

1 **ある中学校の図書委員会では、読書活動の活性化のために「図書だより」で特集を組むこととした。次の会話は、その内容について話し合いを行ったときのものである。よく読んで、あとの問いに答えなさい。**

（二〇二一年度山口県改題）

司会者　「図書だより」の特集の内容について考えるために、インターネットで参考になるものを調べていると、この**【資料】**を見つけました。これは、中学生にとって何が本を読むきっかけになっているかを調べたものです。

Aさん　普段本を読まない人には、読書のきっかけが必要ですから、この**【資料】**は役に立ちそうです。

Bさん　私もそう思います。これを見ると、きっかけとして一番高い割合になっている項目は、テレビなどのメディア上や本屋での宣伝や広告ですね。

Cさん　そうですね。また、上から二番目、三番目、四番目の項目を見てみると、共通しているのは［　　］であるといえますね。このことを踏まえて、読書のきっかけになるような特集を考えてみませんか。

Aさん　それなら、「私のおすすめ」という特集を組んで、本を読むことが好きな生徒が、お気に入りの本を紹介するのは

---

(1)　［　　］に入る内容として最も適切なものを、次の中から一つ選び、記号で答えなさい。　15点

ア　好きな作家がいること

イ　周囲からの働きかけ

ウ　読者の自発的な行動

エ　時間が十分にあること

（　　）

(2)　**Bさん**の最後の発言を踏まえて、「読書の楽しさ」について、自身の経験を踏まえながら、次の注意に従って文章を書きなさい。　85点

【注意】

○　氏名は書かずに、1行目から本文を書くこと。

○　原稿用紙の使い方に従って、百八十字(15行)以上二百四十字(20行)以内で書くこと。

○　段落は、内容にふさわしく適切に設けること。

どうでしょう。**【資料】**からも、友達からの本の紹介が、きっかけとして効果的であることが分かります。

司会者　なるほど。では、次の特集テーマは「私のおすすめ」として、生徒による本の紹介文を掲載しましょう。この特集をきっかけに、読書活動を活性化させたいですね。

Bさん　そうですね。より多くの人に読書の楽しさを感じてもらえるといいですね。

【資料】

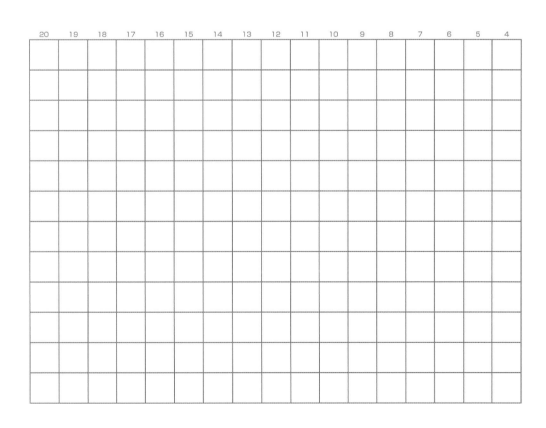

本を読むきっかけになったと思うこと
（複数回答　上位６項目）

（項目）	(%)
テレビや雑誌、新聞、インターネット、本屋での宣伝・広告	44.1
友達がおすすめの本を教えてくれたり、貸してくれたりすること	38.8
家族が一緒に本を読んだり、図書館や本屋につれて行ってくれたりすること	37.6
学校で行われている読書に関する取組	37.4
知りたいことや興味・関心をひかれることができたこと	31.8
作家に興味・関心をもったこと	26.4

詩歌

解答 別冊 p.12

1 **次の詩を読んで、あとの問いに答えなさい。**

樹(き)の心　　高田敏子(たかだとしこ)

花の季節を愛(め)でられて
花を散らしたあとは
忘れられている　さくら

忘れられて
静かに過ごす樹の心を
学ばなければならない

忘れられているときが
自分を見つめ　充実(じゅうじつ)させるときであることを
樹は知っている

注　**愛でられて**＝美しいと賞賛されて。

(1) この詩の種類を次の中から一つ選びなさい。 »1

ア 文語定型詩　イ 文語自由詩
ウ 口語定型詩　エ 口語自由詩　（　　）

(2) 体言止めが用いられた行があるのは第何連ですか。漢数字で答えなさい。 »2

第（　　）連

(3) 体言止めのほかに、さくらの樹について表現するうえで用いられている表現技法を、次の中から一つ選びなさい。 »2

ア 直喩(ちょくゆ)法　イ 擬人(ぎじん)法
ウ 暗喩法　エ 倒置(とうち)法　（　　）

(4) ――線部「忘れられている」とありますが、忘れられているときにさくらがしていることを、詩の言葉を用いて三十字以内で答えなさい。

［　　　　　　　　］

(5) この詩にこめられている作者の気持ちを次の中から一つ選びなさい。（p.45上段に続く）

詩歌は、基礎(きそ)知識・情景・心情・主題にかかわるところが出題される。基礎知識を確認しよう。

1 詩の種類

- **口語詩**…現代語で書かれた詩。
- **文語詩**…古文の言葉で書かれた詩。文末は「なり・けり」など。
- **定型詩**…音数に決まりがある。
- **散文詩**…行分けしないで、普通(ふつう)の文章のように書く。
- **自由詩**…自由に行分けし、音数の決まりもない。

絶対暗記
現代語で、音数の決まりがない詩＝**口語自由詩**
古文の言葉で、七五調や五七調の詩＝**文語定型詩**

2 詩歌の表現技法

- **体言止め**…行末を体言で終える。
- **倒置法**…語順を入れ替(か)える。
- **擬人法**…人に見立てる。
- **直喩法**…「ようだ」「みたいだ」などを用いてたとえる。
- **暗喩法（隠喩(いんゆ)法）**…「ようだ」「みたいだ」などを用いずたとえる。
- **反復法**…同じ言葉を繰(く)り返す。

ア　花盛り（はなざかり）のころよりも、花の終わった時期の桜のほうが美しいと思う気持ち。

イ　桜の花は美しいのに、その盛りの時期が短すぎることを残念に思う気持ち。

ウ　だれにもかえりみられないときに、いかに過ごすかが大事だと思う気持ち。

エ　生き物というのは、注目を集めないでいられるほうが幸せだと思う気持ち。（　　）

2 次の和歌を読んで、あとの問いに答えなさい。

世の中にたえて桜のなかりせば春の心はのどけからまし　在原業平（ありわらのなりひら）

(1) この和歌の句切れを、次の中から一つ選びなさい。 ≫3

ア　初句切れ　イ　二句切れ　ウ　三句切れ　エ　四句切れ　オ　句切れなし　（　　）

(2) この和歌の三句目の意味として最も適切なものを、次の中から一つ選びなさい。（　　）

ア　ないので　イ　なかったならば　ウ　ないものだなあ　エ　なくなってほしい

(3) この和歌にこめられた作者の気持ちとして最も適切なものを、次の中から一つ選びなさい。

ア　桜の花を深く愛する気持ち。

イ　桜の花が少ないのを嘆（なげ）く気持ち。

ウ　桜をもてはやす人々を不満に思う気持ち。

エ　桜のよさがわからないと思う気持ち。（　　）

3 次の俳句を読んで、あとの問いに答えなさい。

いくたびも雪の深さをたづねけり　正岡子規（まさおかしき）

(1) この俳句の季語を抜（ぬ）き出しなさい。また、それが表す季節を漢字一字で答えなさい。 ≫4

季語（　　）　季節（　　）

(2) この俳句に用いられている切れ字を抜き出しなさい。 ≫4 （　　）

(3) この俳句の作者の様子として最も適切なものを、次の中から一つ選びなさい。（　　）

ア　旅の宿で庭を眺（なが）め、やまない雪に不安を感じている。

イ　病床（びょうしょう）にあって、戸外の雪の積もり方に関心を向けている。

ウ　雪山を歩きながら、思い出にふけっている。

エ　自宅の庭で、子どもと雪遊びを楽しんでいる。（　　）

・**対句（ついく）法**…二つ以上の部分を同じ形にそろえる。

3 短歌（和歌）の基礎知識

・**数え方**…一首、二首。

・**音数**…五・七・五・七・七の三十一音が原則。これより多いと「**字余り**」、少ないと「**字足らず**」。

絶対暗記　「さゃ・じゅ・びょ」などの拗音（ようおん）は二字でも一音と数える。「いって」などの「っ（促音（そくおん））」は一音に数える。

・**句切れ**…一首中で切れるところ。「句切れなし」の場合もある。

・**係り結び**…上の助詞のはたらきで文末が終止形でなくなるもの。

・「ぞ」「なむ」「や」「か」→連体形

・「こそ」→已然（いぜん）形

・**掛詞（かけことば）**…一つの言葉に複数の意味をもたせる。

4 俳句の基礎知識

・**数え方**…一句、二句。

・**音数**…五・七・五の十七音が原則。

・**季語**…季節を表す言葉。一句に一つ入れるのが原則。

・**切れ字**…「ぞ」「や」「かな」「けり」など、句の中で意味や調子を切る語。多くは詠嘆（えいたん）がこもる。

詩歌

時間 20分　目標 75点

得点　　点

解答 別冊 p.12

1 **次の詩を読んで、あとの問いに答えなさい。**〔高知県改題〕

樹木　　草野心平

嫩葉は光りともつれあい。
くすぐりあい。
陽がかげると不思議がってきき耳をたて。
そよ風がふけば。
枝々は我慢が利かずざわめきたち。
毛根たちはポンプになり。
駆け足であがり。
枝にわかれ。
葉っぱは恥も外聞もなく裸になり。
隈どりの顔で。
歓声をあげ。

（草野心平「草野心平詩集」より）

注　**隈どり**＝歌舞伎で、役柄の性格や表情を強調するためにする化粧。

---

(1) この詩の種類を次の中から一つ選びなさい。 10点

ア 文語定型詩　**イ** 文語自由詩
ウ 口語定型詩　**エ** 口語自由詩　（　　）

(2) この詩の季節として適切なものを次の中から一つ選びなさい。 10点

ア 早春　**イ** 初夏　**ウ** 初秋　**エ** 初冬　（　　）

(3) 詩の中で用いられている表現についての説明として最も適切なものを、次の中から一つ選びなさい。 15点

ア 枝々が風に揺れる涼やかなさまを、反復法を用いて印象づけ、体言止めによって余情を出している。

イ 嫩葉のみずみずしさを、擬態語を用いて効果的に描き、さらに倒置法によって強調している。

ウ 樹木の生命感あふれる様子を、擬人法を多用し、文末を連用形で止めて、生き生きと表現している。

エ 葉っぱの成長の力強さを、五音と七音の言葉を重ねてリズム感と躍動感を与え、強調している。　（　　）

2 次の二つの俳句を読んで、あとの問いに答えなさい。

〔栃木県改題〕40点（各10）

(1)

スケートの紐むすぶ間も逸りつつ　　山口誓子

① この俳句と同じ季節を詠んだ俳句を、次の中から一つ選びなさい。

ア 山風にながれて遠き雲雀かな　（飯田蛇笏）

イ 名月や池をめぐりて夜もすがら　（松尾芭蕉）

ウ 音もなし松の梢の遠花火　（正岡子規）

エ 淋しさの底ぬけて降るみぞれかな　（内藤丈草）

（　　）

② 「逸りつつ」という表現から、作者のどのような心情がうかがえますか。答えなさい。

〔　　　　〕

(2)

大寺を包みてわめく木の芽かな　　高浜虚子

① この俳句の表現技法を次の中から一つ選びなさい。

ア 対句　イ 直喩　ウ 擬人法　エ 体言止め

（　　）

② この俳句の「わめく」という表現は、どのような情景を詠んでいますか。最も適切なものを次の中から一つ選びなさい。

ア 寺の周囲の木々がいっせいに芽を出した情景。

イ 境内の木々がいつのまにか芽吹いていた情景。

ウ 春の嵐が寺を包むように吹き荒れている情景。

エ 木の芽吹きを見つけて思わず声を上げた情景。

（　　）

3 次の短歌を説明したものとして最も適切なものを、あとから一つ選びなさい。

〔神奈川県〕25点

はなやかに轟くごとき夕焼はしばらくすれば遠くなりたり　　佐藤佐太郎

ア 空に赤色が広がるさまをひらがなで表し、夕暮れ時のもの悲しさを忘れて見入った姿を明示することで、静かな喜びを鮮明に描いている。

イ 赤く染まった空の美しさを聴覚的に捉え、時間が経過して色あせたさまを自らとの距離として示すことによって、効果的に描いている。

ウ 街を染める夕焼を擬人的に表し、あっけなく夜が訪れたことへの孤独を暗示することで、あらがうことのできない自然を壮大に描いている。

エ 激しい音が響く中で目にした夕焼を直喩で示し、赤色が薄れて闇に包まれた後の静けさと対比させることによって、感傷的に描いている。

（　　）

ヒント 3 夕焼が「轟く」という表現に着目する。また、夕焼が「遠くなりたり」とは、どのような光景であるのか思い浮かべてみよう。

月　日

解答 別冊 p.13

1 次の文章を読んで、あとの問いに答えなさい。

五月ばかり山里にありく、いみじくをかし。沢水(さはみづ)もげに、ただいと青く見えわたるに、上はつれなくて、草生(お)ひしげりたるを、ながながと、ただざまに行けば、下はえならざりける水の、深うはあらねど、人の歩むにつけて、①とばしりあげたる、いとをかし。左右(ひだりみぎ)にある垣(かき)に、枝などに、かかりて、車の屋形に②入るを、いそぎてaとらへて折らむと思ふに、ふとbはづれて過ぎぬるもcくちをし。蓬(よもぎ)の、車に押(お)しひしがれたるが、輪の舞(ま)ひ立ちたるに、近うかけたるも、香のかかへたるも、いとをかし。

（清少納言(せいしょうなごん)「枕草子(まくらのそうし)」より）

注
五月ばかり＝五月ごろ。　**げに**＝まことに。
上＝表面。　**つれなくて**＝そう見えなくて。
ただざまに＝まっすぐに。
えならざりける水＝尋常(じんじょう)でなく澄(す)んだ水。
人＝従者。作者は牛車(ぎっしゃ)に乗っているが、従者は徒歩。
とばしり＝水しぶき。
左右にある垣に＝左右に垣根のある所を通る時に。
屋形＝牛車の、人が乗る部分。
輪の舞ひ立ちたるに＝車輪が回って上に上がった時に。
近うかけたる＝乗っている所のすぐそばにひっかかっている。　**かかへたる**＝（香が）備わっている。

(1) ═══線a〜cを現代仮名遣(かなづか)いに直し、すべてひらがなで書きなさい。 »1

a（　　） b（　　） c（　　）

(2) ───線①「とばしりあげたる、いとをかし」を次のように現代語訳するとき、（A）（B）に入る一字の助詞を答えなさい。 »3

水しぶき（A）上げているの（B）、とてもおもしろい。

A（　　） B（　　）

(3) ───線②「入る」の主語にあたるものを、次の中から一つ選びなさい。 »4

ア 作者　**イ** 枝　**ウ** 車　**エ** 蓬　（　　）

(4) この文章の主題を次のようにまとめるとき、（　）に入る一語を文章中から抜(ぬ)き出しなさい。

五月ごろ、（　　）に出歩くことのおもしろさ。　（　　）

古文に対しては、一読しただけで大意をつかむことのできる力をつけておこう。

1 歴史的仮名遣い

現代仮名遣いに直す問題が必ず出る。直し方を確かめよう。

絶対暗記

- **は・ひ・ふ・へ・ほ（語頭以外）→わ・い・う・え・お**
  例 思ふ→思う　まへ→まえ
- **ゐ・ゑ・を→い・え・お**
  例 ゐる→いる　こゑ→こえ
- **ぢ・づ→じ・ず**
  例 はぢ→はじ　みづ→みず
- **けふ・せう・てふ→きょう・しょう・ちょう**　など
  例 せうと→しょうと（兄人）
- **あう・かう・やう→おう・こう・よう**　など
  例 かうべ→こうべ（頭）

2 係り結び

文中に係助詞がある場合、文末を終止形以外で結ぶ語法。

- **こそ—已然形(いぜん)**
- **ぞ・なむ・や・か—連体形**

2 次の文章を読んで、あとの問いに答えなさい。

つれづれなる折①、昔の人の文見出でたる②はただその折の心地して、いみじく嬉しく［　］覚ゆれ。まして亡き人などの書きたるものなど見るは、いみじくあはれに、歳月の多く積りたる③も、ただ今筆うち濡らして書きたる④やうなるa こそ返すがへすめでたけれ。何事もたださし向ひたる程の情ばかり⑤にてこそ侍るに、⑥これはただ昔ながらつゆ変はるb事なきもいとめでたき事なり。

（「無名草子」より）

注　**つれづれなる折**＝することもなくて退屈な時。　**文**＝ここでは、手紙や書きつけなど、書いたもの全般を指す。　**ただ**＝ひたすらに。
その折＝昔その文に接した時。
ただ今＝たった今。
うち濡らして＝「うち」は接頭語。墨液に濡らして。
返すがへす＝どう考えてみても。
めでたけれ＝すばらしいことだ。
何事も＝「文」以外のことは、どんなことでも。
侍るに＝ございますのに。　**つゆ**＝少しも。

(1) ═線a・bを現代仮名遣いに直し、すべてひらがなで書きなさい。 »1

a（　　）　b（　　）

(2) ――線①「折」の後に補うとよい一字の助詞を答えなさい。 »3

（　　）

(3) ――線②「見出でたる」③「積りたる」④「書きたる」の主語にあたるものを、次の中からそれぞれ一つずつ選びなさい。 »4

ア 今、目の前にいる人
イ 作者が昔、知っていた人
ウ 作者の書いたものを読む人
エ 歳月
オ 作者

②（　　）③（　　）④（　　）

(4) ［　］に入る言葉を、次の中から一つ選びなさい。 »2

ア ぞ　**イ** なむ　**ウ** や　**エ** こそ

（　　）

(5) ――線⑤「さし向ひたる程の情ばかり」とはどういうことですか。次の中から一つ選びなさい。

ア 顔を見知っている程度の間柄だということ。
イ 離れると気持ちは薄れてしまうということ。
ウ 一方的に思っているうちがよいということ。
エ 正面から向き合う態度が大切だということ。

（　　）

(6) ――線⑥「これ」が指すものは何ですか。文章中から一語で抜き出しなさい。

（　　）

例 雪は降りけり。
雪こそ降りけれ。（係り結び）
雪ぞ降り／雪なむ降り／雪や降り／何か降り ｝ける。（係り結び）

3 助詞の省略

古文で省略されている助詞は、前後の語の関係を考えて、適切なものを補う。主語を示す「が」「は」のほか、「を」「に」の省略が多い。

例 人笑ひけり。…〈訳〉人が笑った。
船出だす。…〈訳〉船を出す。

4 主語の省略

古文は主語の省略も多い。動作主を問われたときは、次の手順で確実につかもう。

(1)登場人物を確認…何人登場しているか、必ず確かめること。
(2)人物の身分関係を確認…敬語の使われ方で動作主がわかることがある。
(3)傍線のある部分の前へ前へとさかのぼり、近くに出てきた人物が主語だと見当をつける。
(4)見当をつけた主語を補って読み、自然であるかを確認する。

ここに注意
同一人物が呼び名を変えて出てくることがあるので注意する。「注」には必ず目を通す。

時間 20分　目標 75点

得点　　点

解答 別冊 p.13

1 **次の文章を読んで、あとの問いに答えなさい。** 〔大阪府改題〕

貝原益軒翁、牡丹を好みてあまた植ゑ(a)られける中、ことに心を尽くされける花（　）有り。ややけしきばめる頃、翁宿におはさぬ程、やつこ戯れして彼の花をふみ折りけり。こはと驚けど①せんすべなし。とかくする程翁帰り、やがて園中に至り、奴はしとどに成りて生くる心地なし。翁いとさりげなく、二日三日ふれど何の気色もなし。②人々猶あやしむ。ある人此の事を聞きて翁にむかひ(b)、しかじかの事有りと聞く。さこそにくしと思すらめと云ひければ、翁打ちゑみて、おのれは楽しびに花を植ゑ侍り。さてそれがためにいかるべきかは、といへり(c)けりとぞ。

注　**貝原益軒**＝江戸前期の儒学者。
やつこ＝家業や家事に従事する奉公人。
しとどに成りて＝ひどく汗をかいて。

(1) ══線a～cを現代仮名遣いに直し、すべてひらがなで書きなさい。 15点(各5)

a（　　　）b（　　　）
c（　　　）

(2) 現代語に訳すときに、（　）に補うとよい一字の助詞を答えなさい。 5点

□

(3) ──線①「せんすべなし」の文章中での意味として最も適切なものを、次の中から一つ選びなさい。 10点

ア とんでもない　**イ** 考えるまでもない
ウ あとかたもない　**エ** どうしようもない　（　）

(4) ──線②「人々猶あやしむ」とありますが、人々が不思議に思ったことの内容として最も適切なものを、次の中から一つ選びなさい。 10点

ア 二、三日たっても翁の様子がいつもと変わらなかったこと。
イ 翁が真心をこめて育ててきた牡丹の花がなくなっていたこと。
ウ きれいに咲きそろっていた牡丹の花を翁が捨ててしまったこと。
エ 翁の好きな牡丹の花が知らない間にたくさん植えられていたこと。　（　）

(5) 文章の内容と合うものとして最も適切なものを、次の中から一つ選びなさい。 10点

ア ある人が言ったことに対して翁は、「楽をすることはいくらでもできるが、それは、結果的に自分のためにならない」と言った。
イ 牡丹の花が枯れていたことについて翁は、「新たに花を植えることはたやすいことだが、元通りになるわけではない」と言

った。

ウ　牡丹の花が折られていたことに対して翁は、「楽しむために花を植えるのだから、それのために腹を立てることはない」と言った。

エ　不注意で牡丹の花を折ってしまった翁は、「花が育つのをいつも楽しみにしていたが、こうなるぐらいならもう育てない」と言った。

（　　）

2　次の文章を読んで、あとの問いに答えなさい。

〔二〇二一年度青森県改題〕

陰陽師(をんやうじ)のもとなる小童(こわらはべ)こそ、いみじう（すばらしく）物は①知りたれ。祓(はら)へなどしにいでたれば、祭文(さいもん)など②よむを、人は猶こそきけ（人はただ聞いているだけだが）、ちうと（さっと）たち走りて、酒、水、いかけ（振りかけ）させよとも<u>いはぬ</u>に、しありくさまの、例しり（それをしてまわる様子が、やるべきことをわきまえ）、いささか（少しも）主に物いはせぬ［　］、うらやましけれ。③さらんものがな使はん、とこそおぼゆれ。（こういう気のきく者を使いたいものだ、と思われる）

（清少納言(せいしょうなごん)「枕草子(まくらのそうし)」より）

注　**陰陽師**＝暦(こよみ)を仕立てたり占(うらな)いや土地の吉凶(きっきょう)などをみたりする人。
祓＝神に祈(いの)って罪・けがれを清め、災(わざわ)いを除くこと。
祭文＝節をつけて読んで神仏に告げる言葉。

(1)　═線「いはぬ」を現代仮名遣いに直し、すべてひらがなで書きなさい。　5点

（　　）

(2)　～～線部には係り結びがあります。［　］に入る助詞を次の中から一つ選びなさい。　10点

ア　まで　**イ**　こそ　**ウ**　ぞ　**エ**　も　（　　）

(3)　──線①「知りたれ」、②「よむ」の主語の組み合わせとして最も適切なものを、次の中から一つ選びなさい。　10点

ア　①陰陽師　②小童　**イ**　①陰陽師　②作者

ウ　①小童　②陰陽師　**エ**　①小童　②作者　（　　）

(4)　文章中には、「　」をつけることのできる部分があります。その部分の初めと終わりを三字ずつ抜き出しなさい。　10点

□□□～□□□

(5)　──線③「さらんものがな使はん、とこそおぼゆれ」とありますが、作者がそのように思った理由をまとめた次の文の［　］に入る言葉を、二十字以内で書きなさい。　15点

作者は、「小童」が陰陽師に指示されなくても［　］様子を見て、自分もそのような気のきく者を使いたいと思ったから。

□□□□□□□□□□□□□□□□□□□□

ヒント　**2**(5)作者は、「小童」が「ちうとたち走りて、……しありくさま」を見て、このように思った。前後の言葉に合うように答えよう。

古典 2

1 次の文章を読んで、あとの問いに答えなさい。

端の隆は学問を好み、詩をよく作りて名高き人なり。されど世をもどきたる似非者にて、一生宮仕へせざりけり。或時、芳野の花見に行しに、蔵王堂の辺にて、年のころ十三四なる賤女ふたり①打ちつれつつ、竹にて編たる目籠と云物と、鳥の姿に造りたる物を、数多持来て売るに行逢たり。都の苞にせんと呼び留めて、かの鳥を二ツ三ツ買けり。「②目籠をも買はん」と云へば、先へ行たる者を呼び帰し、「我は鳥を参らせぬ。目籠はそこより参らせよ」と云ひたりしを聞て、いと③やさしき心ばへかな。都の人はひたすら勢ひある方に付て身の栄を望み、兄弟一門をも越て、おのれ独り世にあらんとのみするが、かかる田舎の幼き賤の女には遙かに劣れりとて、涙を流しける。

（「落栗物語」より）

注　**端の隆**＝人名。姓が「端」、名が「隆」。
世をもどきたる似非者＝俗世間を嫌う人。
賤女＝身分の低い女性。　**目籠**＝目の粗い籠。
苞＝土産。

(1) この文章を、「主人公の紹介」と「主人公の体験」とで前半・後半に分ける場合の、後半の始まりの三字を抜き出しなさい。

□□□

(2) ――線①「打ちつれつつ」の現代語訳として最も適切なものを、次の中から一つ選びなさい。

ア 物を打ち鳴らして　**イ** 実に楽しそうに
ウ 気落ちした様子で　**エ** 連れ立ちながら

（　）

(3) ――線②「目籠をも買はん」の現代語訳を答えなさい。

（　）

(4) ――線③「やさしき心ばへ」とは、鳥を売った娘のどんな点を指していますか。最も適切なものを、次の中から一つ選びなさい。

ア 隆のために、先に行った連れを呼び戻した点。
イ 連れのことも考え、利益を独り占めしない点。
ウ 鳥の細工物をじょうずに造ることができる点。
エ 自分の造った目籠の出来を謙遜する点。

（　）

解答 別冊 p.14

1 覚えておきたい重要な古語

あさまし…興ざめだ。意外だ。
あはれ…しみじみした趣がある。
いみじ…はなはだしい。
いと…たいそう。
うつくし…かわいい。
おどろく…驚く。はっと気付く。目覚める。
かなし…いとしい。かわいい。
けしき(気色)…様子。態度。機嫌。
こぞ(去年)…昨年。
さらなり…言うまでもない。
さうざうし…物足りない。
すさまじ…興ざめである。
なかなか…むしろ。かえって。
ののしる…騒ぎたてる。
はずかし…(こちらが恥ずかしくなるほど)りっぱだ。
やうやう…だんだん。かろうじて。
らうたし…愛らしい。
をかし…興味深い。風情がある。

ここに注意
現代語と同じ形でも意味の異なる古語には、注意が必要である。

2 古典の文学史

重要なものはまとめて覚える。

2 次の文章を読んで、あとの問いに答えなさい。

今は昔、陽成院おり居させ給ひての御所は、大宮よりは北、西洞院よりは西、油の小路よりは東にてなんありける。

そこは①物すむ所にてなんありける。大なる池のありける釣殿に、番の者寝たりければ、夜中ばかりに、細々とある手にて、この男が顔をそとそとなでけり。けむつかしと思ひて、太刀を抜きて、片手にてつかみたりければ、浅黄の上下着たる翁の、殊の外に物佗しげなるがいふやう、「我はこれ、昔住みし主なり。浦嶋が子の弟なり。古よりこの所に住みて、千二百余年になるなり。願はくは許し給へ。ここに社を作りて斎ひ給へ。さらばいかにもまぼり奉らん」といひけるを、「我が心一つにては②かなはじ。この由を院へ申してこそは」といひければ、「憎き男の言事かな」とて、三度上ざまへ蹴上げ蹴上げして、③なへなへくたくたとなして、落つる所を、口をあきて食ひたりけり。なべての人ほどなる男と見る程に、おびたたしく大になりて、この男をただ一口に食ひてけり。

（「宇治拾遺物語」より）

注　**釣殿**＝池のそばの建物。　**けむつかし**＝気味が悪い。
昔住みし＝昔住んでいた。
まぼり奉らん＝お守りいたそう。
なべての＝普通の。

(1) ――線①「物」は化け物を指しますが、最初はどんな姿ですか。文章中から二十一字で抜き出しなさい。

〔　　　　〕

(2) ――線②「かなはじ」とありますが、どんな願いに対して言ったのですか。文章中から一文を抜き出しなさい。

〔　　　　〕

(3) ――線③「なへなへくたくたと」は擬態語ですが、これと同種の言葉を文章中から抜き出しなさい。（　　　）

3 次の人物が活躍した時代と、関係の深い作品を、あとのア～コから選びなさい。 ≫2

(1) 在原業平　時代（　　）　作品（　　）
(2) 小林一茶　時代（　　）　作品（　　）
(3) 舎人親王　時代（　　）　作品（　　）
(4) 阿仏尼　時代（　　）　作品（　　）

ア 奈良時代　**イ** 平安時代　**ウ** 鎌倉時代
エ 室町時代　**オ** 江戸時代
カ 日本書紀　**キ** 伊勢物語　**ク** おらが春
ケ 十六夜日記　**コ** 新古今和歌集

絶対暗記

二大和歌集
万葉集…**奈良時代・ますらをぶり**（素朴で力強い）
古今和歌集…**平安時代・たをやめぶり**（繊細で優美）
新古今和歌集…**鎌倉時代・幽玄**（味わいがあり、余情が深い）

二大随筆
枕草子…**平安時代・清少納言**
方丈記…**鎌倉初期・鴨長明**
徒然草…**鎌倉後期・兼好法師**

〔平安時代〕
竹取物語…作者不詳・「**物語の祖**」
源氏物語…**紫式部**・世界最古の長編小説
土佐日記…**紀貫之**
蜻蛉日記…**藤原道綱母**
更級日記…**菅原孝標女**
今昔物語集…説話集

〔鎌倉時代〕
平家物語…軍記物・無常観
金槐和歌集…三代将軍 **源 実朝**

〔室町時代〕
風姿花伝…**世阿弥**・能楽論集

〔江戸時代〕
奥の細道…**松尾芭蕉**・俳諧紀行文
日本永代蔵など…**井原西鶴**・浮世草子

1 次の文章を読んで、あとの問いに答えなさい。〔北海道〕

博雅三位、月の明かりける夜、直衣にて、朱雀門の前に遊び（ア）て、よもすがら、笛を吹か（イ）れけるに、同じさまに、直衣着たる男の、笛吹き（ウ）ければ、「たれならむ」と思ふほどに、その笛の音、この世にたぐひなくめでたく聞えければ、あやしくて、近寄りて見（エ）ければ、いまだ見ぬ人なりけり。われもものをもいはず、かれもいふことなし。かくのごとく、月の夜ごとに、行きあひて、吹くこと、夜ごろになりぬ。

かの人の笛の音、ことにめでたかりければ、こころみに、かれを取りかへて吹きければ、世になきほどの笛なり。そののち、なほなほ月ごろになれば、行きあひて吹きけれど、「もとの笛を返し取らむ」ともいはざりければ、ながくかへてやみにけり。三位失せてのち、帝、この笛を召し（オ）て、時の笛吹どもに吹かせらるれど、その音を吹きあらはす人なかりけり。

（「十訓抄」より）

注　**博雅三位**＝平安中期の貴族で音楽の名人。

直衣＝貴族の普段着。　**よもすがら**＝一晩中。

なほなほ＝引き続き。　**たぐひなくめでたく**＝例がないほど素晴らしく。　**失せて**＝亡くなって。　**ながくかへて**＝長い間、取り替えたままで。

(1)　――線ア～オのうち、博雅三位の動作を表しているものを、すべて選びなさい。 完答15点（　　　　）

(2)　□で囲んだ部分の博雅三位と男の様子をまとめた次の文章の［①］・［②］に入るものの組み合わせとして最も適切なものを、あとから選びなさい。 10点

月が出ている夜に、朱雀門の前で二人は［①］笛を吹き合った。その後、二人で笛を吹き合うことが［②］。

ア　①待ち合わせて　②数夜にもなった
イ　①待ち合わせて　②一夜もなかった
ウ　①偶然出会い　②数夜にもなった
エ　①偶然出会い　②一夜もなかった

（　　　　）

(3)　次のア～エを、この文章で起きた順に並べ替えなさい。 完答15点

ア　博雅三位には、男の笛の音が他に比べるものがないほど素晴らしく聞こえた。
イ　博雅三位と同じような素晴らしい音を出すことができる笛吹はいなかった。
ウ　博雅三位が、試しに男の笛を吹いてみたところ、素晴らしい笛だとわかった。
エ　博雅三位は、男から笛を返すように言われなかったので、その笛を長い間持っていた。

（　　→　　→　　→　　）

2 次の文章を読んで、あとの問いに答えなさい。〔長崎県改題〕

世人を見るに、果報もよく、家をも起す人は、皆、正直に、人のためにも善きなり。ゆゑに、家をも保ち、子孫までも絶えざるなり。心に曲節あり、人のために悪しき人は、たとひ、一旦は、果報も［1］、家を保てる様なれども、始終［2］なり。たとひ、また①一期は［3］て過せども、子孫未だ必ずしも吉ならざるなり。

また、人のために善き事をして、かの主に善しと思はれ、悦ばれんと思うてするは、悪しきに比すれば優れたれども、なほ、これは、自身を思うて、②人のために、実に善きにあらざるなり。主には知られずとも、人のためにうしろやすく、ないし、未来の事、誰がためと思はざれども、人のために善からん料の事を作し置きなんどするを、真に、人のために善きとはいふなり。

（「正法眼蔵随聞記」より）

注　**果報**＝前世での行いの結果として現世で受ける報い。

正直＝心が正しくまっすぐで偽りのないこと。

始終＝ついには。結局は。

(1) ［1］～［3］に入る語の組み合わせとして最も適切なものを、次の中から一つ選びなさい。　10点

ア 1 善く　― 2 悪しき ― 3 善く
イ 1 悪しく ― 2 善き　― 3 善く
ウ 1 悪しく ― 2 善き　― 3 悪しく
エ 1 善く　― 2 悪しき ― 3 悪しく
（　　）

(2) ――線①「一期」の意味として最も適切なものを、次の中から一つ選びなさい。　10点

ア 瞬間　**イ** 最初　**ウ** 数年　**エ** 生涯　（　　）

(3) ――線②「人のために、実に善きにあらざるなり」と作者がいう理由を説明した次の文の空欄に入る内容を、［Ⅰ］は三十五字以内、［Ⅱ］は十字以内で書きなさい。　Ⅰ15点　Ⅱ10点

［Ⅰ］行為は、本当は［Ⅱ］行為だから。

Ⅰ〔　　〕
Ⅱ〔　　〕

3 古典の三大随筆と言われる作品と作者について、空欄に当てはまるものをあとから選んで書きなさい。　15点（各5）

① 作品（　　）　作者（清少納言）
② 作品（　　）　作者（鴨長明）
③ 作品（徒然草）　作者（　　）

〔平家物語　方丈記　枕草子　兼好法師　紫式部〕

古典 3

1 **次の各問いに答えなさい。**

(1) 次の書き下し文を参照して、それぞれ漢文に返り点を書きなさい。 ≫1

① 上善(じやうぜん)は水(みづ)の若(ごと)し。

上 善ハ 若シ 水ノ 。

② 和(わ)を以(もつ)て貴(たつと)しと為(な)す。

以テ 和ヲ 為ス 貴シト 。

③ 一葉落(いちえふお)ちて天下(てんが)の秋(あき)を知(し)る。

一 葉 落チテ 知ル 天 下ノ 秋ヲ 。

(2) 次の漢文の書き下し文として最も適切なものを、あとのア〜エから一つ選びなさい。 ≫2

不(ずンバ)ㇾ入(ラ)二虎(こ)穴(けつ)一ニ、不(ず)ㇾ得(え)二虎(こ)子(じ)一ヲ。

ア 入らずんば虎、穴に虎子を得ず。

イ 虎、穴に入らずんば、虎、子を得ず。

ウ 虎穴に入らずんば、虎子を得ず。

エ 虎、入らずんば穴に虎子を得ず。

（　　）

(3) 次の漢文の書き下し文を書きなさい。また、格言としての意味を、あとのア〜エから一つ選びなさい。 ≫2

① 李(り)下(か)ニ不(ず)ㇾ正(ただ)サㇾ冠(かんむり)ヲ。

（　　）

意味（　　）

ア 待っていても幸運は訪(おとず)れない。

イ 飢(う)えても不正な手段を使わない。

ウ 方法を誤ると成功をつかめない。

エ 疑いを招く行いは慎(つつし)むべきである。

② 好 事ハ 不(ず)ㇾ出(い)デㇾ門ヲ、悪 事ハ 行ク二千 里一ヲ。

（　　）

意味（　　）

ア 福は招きいれ、悪運は追放せよ。

イ 善人はひっそりと住み、悪人は動き回る。

ウ 善行は知られにくいが、悪事はすぐ知れ渡(わた)る。

エ 長所は隠(かく)しておき、欠点は開示するのがよい。

漢文の基本的知識を確認する。

1 訓点

(1) **返り点**…左下に付く符号(ふごう)。漢字を読む順序を表す。

レ点…一つ下の字を先に読む。

Aㇾ B … B A

一・二点…二の付いた字を、一の付いた字の後で読む。

A二 B C一 … B C A

(2) **送り仮名**…右下に付く片仮名。助詞や活用語尾(ごび)などを示す。

(3) **読み仮名**…右側の平仮名。漢字の読みを示す。

2 書き下し文

漢字だけの原文を、訓点に従って日本語の文章に書き直す。

● 送り仮名は平仮名に直して書き下す。

例 一 念 通(ズ)ㇾ天ニ （原文）

一念天に通ず （書き下し文）

執(と)ル二牛(ぎう) 耳(じ)一ヲ （原文）

牛耳を執る（書き下し文）

月／日

解答 別冊 p.15

2 次の漢詩を読んで、あとの問いに答えなさい。

四時歌　　陶潜

春水満チ㆓四沢ニ㆒　　春水四沢に満ち

夏雲多シ㆓奇峰㆒　　夏雲奇峰多し

秋月揚ゲ㆓明暉ヲ㆒　　秋月明暉を揚げ

冬嶺秀イズ㆓孤松㆒　　冬嶺孤松秀ず

注　明暉＝明るい輝き。

(1) この詩では、各行とも、漢字を読む順番が同じです。読む順に番号を書き入れなさい。 ≫1

□□□㆓□□㆒

(2) この詩の形式を、次の中から一つ選びなさい。 ≫3

ア 五言絶句　イ 五言律詩

ウ 七言絶句　エ 七言律詩　（　　）

(3) この詩で、漢詩の決まりとして韻を踏んでいる漢字を抜き出しなさい。 ≫4　（　　）

(4) 詩の中から、雲の様子をたとえて表現した言葉を二字で抜き出しなさい。　（　　）

(5) ――線「孤松」の様子として最も適切なものを、次の中から一つ選びなさい。

ア 雪に埋もれた様子。　イ 枯れそうな様子。

ウ 暖かそうな様子。　エ 凛とした様子。　（　　）

3 次の漢詩を読んで、あとの問いに答えなさい。

春望　　杜甫

国破レテ山河在リ　　国破れて山河在り

城春ニシテ草木深シ　　城春にして草木深し

感ジテハ㆑時ニ花ニモ濺ギ㆑涙ヲ　　時に感じては花にも涙を濺ぎ

恨ンデハ㆑別レヲ鳥ニモ驚カス㆑心ヲ　　別れを恨んでは鳥にも心を驚かす

烽火連ナリ㆓三月ニ㆒　　烽火三月に連なり

家書抵タル㆓万金ニ㆒　　家書万金に抵たる

白頭掻ケバ更ニ短ク　　白頭掻けば更に短く

渾ベテ欲ス㆓不ㇾ勝ヘ㆑簪ニ㆒　　渾べて簪に勝へざらんと欲す

注　時＝混乱の時勢。　別＝作者は軍に軟禁され、親しい人と会えない状態にある。　烽火＝戦争ののろし。　三月（に）＝何か月にも。　家書抵万金＝家族からの手紙は万金にも値するほど得がたい。　欲不勝簪＝かんざしもさせなくなろうとしている。

(1) このような八行の漢詩を何といいますか。二字で答えなさい。 ≫3

□□

(2) この詩にうたわれている心情として最も適切なものを、次の中から一つ選びなさい。

ア 自国の勇壮な軍隊への感動。

イ 心を慰めてくれる自然への感謝。

ウ 長引く戦乱から生まれた悲嘆。

エ 家族の無事を知った安堵感。　（　　）

ここに注意

- 一・二点は、二の字をとばし、その直後の字から読むこと。一点の字が最初ではない。
- 打ち消しの「不」は、ひらがなで「ず」と書く。

例 不㆑知ラ → 知らず

3 絶句と律詩

絶対暗記

絶句…四行の詩。
五言絶句（一行が五字）
七言絶句（一行が七字）

律詩…八行の詩。
五言律詩（一行が五字）
七言律詩（一行が七字）

4 押韻

漢字の音読みの響きをそろえること。「韻を踏む」という。

五言詩（五言絶句・五言律詩）…偶数句の句末

江碧鳥逾白
山青花欲(然)
今春看又過
何日是帰(年)　（杜甫「絶句」）

七言詩（七言絶句・七言律詩）…第一句と偶数句の句末

両人対酌山花(開)
一杯一杯復一(杯)
我酔欲眠卿且去
明朝有意抱琴(来)
（李白「山中にて幽人と対酌す」）

古典 3

1 次の文章を読んで、あとの問いに答えなさい。（沖縄県改題）

【書き下し文】

a宋人（そうひと）に田を耕す者有り。田中（でんちゅう）に株有り。兎（うさぎ）走りて株に触（ふ）れ、頸（くび）を折りて死す。①因（よ）りて其（そ）の耒（すき）を釈（す）てて株を守り、復（ま）た兎を得んことを冀（こいねが）ふ。兎復た得（う）べからずして、身は宋国の笑ひと為（な）れり。

今、[　　　　]、②皆株を守るの類なり。

【訓読文】 ※原文（白文）に句読点、返り点、送り仮名をつけた文章。

宋人有耕田者。田中ニ有レリ株。兎走リテ触レ株ニ、折リテ頸ヲ而死ス。因リテ釈テテ其ノ耒ヲ一而守リ株ヲ、冀フ復タ得ンコトヲ兎ヲ。兎不ズ可カラ復タ得一、而身ハ為レリ宋国ノ笑ヒト一。

今、b欲下スルハ以テ先王之政ヲ一、治メント中当世之民ヲ上、皆守ル株ヲ之類也なり。

（「韓非子（かんぴし）」より）

注　**宋人**＝宋の国の人。　**株**＝切り株。　**因りて**＝そこで。　**耒**＝畑を耕す道具。　**冀ふ**＝待ち望む。　**宋国の笑ひ**＝国中の笑い者。　**政**＝政治のやり方。

(1) ～～線a「宋人に田を耕す者有り。」という訓読文となるように、送り仮名と返り点をつけなさい。　10点

宋 人 有 耕 田 者 。

(2) ～～線b「欲下スルハ以テ先王之政ヲ一、治メント中当世之民ヲ上」を書き下し文に直しなさい。　10点

（　　　　）

(3) ――線①「因りて其の耒を釈てて株を守り」の理由について、最も適切なものを、次の中から一つ選びなさい。　10点

ア　田を耕さなくても利益を手に入れられたから。
イ　田の切り株が自分の身を守ってくれたから。
ウ　田の切り株を他の人が狙（ねら）っていたから。
エ　田を耕すのにこの切り株が邪魔（じゃま）だったから。

（　　）

(4) ――線②「皆株を守るの類なり（切り株を見守るのとまったく同じたぐいのことである）」に込（こ）められている作者の主張として最も適切なものを、次の中から一つ選びなさい。　10点

ア　古い習慣を変えないことは、現代に続く伝統を大切にすることと同じである。
イ　時代や社会の急な変化に応じようとすると、失ってしまうものも大きく残念である。
ウ　時代錯誤（さくご）に陥（おちい）りがちな政治で、常に新しいことに挑戦（ちょうせん）し続けるのは難しいことだ。
エ　昔からのやり方にこだわって、変化に富む今の世を治めようとするのは愚（おろ）かなことだ。

（　　）

時間 20分　目標 75点　得点　　点

解答 別冊 p.15

2 次の二つの漢詩を読んで、あとの問いに答えなさい。

Ⅰ

早に白帝城を発す　李白

朝に辞す白帝彩雲の間
千里の江陵一日にして還る
両岸の猿声啼きて住まざるに
軽舟已に過ぐ万重の山

早発白帝城
朝辞白帝彩雲間
千里江陵一日還
両岸猿声啼不住
軽舟已過万重山

注　**早に**＝早朝。　**白帝城**＝長江沿岸の崖に建っている。
彩雲＝朝焼けの赤い雲。　**江陵**＝長江の中流にある都市。
万重の山＝幾重にも重なった山々。

Ⅱ

岳陽楼に登る　杜甫

昔聞く洞庭の水
今上る岳陽楼
呉楚東南に坼け
乾坤日夜浮かぶ
親朋一字無く
老病孤舟有り
戎馬関山の北
軒に憑りて涕泗流る

登岳陽楼
昔聞洞庭水
今上岳陽楼
呉楚東南坼
乾坤日夜浮
親朋無一字
老病有孤舟
戎馬関山北
憑軒涕泗流

注　**岳陽楼**＝洞庭湖の岸に建つ高楼。　**洞庭**＝洞庭湖。
呉楚＝「呉」「楚」は国名。　**乾坤**＝天地。
親朋＝親戚や友人。　**戎馬**＝軍馬。ここでは戦争のこと。
関山＝関所のある山々。　**涕泗**＝涙。

---

(1) Ⅰ・Ⅱの漢詩の形式を漢字四字で答えなさい。　20点(各10)

Ⅰ［　　　　］　Ⅱ［　　　　］

(2) Ⅰの漢詩について、次の文の［A］・［B］に入る語を、あとからそれぞれ選びなさい。　20点(各10)

この詩の三句は［A］で、四句は［B］で捉えられている。

ア 視覚　**イ** 嗅覚
ウ 聴覚　**エ** 触覚

A（　　）　B（　　）

(3) Ⅱの漢詩で、押韻している(韻を踏んでいる)漢字を書きなさい。　完答10点

（　　　　）

(4) Ⅱの漢詩について、当てはまらないものを次の中から一つ選びなさい。　10点

ア 一句と二句、三句と四句、五句と六句は対句になっている。
イ 作者は戦火を逃れ、昔住んでいた洞庭湖のほとりで岳陽楼を眺めている。
ウ 「親朋一字無く」とは、誰からも手紙が来ないことを表している。
エ 漢詩の前半は自然の雄大さを、後半は老いて孤独な作者の心情が表されている。

（　　）

ヒント　2(2)四句「軽舟已に過ぐ万重の山」とあるが、作者は沿岸の山々を眺めながら、船に乗って過ぎて行っているのである。

複合的な文章

複合的な文章は、さまざまな形のものがある。入試では次の組み合わせのものがよく見られる。

・**詩歌を含む随筆**
・**詩歌と鑑賞・解説文**
・**古典を含む随筆**

複合文であっても、随筆や説明的な文章の読解と同じように考えればよい。ただ、複合文では、文章中に取り上げられた詩歌作品や古文についての出題も加わる。作品の心情・情景・主題にからんだ問題のほか、基本的な知識が問われる場合もある。

1 注意したい基本的な知識

詩歌の形式…俳句・短歌の特徴、詩の種類など。
詩歌の表現技法…各技法の名称・内容・効果など。
文学史…主な作品の作者・作品名・ジャンル・時代など。
古典の知識…歴史的仮名遣い・動作の主体など。

2 詩歌作品の読解のポイント

作品を繰り返し読む。地の文の中からヒントを探す。

月　　日

解答 別冊 p.16

1 次の文章を読んで、あとの問いに答えなさい。

「あのう、ここは①小夜の中山ですねえ」私は不安げに念を押すと、「そうですよ」と深くうなずいて、一枚二十円の案内図を広げてくれた。夜泣石、千人斬塚、小石姫自害所、月小夜姫、家康手植の松等々、もう伝説か史実かよく分からなくなってしまったかずかずの遺跡が、そこここに記されている。

「おばあさん、西行の遺跡っていうのはないの。」私は、おばあさんが汲んでくれたぬるいお茶をすすりながらこうたずね、たずねながらさっきまでの何か不足な思いの原因が、こうしたごく手近な史蹟や歌枕の観光化の毒に染まったものであることに気づいた。しかし、かといって、その足跡が記念されていることが悪いはずはない。するとおばあさんはいとも簡単に「西行さんですか。ありますがなほれ」といって、案内図の中を指さしてみせた。

のぞきこむとその指の下には、

年たけてまた越ゆべしと思ひきや命なりけり小夜の中山

という一首が薄みどりの活字で印刷されている。「なるほど」しかしなお、私は解せない思いでしつこくたしかめようとした。たしかに、自分がいま出会おうとしているのは西行のこころであって歌碑そのものではないのだが、にもかかわらず、私の問いはひどく即物的で、次元の低いものにしかなっていない。

おばあさんはつづけていった。「ここは歌枕といって、西行さんをはじめ通りなさる人は皆歌をよんで行かれるのですわ。それが何よりの記念でしょうが」。なるほどそうにちがいない。私を深く肯かせるとおばあさんは自作の小夜の中山の一首を披露し、私にも一首よむようにとすすめてくれた。

さし出されたノートの端に、私は小さく「立ち枯れて冬に入る日のかや、すすき、こころざしさえしぐれゆくなり」とかきつけると、②ひどく西行の通った道を冒瀆したような思いに駆られて、いそいでノートをかえした。

帰り道におばあさんの歌を思い出そうとしたがなかなか思い出せなかった。けれど、あの人気のない峠の茶屋で、ただ歌へのなつかしみと誦和の心が、歌枕を存在させる本当の意味の歌碑なのだとそれとなく語ってくれたことは忘れがたく心に残った。

（馬場あき子「小夜の中山にて」より）

注　**不足な思い**＝小夜の中山を訪れた筆者は、その風景に何かもの足りなさを感じていた。
誦和＝いっしょにうたうこと。

(1) ――線①「小夜の中山」で筆者が出会いたかったものを、文章中から六字で抜き出しなさい。 »3

(2) 「年たけて……」の和歌について、次の各問いに答えなさい。

① この和歌を収めている、一二〇五年に成立した勅撰和歌集の名を答えなさい。 »1

（　　　　）

② この和歌の句切れは何句目と何句目のあとですか。漢数字で答えなさい。 »1

（　　句目・　　句目）

③ 和歌に詠まれている心情として最も適切なものを、次の中から一つ選びなさい。 »2

ア 若い頃越えた小夜の中山を、老いてから再び越えたいという願いが、ついにかなわなかった落胆。

イ 若い頃越えた小夜の中山を、老いても再び越えてみたいという思いで生きているという自負。

ウ 若い頃越えた小夜の中山を、老いてから再び越えてみたところ、体力の衰えを痛感して悲しむ心情。

エ 若い頃越えた小夜の中山を、老いてから思いがけなく再び越える機会を得たことに対する感動。

（　　）

(3) ――線②「ひどく西行の……ような思い」を筆者が抱いた理由を、簡潔に説明しなさい。

［　　　　　　　　］

(4) おばあさんの言葉から筆者が感じたことを、次の中から一つ選びなさい。 »3

ア 歌碑のない歌枕は存在理由がないということ。

イ 歌枕を成立させるのは人の心だということ。

ウ 歌枕は時代に埋もれていくものだということ。

エ 歌枕を存続させるのは自分の使命だということ。

（　　）

解釈…穴埋めで出る場合が多い。文章中の説明部分と作品をよく照合する。

主題…文章の筆者のとらえ方を参考にする。

3 複合文（地の文）の読解のポイント

随筆の場合…作品に寄せる筆者の心情をとらえる。

・なぜ筆者がその作品を話題にしたのかを考える。季節や周囲の風景との関係に注意。筆者が、作品の作者にどんな関心をもっているかにも注目。

・作品を通して、筆者が体験したこと・感じたこと・考えたことを読み取る。

鑑賞・解説文の場合…作品について筆者が述べたい事柄を読み取る。

・筆者の説明にそって、作品の情景・心情・主題をつかむ。技法の説明には特に注目。

・筆者が、その作品や作者について、どうまとめているのかを読み取る。要旨のとらえ方の要領を思い出す。

ここに注意

詩歌を取り上げた随筆の場合、作品を通して筆者が思ったことが主題になる。作品と筆者のかかわりをつかむ。

時間 20分　目標 75点

得点　　点

解答 別冊 p.16

1 文章と詩を読んであとの問いに答えなさい。〔二〇二一年度岩手県改題〕

《文章》

詩のなかに現れるイメージは、しかし、必ずしも日常のもの、現実のものとは限りません。

春の岬　　三好達治

春の岬旅のをはりの鷗どり
浮きつつ遠くなりにけるかも

春に旅をして、岬にやってきた。そこが旅の終着点。海ではカモメが波に揺られている――。ここに描かれているのは現実の風景のようにも思えますし、またじっさい詩人が見た風景であるのでしょうが、しかしそれはむしろ、詩人の心の風景なのです。

春に憂鬱な心を懐いて（たとえば失恋などをして）、ひとり宛のない旅に出て、どこかの岬までやってきたが、心は晴れないまま。岬の先は海で、もうそれ以上の行き先のない「旅のをはり」――。回れ右をして別の方向へ行けばいいのに、などと賢いことを言ってはいけません。それは鬱屈した若い心が辿り着いた行き止まりの場所、回れ右のできない場所なのですから。そのときぼんやりと立つ青年の目に映ったのが、波に緩やかに揺られながら次第に遠ざかるところがあるせいかも知れません。

ただそれでもこの詩が魅力的だと感じられるとすれば、それは、全体の音の響き（もう一つの基本要素）のゆるやかなけだるさが、いま説明した心象イメージの憂愁と遠く近く呼び合っていて、読む人を青春の心の迷路、この詩人にとってそれはそれとして嘘偽りのないもの、へと誘い込むからでしょう。

（柴田翔「詩への道しるべ」より）

《詩》

春の河　　山村暮鳥

たつぷりと
春は
小さな川々まで
あふれてゐる
あふれてゐる

（山村暮鳥「雲」より）

(1) ――線①「詩を読むときに気をつけるべき点」とはどういうことですか。□に入る言葉を十五字以内で答えなさい。　25点

詩のことばを、□こと。

〔　　　　〕

っていくカモメなのです。

そのときカモメは、自分の見ている対象でありながら、同時に自分自身です。自分自身が緩やかに揺られつつ、自分自身から遠ざかっても行くような不思議な感覚。

感傷的と一言で切り捨てれば切り捨てられる青年期の憂愁です。しかし、そうした憂愁もまた人生の一断片で、それをイメージの力でゆるやかに捉え、ことばに残すのも、詩の働きの一つです。

この詩は春ということばで始まる。そして春とは希望の象徴である。だからこの詩は、たとえ失恋しても希望へ向かおうとしている青年の、前向きの心を映している――。

教室でこの詩を扱ったとき、そういう読み方をした人がいました。これは〈誤読〉の非常に単純な例ですが、①詩を読むときに気をつけるべき点を考えるのに役に立ちます。

春イコール新学期イコール希望、というような連想は、今の社会で流通している常識の一つです。しかし詩のことばは、そういう流通する常識に逆らうことで新しい力を獲得する。読者も社会流通の常識に捉われずに、自由な心で詩のことばを読むことが必要です。

この詩の場合、全体のリズム(「音の響き」)の物憂さや「旅のをはり」という表現から、詩人にとって春が決して希望の象徴ではないことが自ずと感得され、読者はそこから、春イコール希望ではない、この詩独自の空間へ入って行くのです。

ついでに言えば、この詩が一時期、非常に愛された詩でありながら、②現在すこし忘れられているのは、春イコール憂鬱、という当時の青年にとってのもう一つの別の常識、いわば裏常識、に頼ってい

---

(2) ――線②とありますが、筆者はなぜ「春の岬」が「現在すこし忘れられている」と考えているのか、その理由を答えなさい。20点

(　　)

(3) 「春の河」に使われている表現技法を一つ選びなさい。15点

ア 倒置　イ 体言止め　ウ 対句　エ 擬人法

(　　)

(4) UP 「春の岬」と「春の河」についてまとめた次の表の A ・ B に入る言葉を、 A は十字以内で書き、 B はあとのア〜エから最も適切なものを一つ選びなさい。40点(各20)

	詩人が見た風景	詩人の心の風景
「春の岬」	カモメが波に揺られている岬の風景	旅のおわりの行き止まりを感じさせる岬の風景
「春の河」	A 風景	B

B の選択肢

ア 冬が終わる寂しさを感じさせる川の風景

イ 春を待つ楽しみを感じさせる川の風景

ウ 春を迎えた喜びを感じさせる川の風景

エ 夏へと向かう希望を感じさせる川の風景

A (　　)

B (　　)

ヒント (4)の表は、文章中の「じっさい詩人が見た風景であるのでしょうが、……詩人の心の風景なのです」に従っている。

時間 45分 目標 70点

得点　　点

解答 別冊 p.17

1 次の文章を読んで、あとの問いに答えなさい。〔奈良県改題〕

この「桃太郎」という昔話は日本人であれば、だれでも知っているお話です。この桃が川を流れてくるときの「オノマトペ」は語る人によってさまざまです。私の父はいつも「どんぶらこっこーうすっこっこーう」と歌うようにいいました。今でも、私のこの耳のあたりに聞こえてます。とっても懐かしい。

日本の家は、玄関や窓などの開口部が大きくできています。引き戸になっていて、朝起きて全部開けると、家の中と外の世界は一体になります。家の中も、部屋を仕切る障子や襖(引き戸)をあければ、他の部屋や廊下とつながるように作られています。現在は多少変わってしまいましたが。ですから私の国では、鳥の鳴き声、風や雨の音、生活の音などが、常に人々の暮らしの中にあり、音を聞いて想像力を働かせ情報を得てきました。こういった中で、「オノマトペ」も自然にたくさん生まれてきました。「オノマトペ」には窮屈なルールはなく、感じたままの表現を許してくれます。①とっても自由なものです。ひとつの「オノマトペ」が、その語感、リズム、音の響きから、どれほど多くのことを伝えてくれることでしょうか。

子どもの時、父は「オノマトペ」や独自の表現を生み出して、子どもたちに語る物語をいっそう楽しいものにしてくれました。私は、それらの言葉に誘われて、物語に入り込み、元気な子どもになった

らいながら、町を歩いた毎日は、発見の連続でした。ルイジンニョの母親はサンバの歌手で、彼は生まれたときから、サンバを聴いて育ったのです。私に教えるときも、歌うように、踊るように、言葉を教えてくれました。よく分からない言葉なのに、心地よいリズムに乗せて語られると、不思議なことに意味が伝わってくるのでした。彼はブラジルの少年らしく、踊るのもとても上手で、一緒に踊れと私を誘うのです。でも日本で育った私は、恥ずかしくて踊れません。すると、彼はこういったのです。

「エイコ、あんたにも心臓(コラソン)があるでしょ、とくとくとくとくと動いているでしょ。それを聞きながら踊れば、踊れる。だって、人間はそんなふうにできているのだから」

②九歳の少年のこの言葉に、私ははっとしました。そして、小さいとき、私の父がお話を語ってくれたときの、弾むような言葉遣いを思い出しました。父の物語を聞いていた時、確かに私の胸は、とくとくとくと動いていました。言葉って、たとえ語彙は少なくても、ぴったりのリズムや響きがあれば、不思議なほど相手に伝わる、また忘れられないものになる。それまで言葉の意味ばかり追いかけていた私に、ルイジンニョは、言葉の持つ不思議と奥深さを気づかせてくれたのです。

(角野栄子「『作家』と『魔女』の集まっちゃった思い出」より)

(注) オノマトペ＝擬声語・擬態語。ノンフィクション＝作りごとを交えない作品。

り、主人公と一緒に問題を解決しようとしたり、さまざまな世界へと想像を巡らしました。私の物語との出会いは、ここから出発したのだと思います。

　仕事がうまくいかないで、書く手が止まってしまったとき、無意識に「どんぶらこっこーう　すっこっこーう」と口にしていることがあります。すると、幼い時のワクワクした気持ちが甦って、原稿を書き進めることができたことが何度もありました。これは私のおまじないの言葉なのです。こんな時、父へ向けて、またこのような豊かな言葉を持っている日本語に、「ありがとう」といいたくなります。

　こうして、父のおかげで、私は、物語が大好きな子ども、そして、本を読むのが大好きな子どもになりました。それ以来三十年以上、私はとても熱心な「読む人」でした。「書く人」になるなんて、考えたこともありませんでした。

　ところが、三十四歳のある日、大学時代の恩師から電話があり、「君はブラジルで二年暮らしてきたのだから、『ブラジルの子ども』について、ノンフィクションを書いてみないか」といわれたのです。

　私は大変驚き、とても無理だと思いました。すぐさま「できません」と答えました。でも先生は「書きなさい」というのです。その時ふっと、ブラジルで仲良くなった少年、ルイジンニョのことなら書けるかな？　と思ったのです。私は仕方なく書き始めました。本当に仕方なくです。恩師はいくつになっても、尊敬すべき存在ですから。

　ブラジルで暮らした二年の間、同じアパートに住む九歳の魅力的な男の子、ルイジンニョと仲良くなり、ポルトガル語を教えてもらいました。九歳の先生と二十四歳の生徒です。彼に言葉を教えても

問1　――線①の文と、その直前の文とをつなぐ接続詞として最も適切なものを、次の中から一つ選びなさい。　5点

ア　しかし　**イ**　あるいは　**ウ**　つまり　**エ**　ところで

問2　「書く人」としての筆者が、仕事がうまくいかず、父が語った「オノマトペ」を無意識に口にするとき、この言葉は、筆者にとってどのような言葉ですか。文章中の言葉を用いて、四十五字以内で書きなさい。　10点

問3　――線②とありますが、少年の言葉を聞いて、筆者はどのように考えるようになりましたか。最も適切なものを次の中から一つ選びなさい。　5点

ア　言葉の意味ばかりにこだわっていたが、言葉というのはぴったりのリズムや響きがあれば伝わるものだ。

イ　弾むような言葉遣いは父にしかできないと考えていたが、ルイジンニョや自分自身にもできることなのだ。

ウ　言葉は心地よいリズムさえあれば相手に伝わるものだと考えていたが、まずは意味を捉えることが重要だ。

エ　言葉の意味を教わることが大切だと考えていたが、リズムに乗せて話すことができれば意味は必要ない。

問1	問2	問3

2 次の文章を読んで、あとの問いに答えなさい。（1～15は、段落につけた番号です。）

（熊本県改題）

1 混雑した町の交差点で交通整理の警官がピリピリ……と笛を吹きながら、車や歩行者を手際よく捌いている姿をよく見かける。笛の吹き方の違いで、警官が車の流れを止めようとしているのか、それとも進めと指示しているのかが分る。

2 要するに警官は、ことばで「止れ」とか「行け」と言うかわりに、笛の音を使っているに過ぎず、この方が騒音のひどい町中では①伝達効率が高く、また警官の疲れも少ないからである。

3 このような笛の音は、ある具体的な内容を伝達しているという意味で、音が描写的に使われていると言えよう。

4 さて今度は同じ笛でも、音楽家が例えばフルートで、ある曲を吹く場合を考えてみる。音楽家は彼の吹く笛の音で、何かを表現しようと努力しているには違いないが、聞く人が受けとるその内容は人により様々で、明確な具体性がないことの方が普通である。

5 しかし音楽家の笛の音が警官のそれと最も違う点は、笛から出る音は美しくかつ創造的でなければならないということである。美しく、しかも個性的な音色を出すことがフルートを吹く行為の究極の目的なのであって、笛の音に何か特定の意味を託し、それを伝えるために吹いているわけではない。

6 つまり音を出す行為の主眼は、その音をあらしめること、しかも美しく、個性的にあらしめることに置かれている。このような場合の笛の音は、詩的機能を果していると言うのである。

7 これに対し警官の吹く笛の音は、美しくある必要がない。いやむ

12 さてここに説明した②言語の詩的機能は、詩的という形容から、いわゆる詩文だけに特有なことばの働きと受け止められるのは、むしろ当然であるが、実は程度の差こそあれ、私たちの日常の言語生活にも広く見られるものなのである。

13 少しでもあらたまった調子で私たちが口をきくときは、ほとんど無意識に適切なことばを選ぶだけでなく、調子や語呂のよい言い方を心がけている。このことは、同じことを言うにも、なるべく耳ざわりのよい、綺麗なことばを使う必要のある祝い事の場合などに特に強く現われてくる。

14 文章を書く際にも、書いたものを自分で読み上げてみて、ことばの順序を変えたり、座りのよい表現に入れ替えるなどしながら、全体の調子をまとめていく。これはまさにことばのもつ詩的創造的な働きが問題にされているからである。

15 また冗談やしゃれ、いろいろなことば遊びなどの中でも、結構ここでいうことばの詩的機能は発揮されている。言語活動の中心が「何を言うのか」、つまり描写であることは言うまでもないが、その同じ内容を「どのように言う」ことが効果的かを選択することが、詩的機能の役割と言えよう。

（鈴木孝夫「教養としての言語学」より）

注 **あらしめる**＝存在させる。
おしなべて＝一様に同じ傾向が見られるさま。
散文＝小説や物語、随筆のように、リズムや韻にとらわれないでつづった文章。

問1 「警官」と「音楽家」の笛を吹く目的について、次の I ・ II に入る語をそれぞれ三字で抜き出しなさい。 各5点

しろあまり美しく創造的な音色でない方がよいとさえ言える。通行人が聞き惚れるような音を出すことは、交通整理の目的には不向きだからである。むしろ警官の意図する指示が、簡潔にそして明確に伝わることの方が望ましい。

8 近代の音楽には標題音楽と称せられるジャンルがあって、何か具体的な内容を音で伝えようとしたり、特定の楽器に一定の役割を与えて、音により写実的な描写を行なう試みもある。しかし全般的に言うならば、演奏家は美しい、個性的で創造的な音(色)を出すために、必死に音の出し方を工夫しているのである。

9 音楽についてここに述べたことは、ほとんどそのまま言語活動にも当てはまる。いわゆる詩と称される言語芸術の分野においては、ことばは音楽の場合と同じく、具体的な内容を伝達することよりも、むしろ響きのよいことば、美しいことば、快適なリズムなどを駆使することで、音声による美の世界を創り出すことを主目的としている。

10 もちろん一口に詩といっても、細かく見れば描写に重点が置かれる叙事詩、情感の表出を主とする叙情詩の区別があり、また哲学的な内容をもつものもあれば、倫理道徳を説く詩もある。

11 しかしおしなべて詩が他の形式の文学、さらには一般の散文と異なるところは、リズム、韻律、反復繰り返しといった独特の手法で、ことばという音声素材のもつ美しさを、極限まで引き出す努力がなされる点にある。詩とは具体的な意味内容を宿命的にもつことばが、ほとんど純粋な自己実現のみを目指す音楽に、可能な限り近づこうともがく芸術の一形態と言える。

警官…［Ⅰ］のかわりに特定の意味を伝えること。

音楽家…個性的で創造的な［Ⅱ］音色を出すこと。

問2 ――線①「伝達効率が高く」とありますが、伝達効率が高いとはどういうことですか。二十二字で抜き出して、初めの五字を答えなさい。 5点

問3 10段落〜11段落は、先に述べた主張に当てはまらないものを紹介し、それが例外であると示すことで、主張の説得力を高める役割をもっています。10段落〜11段落と同じ役割をもつ段落を文章中から一つ選び、段落番号の数字で答えなさい。 5点

問4 ――線②について、11段落までの内容をまとめた次の文の［A］に入る言葉を九字で抜き出し、［B］に入る言葉を三十字以上四十字以内で書きなさい。 A5点 B10点

> 筆者は、［A］するという言語の本来的な機能を引き合いに出しながら、［B］という言語の詩的機能について、詩を例に挙げて説明している。

問1	
Ⅰ	
Ⅱ	

問2	

問3	
	段落

問4	
A	
B	

3 次の文章を読んで、あとの問いに答えなさい。〔岐阜県〕

太田左衛門大夫持資は上杉宣政の長臣なり。（身分の高い家来である）鷹狩に出て雨に逢ひ、ある小屋に入りて蓑を借らん（貸してくれ）といふ①に、若き女の何とも物をば言はずして（若い女が何も物も言わないで）、②山吹の花一枝折りて出しければ、「花を求むるにあらず」（花がほしいのではない）とて怒りて帰りしに、これを聞きし人の（聞いた人が）、「それは、

七重八重花は咲けども山吹の（七重にも八重にも花は美しく咲くけれども山吹の）
みの一つだになきぞ悲しき（実の一つさえないのが悲しいように、貸す蓑が一つもないことが悲しい）

といふ古歌のこころなるべし」（古い和歌に託して答えた心情でしょう）といふ。

持資驚きて（はっと気づいて）、③それより歌に志を寄せけり。（和歌の奥深さに歌道に心をひかれるようになった）

（「常山紀談」より）

注 蓑＝雨具。
みの＝ここでは山吹の実と蓑の意味を掛けている。

問1 ——線①「いふ」を現代仮名遣いに改め、全て平仮名で書きなさい。 3点

問2 ——線②「山吹の花一枝折りて出しければ」とありますが、このときの若い女の心情として最も適切なものを次の中から一つ選びなさい。 3点

ア 雨の中で咲く山吹のけなげな美しさをあなたに知ってほしい。
イ 蓑を貸してあげたいが、貸す蓑が一つもないことが悲しい。
ウ 見ず知らずの私から蓑を借りることは失礼だと気づいてほしい。
エ 貸す蓑はないが、雨のおかげであなたに出会えたことがうれしい。

問3 ——線③「それより歌に志を寄せけり」とありますが、持資がこのようになった理由をまとめた次の文の A ・ B に入る言葉を、それぞれ現代語で、十字以内で書きなさい。 各3点

持資は、若い女が自分の心情を A 、何も言わずに山吹の花を差し出した意味が理解できず、怒って帰ってしまったが、ある人に若い女の真意を教えられたことをきっかけに、 B にはっと気づいたから。

問1	問2	問3 A	問3 B

4 次の問いに答えなさい。〔北海道〕

問1 ——線部の読みを書きなさい。 各2点

① 家庭にガスを供給する。
② 穀物を貯蔵する。
③ 雪が降って道幅が狭まる。
④ 応急処置を施す。

①	②	③	④

問2 ――線部を漢字で書きなさい。　各2点

① 時計のでんちを交換する。
② 父のきょうりは青森県だ。
③ 柱時計が時をきざむ。
④ 手芸店にきぬいとを買いに行く。

①	②	③	④

5 次の資料は、ある調査で外国人と接する機会があると答えた全国の十六～十九歳の男女に、外国人とどのようにコミュニケーションを取っているかを尋ねた結果の一部をグラフで表したものである。この資料を見て気づいたことと、「外国人とのコミュニケーションの取り方」についてのあなたの考えや意見を、あとの条件に従って書きなさい。

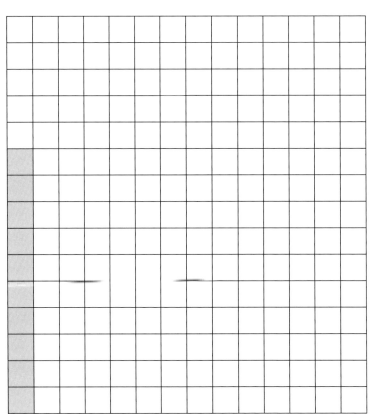

〔福島県〕 17点

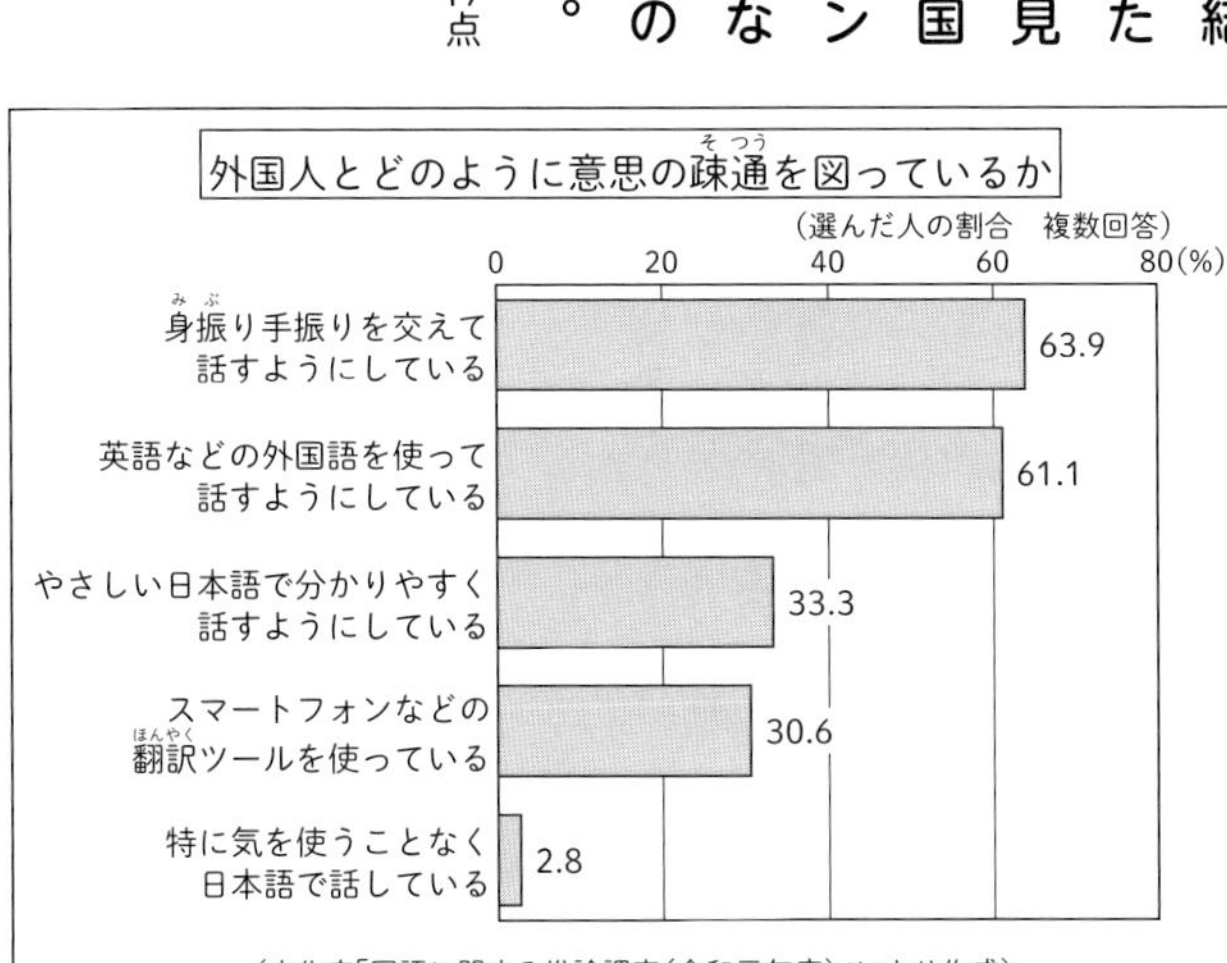

（文化庁「国語に関する世論調査（令和元年度）」により作成）

条件

1 **二段落構成**とすること。
2 前段では、資料を見て**気づいたこと**を書くこと。
3 後段では、前段を踏まえて、「**外国人とのコミュニケーションの取り方**」についての**あなたの考えや意見**を書くこと。
4 全体を**百五十字以上、二百字以内**でまとめること。
5 氏名は書かないで、本文から書き始めること。
6 原稿用紙の使い方に従って、文字や仮名遣いなどを正しく書き、漢字を適切に使うこと。

150

第2回 高校入試実戦テスト

時間 45分　目標 70点

得点　　点

解答 別冊 p.20

1 次の文章を読んで、あとの問いに答えなさい。〔茨城県改題〕

読書のよい点は、いざ読み始めて、それが面白いと思ったら、そこからさらに次々と別の本を読んでゆくという視点の広がりと関心の深まりがもたらされることでしょう。多くの本はその一冊では自己完結せず、他の本の引用であったり、言及・紹介であったりというように、外への窓が開いています。その導きに従えば、芋づる式に自分が次に読むべき本、読みたい本が目の前に現れるでしょう。同じ分野の複数の本を読み込むことで自分の考えや関心をより深めることもできるし、あるいはジャンルを横断するように興味や知識を他の分野にまで広げてゆくこともできるわけです。その結果、自分が手にとった最初の一冊は物理の宇宙論であったのに、結局、本当に追求したいこととしてたどり着いたのは哲学の時間論であったということも起こりうるかも知れません。〈1〉

このように自分なりの興味を深く追求する読書は同時に自分の関心の思わぬ広がりをもたらすものですが、一つの分野に限定されない読書によって培われる広大で深遠な関心領域こそは、あなたが大学で手にすることのできる大きな実りの一つです。〈2〉

異なる学問分野がいろいろなところでつながっている様は、実際に仕事をしてゆく過程で見えてくるでしょう。例えば、(先ほど例に挙げましたが)物理学における時間と空間の問題を考え詰めれば、

破することは不可能です。重要なのは、個人個人はある特定の分野の専門知を極めようとしながら、それでも外に広がる様々な分野が、今自分が取り組んでいることとは無関係であるとして切り捨てるのではなく、どこかで結びついていることを視野の内におさめて、尊重すること。そのような認識の段階に至ったとき、初めて、(たとえ即効性や分かりやすい効用が今は見えなくても)この世の学びのうち、役に立たないことなどないということが実感できるわけです。ですから皆さんも、まずは自分が興味を感じることを追求しながら、徐々にでも、そのようなつながりの糸を発見し、外に広がる総合的知の領域を感じ取ってゆければよいでしょう。読書はその認識に通じる唯一無二の道なのです。(上田紀行編著「新・大学でなにを学ぶか」より)

(注) **洞察**＝物事をよく観察して、その本質を見抜くこと。
截然＝物事の区別がはっきりしているさま。
渉猟・踏破＝あちこちを歩き回って探し求め、困難な道や長い行程を歩き通すこと。

問1 読書のよい点についてまとめた次の表の A ・ B に入る語句を、A は三字、B は四字で抜き出しなさい。各5点

読書のよい点
視点の広がりと関心の深まり
←
異なる学問分野がいろいろなところでつながる

哲学との接点が出てきます。あるいは法学にしても教育学にしても経済学にしても、人間の心理への視点・洞察（どうさつ）が最終的には仕事の決め手になる。そしてまた工学の分野もしかり。例えば自動車の製造を考えてみてください。ハンドル、ブレーキ、ミラーなどの自動車のメカニズムは、結局、人間がそれをどう操作すれば、事故を起こさず安全に運転できるかという認知（にんち）科学や脳科学さらには心理学の視点なしには成り立ちえません。また建築学でも、建物は人間が住むものですから、人間の志向や美的感覚など美学・芸術学の視点が必要になるのです。サービス業ももちろん経済学と並んで、人間の心理への洞察抜（ぬ）きでは成果も挙げられないでしょう。また医療（いりょう）においても、医療機器といった機械工学の分野や身体に関する知識と治療の技術・処方という医学・薬学の分野の知見に加え、患者（かんじゃ）のケアという面では心理学をはじめとする文系的視点も必要になってくるはずです。〈3〉

　このように世の中にある仕事の多くは、分野ごとに截然（せつぜん）と切り分けられるわけではなく、多くの要素や視点が複雑に絡（から）まっているのです。その多くは人間個人や人間が集団として暮らす社会を対象とするものですから、人間の心や行動・生態への洞察と理解がなくてはなりませんが、それを考える道筋も実に多様です。例えば文学作品を読むこと、歴史を知ること。文化人類学、宗教学、民俗（みんぞく）学などの諸分野も、すべて人間の（社会）行動を考察するものです。一方、生物学・動物行動学から人間を考えるアプローチもありうるでしょう。〈4〉

　もちろん、こうした広大無辺の学問領域を一人の人間が渉猟（しょうりょう）・踏（とう）

例
・自動車の製造——認知科学・脳科学・［A］
・医療——［B］・医学・薬学　＊文系的視点も必要

問2 次の一文は、本文中の〈1〉〜〈4〉のどこに入りますか。最も適切な箇所（かしょ）の番号を書きなさい。 5点

　要するに、すべての分野は広い視野で見れば、どこかでつながっているということです。

問3 本文の特徴（とくちょう）として最も適切なものを一つ選びなさい。 5点

ア 漢語をあまり使わないことで、読者に対する語り口が優（やさ）しい文章になっている。

イ 筆者の主張が効果的に伝わるように、説明や具体例を加えた文章になっている。

ウ 論理の展開を工夫（くふう）し、資料を適切に引用して、説得力のある文章になっている。

エ 推測ではなく事実だけを述べることで、読者が理解しやすい文章になっている。

問4 読書は、どのようなことを認識させてくれますか。四十字以上、五十字以内で書きなさい。 10点

問1	問2	問4
A		
B	問3	

2 次の文章を読んで、あとの問いに答えなさい。〔大阪府改題〕

短歌というものは、五七五七七の三十一音からなる器である。それ以上でもそれ以下でもない。したがって、短歌で自分の感情を表現するとき、その器に盛り込むことのできる感情の量はほぼ定量である。感情の量が大きすぎると、歌いたいことは短歌の器からはみ出てしまう。また逆に、感情の量があまりに少ないと、短歌の器は満たされることなくスカスカになってしまう。

歌作りに慣れるということは、とりもなおさず［①］ということなのだろう。器に盛り込むことのできない大量の感情は、最初から短歌にはしない。反対に、あまりに少量の感情しかない場合、それを歌にしつらえない。成熟した歌人は、そのようにして歌の器にふさわしい感情の量を見極めてゆく。その器に、ぴったりと合う感動を与えてくれる題材だけを歌の材料としてゆくのである。

が、斎藤茂吉という人は面白い人で、成熟した歌人なら初めから歌に盛り込もうとはしない大量の感情を歌に盛り込もうとする。ただ、その場合、彼は普通の歌人と違って、三十一音という器に感情をぎゅうぎゅうづめにしようとはしない。自分の感情が入らないと悟ったら、さっさと五句三十一音という器を捨てて、新しい大きな器を自分で作ってしまうのである。

釣橋のまへの立札人ならば五人づつ馬ならば一頭づつといましめてあり　―Ⓐ

『たかはら』（昭5）

ことだ。この歌の場合は、五七五という初句から第三句までの定型律と第五句から第七句までの五七七というリズムが、色濃く短歌の定型の韻律を保持している。破調の歌であるにもかかわらず、私たちがこの歌に強烈な短歌らしさを感じてしまう秘密はそこにある。

（大辻隆弘「アララギの脊梁」より）

㊟ 出羽三山＝現在の山形県にある月山・湯殿山・羽黒山の総称。

問1 ［①］に入る言葉として最も適切なものを、次の中から一つ選びなさい。　5点

ア　短歌という器の大きさを知る
イ　端的に自分の感情を表現する
ウ　感情の量を調整して盛り込む
エ　感情を歌の器に盛り込まない

問2 ――線②「そうやって作られたのがこの歌である」とありますが、Ⓐの歌がどのようにして作られたかについて次のようにまとめました。［a］・［b］に入る言葉を、［a］は八字、［b］は十七字で抜き出しなさい。　各5点

> 橋のたもとに立てられた立札の［a］に心を打たれた茂吉は、そのことばを［b］ことはせず、七句四十一音の新たな定型を作りだした。

問3 ――線③「融通無碍」の本文中での意味として最も適切なものを、次の中から一つ選びなさい。　5点

昭和五年夏、四十八歳の茂吉は、十五歳になった長男茂太をともなって出羽三山に登った。月山と湯殿山に登った二人は、七月二十三日出羽山に登るべく赤川の支流の梵字川を渡る。その川の川下にはささやかな吊り橋がかかっていた。橋のたもとに「人ならば五人づつ、馬ならば一頭づつ」という注意書きの書かれた立札が立っている。重量三百キロを越えるようなものは渡れない危うい小橋なのだろう。

茂吉は、その野趣あふれる文字に感動する。その溢れる感情を短歌の器に盛り込もうとする。が、その感情の量に比して歌の器は小さい。普通の歌人なら、この立て札の文句を泣く泣く短くして三十一音に入れ込むことを考えるだろう。たとえば「人ならば五人づつ」を切って、「釣橋のまへの立札馬ならば一頭づつといましめてあり」というように。が、茂吉はそうはしない。断固しない。自分の感情が、器に入らないと感じるやいなや、瞬間的により大きな新しい器を作り、それと取り替えてしまう。②そうやって作られたのがこの歌である。

この歌は、普通の短歌定型の第二句と第三句の間に、新たに「人ならば・五人づつ」(五・五)という五音二句が強引に差し込まれている。「釣橋の・まへの立札・人ならば・五人づつ・馬ならば・一頭づつと・いましめてあり」。茂吉は、即座に五七五五五七七という七句四十一音の新しい定型を作りだしてしまったのだ。そこに茂吉らしい③融通無碍な姿勢がある。

が、不思議なのは、そうやってとっさに作られた新しい器が、きちんと短歌として認定するに足る韻律や調べを保っている、という

ア 後先を考えないで猛然と突き進むこと。

イ 思考や行動が何にもとらわれず自由なこと。

ウ 他に心を動かされず一つのことに集中すること。

エ 長年受け継がれてきた伝統やしきたりを守ること。

問4 Ⓐの歌について筆者が述べている内容を次のようにまとめました。□に入る内容を、本文中の言葉を使って三十五字以上、四十五字以内で書きなさい。 10点

> 「人ならば五人づつ」という五音二句が□ところに、私たちがこの歌に強烈な短歌らしさを感じてしまう秘密がある。

問1	問2 a	問2 b	問3	問4

3 次の問いに答えなさい。

問1 次の——線部の漢字の読みがなを書き、——線部のカタカナは楷書（かいしょ）で漢字に改めなさい。〔二〇二一年度青森県改題〕各1点

① 丹精こめて咲（さ）かせた花。
② 全ての情報を網羅した資料。
③ 世界最古の鋳造貨幣（かへい）を見る。
④ 観光資源が街の発展を促す。
⑤ 元旦（がんたん）には近くの神社に詣でる。
⑥ ジュンジョ立てて考える。
⑦ 内容をカンケツにまとめる。
⑧ この辺りは日本有数のコクソウ地帯だ。
⑨ 堂々とした姿で開会式にノゾむ。
⑩ きつい練習にもネをあげることはない。

問2 「意識改革をはかる。」の——線部と同じ漢字を用いるものを、次の中から一つ選びなさい。〔福岡県改題〕2点

ア 体重をはかる。　イ 相手の気持ちをはかる。
ウ 問題の決着をはかる。　エ 時間をはかる。

問3 「進退」と熟語の構成（組み立て）が同じものを、次の中からすべて選びなさい。完答2点

ア 懸命（けんめい）　イ 加減　ウ 記録　エ 動揺（どうよう）　オ 利害

問4 次は郵便局の受付の掲示文（けいじぶん）です。この掲示文が、待つことを求める文となるように、□にあてはまる表現を、「お……」という形の敬語を用いて書きなさい。〔北海道〕2点

順番にお呼びしますので、番号札を取って□。

問5 「電車は動かなかった。」の「動か」と同じ活用形であるものを、次の中から一つ選びなさい。2点

ア 明日はサッカーの練習に行こう。
イ 参考として君の意見を聞きたい。
ウ 博物館には二十分歩けば着く。
エ これから彼（かれ）は友人に会うらしい。

問6 「新しい電子辞書が欲（ほ）しい。」の「が」と同じ意味で用いられている「が」を、次の中から一つ選びなさい。〔神奈川県改題〕2点

ア 彼は足も速いが力も強い。
イ 友達を訪ねたが留守だった。
ウ 授業で我（わ）が国の歴史を学ぶ。
エ 先月公開された映画が見たい。

問1		
①	④	⑦
②	⑤	⑧
③	⑥	⑨
		⑩

問2	問3	問4	問5	問6

4 次の漢文の書き下し文として正しいものを次の中から一つ選びなさい。〔栃木県〕5点

過チテハ則チ勿カレレ憚ルコトレ改ムルニ。

（「論語」より）

ア 過ちては則ち勿かれ憚ること改むるに。

イ 過ちては則ち憚ること勿かれ改むるに。

ウ 過ちては則ち改むるに憚ること勿かれ。

エ 過ちては則ち憚ること改むるに勿かれ。

□

5 次の漢文の書き下し文を読んで、あとの問いに答えなさい。〔二〇二一年度山口県改題〕

周の国の「西伯（せいはく）」と呼ばれていた人物が、虞（ぐ）や芮（ぜい）など、周りの国々をまとめていた。「西伯」は人望があり、公平な判断ができる人物と言われていた。

西伯徳を修め（いつくしみ深い政治を行い）、諸侯（しょこう）之（これ）に帰す（西伯に従っていた）。虞・芮田を争ひ①決すること能（あた）はず（田を取り合って解決することができなかった）。②乃（すなは）ち（そこで）周に如（ゆ）く。界に入りて（周の国に入って）耕す者を見るに、皆畔（みなあぜ）を遜（ゆず）り（あぜ道を譲り）、民の俗（ぞく）皆（人々はみな）長に譲る（年長者を敬っていた）。二人慙（は）ぢ、相（互いに）謂（い）ひて曰（いは）く、「吾（わ）が争ふ所は、周人（しゅうひと）（周の人）の恥（は）づる所なり」と。乃ち西伯を見ずして還（かへ）り、③倶（とも）に其（そ）の田を譲りて（譲り合って）取らず。

（「十八史略」より）

注 諸侯＝各国の領主。
慙＝「恥」と同じ。

問1 ――線①「決すること能はず」は「不能決」の書き下し文です。書き下し文を参考にして「不能決」に返り点を補うとき、正しいものを次の中から選びなさい。5点

ア 不レ能二決一　イ 不三能二決一

ウ 不レ能レ決　エ 不能レ決

問2 ――線②「乃ち周に如く」とありますが、田を取り合っていた虞と芮の国の領主が周の国を訪れた理由として、最も適切なものを次の中から一つ選びなさい。5点

ア 田の所有について西伯の考えを聞くため。

イ 田を西伯に差し出したいと申し出るため。

ウ 田の問題の解決に困る西伯を助けるため。

エ 田を周のものとした西伯に反論するため。

問3 ――線③「倶に其の田を譲りて取らず」とありますが、虞と芮の領主がそのようにしたのはなぜですか。次の□に入る適切な内容を十五字以内の現代語で答えなさい。5点

周の人々が□姿を見て、国の領主である自分たちの行動を反省したから。

問1		問2	
問3			

第3回 高校入試実戦テスト

時間 45分 目標 70点

得点　　点

解答 別冊 p.22

1 次の文章を読んで、あとの問いに答えなさい。（福岡県改題）

今の時代、だれにも邪魔されない一人の時間をもつのは、非常に難しくなっている。電車に一人で乗っていても、家に一人でいても、SNSでメッセージが飛び込んでくる。そうすると気になり読まないわけにいかない。読めば反応せざるを得ない。そうすると、他の人がどんな反応をするかが気になる。自分の反応に対してどんな反応があるかが気になって落ちつかない。

スマートフォンで他の人たちの動向をチェックする合間に、手持ちぶさただからいろいろネット検索をしたり、YouTubeを楽しんだりして時間を潰す。そうしている間は、まったくの思考停止状態となり、自分の世界に没頭することなどできない。

人からのメッセージに反応する。飛び込んでくる情報に反応する。そのように外的刺激に反応するだけで時が過ぎていく。

そんな受身の過ごし方をしていたら、当然のことながら自分を見失ってしまう。そんな状態から脱するには、思い切って接続を極力切断する必要がある。

外的刺激に反応するだけでなく、自らあれこれ思いをめぐらしたり、考えを深めたりして、自分の中に沈潜する時をもつようにする。外的刺激に翻弄されるのをやめて、自分の心の中に刺激を見つけるのである。

難しいかもしれないが、学校などで群れる時間をもちながらも、一人の時間をもつようにしたい。

一人でいられないのは、自分に自信がないからだ。絶えず群れている人間は弱々しく見えるし、頼りなく見える。無駄に群れて時間を浪費しているということは、本人自身、心のどこかで感じているのではないか。

一人で行動できるというのは、かっこ悪いのではなく、②むしろかっこいいことなのだ。一人で行動できる人は頼もしい。一人の時間をもつことで思考が深まり、人間に深みが出る。そこをしっかり踏まえて意識改革をはかることが必要だ。

（榎本博明「『さみしさ』の力 孤独と自立の心理学」より。一部省略がある）

問1 ――線①「私たちの思考は……意味する」とありますが、この説明として最も適切なものを次の中から一つ選びなさい。10点

ア 人間は思考することで身に付けた言葉を用いて生活しているため、読書を通じて出会った新たな言葉を使って思考を深めることで、他者に対して説得力のある意見を主張することが可能になるということ。

イ 人間は思考の手段として主に言葉を用いることがあるため、本に書かれた内容や表現を通じて感銘を受ける言葉に多く触れ、それらの言葉の力により豊かな感情を身に付けることが可能に

もちろん、そのために外的刺激を利用するのも有効だ。たとえば、読書の時間をもち、本に書かれた言葉や視点に刺激を受け、それによって心の中が活性化され、心の中をさまざまな言葉が飛び交う。そうした自らの内側から飛び出してきた言葉に刺激され、さらなる言葉が湧き出てくる。①私たちの思考は言葉によって担われているため、それは思考の活性化を意味する。

外的刺激に反応するスタイルに馴染み過ぎてしまうと、スマートフォンやパソコンを媒介とした接続を遮断されると、何もすることがなくなった感じになり、退屈でたまらなくなる。そこで、すぐにまたネットを介したつながりを求めてしまう。

だが、外的刺激に反応するだけの受け身の生活から脱して、自分の世界に沈潜するには、あえて退屈な時間をもつことも必要なのではないか。（中略）

近頃は退屈しないように、あらゆる刺激が充満する環境が与えられているが、あえて刺激を絶ち、退屈でしかたがないといった状況を自ら生みだすのもよいだろう。

そんな状況にどっぷり浸かることで、自分自身の内側から何かがこみ上げてくるようになる。心の声が聞こえてくるようになる。

それが、[A]で[B]な生活から、[C]で[D]な生活へと転換するきっかけを与えてくれるはずだ。

そこで問題なのは、「一人はかっこ悪い」という感受性である。

これまでにみてきたように、一人でいられないことの弊害を考えると、「ひとりはかっこ悪い」といった感受性を克服する必要がある。

かつてのように、若者たちが孤高を気取る雰囲気を取り戻すのは

なるということ。

ウ　人間は思考の手段として言葉を用いるため、読書により他の思考を知ることで多くの刺激を受け、それ以前とは異なる視点から物事をとらえるようになり、より深く考察することが可能になるということ。

エ　人間は思考を通じて新たな言葉を習得するという性質をもつため、読書によって新しい言葉を身に付けることは、意思疎通の手段が増えることを意味し、良好な人間関係を保つことが可能になるということ。

問2　[A]～[D]に入る語句の組み合わせとして最も適切なものを次の中から一つ選びなさい。　10点

ア　A 受け身　B 反射的　C 主体的　D 創造的
イ　A 主体的　B 創造的　C 受け身　D 反射的
ウ　A 反射的　B 主体的　C 受け身　D 創造的
エ　A 受け身　B 創造的　C 主体的　D 反射的

問3　——線②「むしろかっこいいことなのだ」とありますが、その理由を「一人で行動できる人は、」に続けて、「自信」「思考」という語句を使い、四十字以上、五十字以内で書きなさい。　15点

問1	問3
	一人で行動できる人は、
問2	

2 次の文章を読んで、あとの問いに答えなさい。〔沖縄県改題〕

圭太は、「ママ」の強引な勧めで、「パパ」と二人きりで「父と息子のふれあいサマーキャンプ」に参加することになった。

文章1 キャンプ初日。テントの組み立てや夕食の準備などもうまくいかず、売店で買った食パンを食べながら初めての二人きりの夜を迎える。

「圭太、ほんとに、キャンプ楽しいか？」
「うん……楽しいよ」
「じゃあ、もっと楽しそうな顔しろよ」
「笑ったじゃん」
「でもなあ、ちょっとおまえ、そういう笑い方やめたほうがいいぞ。なーんかパパ、バカにされたような気がしちゃうんだよ。友だちに言われたりしないか？　おまえに笑われたら傷つくって」

ぼくは黙って首を横に振った。嘘じゃないけど、ちょっとだけ嘘かもしれない。友だちは「傷つく」とは言わないけど、ときどき「むかつく」と言う。

でも、ぼくはパパをバカにして笑ったつもりはない。今日だって、いろんなことがあったけど、楽しかった。

一学期の通知表のことを思いだした。生活の記録に〈もっとがんばりましょう〉が二つあった。〈クラスのみんなと協力しあう〉と、〈明るく元気に学校生活をすごす〉が、どっちもだめだった。

個人面談につづいてショックを受けたママに、ぼくは「こんなの松原先生の主観なんだもん、関係ないよ」と、また先生の嫌いそうな言葉をつかって言った。「中学入試は内申点なんて関係ないんだし、世の中にはいろんなひとがいるんだもん、たまたま松原先生と

でも、パパは静かに言った。
「圭太は、いい子です」
「いや……あの、ぼくらもですね、べつに……」

リッキーさんの言い訳をさえぎって、「誰になんと言われようと、あの子は、いい子です」と、今度はちょっと強い声で。

照れくさかった。嬉しかった。でも、なんとなくかなしい気分にもなった。「ありがとう」より「ごめんなさい」のほうをパパに言ってしまいそうな気がして、そんなのヘンだよと思って、「いい子」の意味がよくわからなくなって、困っていたら手に力が入ってドアノブが回ってしまった。

ドアといっしょに前のめりになって出てきたぼくを見て、リッキーさんは、まるでゴキブリを見つけたときのパパみたいに「うわわわっ」とあとずさり、そばにいたジョーさんやリンダさんも驚いた顔になった。

パパだけ、最初からぼくがそこにいるのを知っていたみたいに、肩から力を抜いて笑った。
「圭太、歩けるか？」
「……うん」
「帰ろう」
②「うん！」

リッキーさんは「ちょ、ちょっと待ってくださいよ、勝手な行動されると困るんですよ」と止めたけど、パパはその手を払いのけて、「レッドカード、出してください」と言った。

（重松清「サマーキャンプへようこそ」より。）

注　リッキーさん、ジョーさん、リンダさん＝「サマーキャンプ」のスタッフ。

は気が合わないだけだよ」とも言った。励ましてあげたつもりだったのに、ママはぽろぽろと涙を流してテーブルに突っ伏してしまった。パパはそのことを知らないはずだ。晩ごはんまでに立ち直ったママが「これ、まいっちゃった」と通知表を見せると、「圭太は誤解されやすいタイプなんだよなあ」と笑っていた。

そうだよ——と思った。パパだって、いま、ぼくのことを誤解してるんだ。

「ねえ、パパ」

「うん？」

「ぼくってさあ、誤解されやすいタイプなんだよ、きっと」

終業式の日にパパが言った言葉をそのまま返したのに、パパは困ったような顔で笑うだけで、①「そうだな」とは言ってくれなかった。

急に気詰まりになって、腕を虫に刺されたふりをして「スプレーしてくる」とテントに戻った。

文章2 キャンプ二日目。ターザンごっこのイベントで圭太は腰を打ち、宿直室に運ばれた。部屋の向こうで「パパ」と「リッキーさん」が話している。

「失礼ですが、圭太くん、東京でも友だちが少ないタイプじゃないんですか？　ちょっとね、学校でもあの調子でやってるんだとしたら、心配ですよねえ。お父さんも少し……」

言葉の途中で、大きな物音が響いた。机かなにかを思いきり叩いた、そんな音だった。

ぼくはドアをちょっとだけ開けた。正面はリッキーさんの背中、その脇から、机に両手をついて怖い顔をしたパパの姿が見えた。

ケンカになるんだろうか、とドアノブに手をかけたまま身を縮めた。

問1 ——線①とありますが、「パパ」が「そうだな」とは言ってくれなかった理由として、次の［　］に入る言葉を、あとから一つ選びなさい。　5点

「パパ」も圭太に対する周囲の見方が［　］と感じ始めたため。

ア 誤りだ　**イ** 偏っている　**ウ** 妥当だ　**エ** 絶対だ

問2 ——線②「うん！」からわかる圭太の心情として最も適切なものを、次の中から一つ選びなさい。　5点

ア 「パパ」と二人で充実した生活を送ることができる期待。

イ 「パパ」が発した「いい子です」の意味が理解できた安心感。

ウ 「パパ」と二人になりたいという意志が父に伝わった感動。

エ 「パパ」があるがままの自分を認めてくれたと感じた喜び。

問3 次は、本文についてまとめたものです。［A］～［C］に入る言葉を、［A］は十一字で抜き出し、［B］・［C］は登場人物名を抜き出しなさい。　各7点

文章1で「パパ」は圭太を信頼しつつも、友だちとの関係について少し心配になっている。**文章2**で、「パパ」は、息子を世間的な見方に当てはめる必要はないと気づき気が楽になる。その様子は、「［A］」という表現に表れている。**文章1**と**文章2**は［B］の心情の変化を中心に物語が展開しているが、二つの文章を通して、［C］の大きな変容が描かれている。

問1	問2

問3		
A	B	C

3 次の文章を読んで、あとの問いに答えなさい。〔二〇二一年度山口県改題〕

故郷の都を遠く離れている筆者は、渡り鳥を眺めて和歌を詠んだ。

①聞なれし虫の音も漸よはり果て、松吹峰の嵐のみぞいとどはげしくなりまされる。懐土の心に催されて、つくづくと都の方をながめやる折しも、一行の雁がね雲にきえ行も哀なり。

帰るべき春をたのむの②雁がねも啼てや旅の空に出でにし

（「東関紀行」より）

注 漸＝次第に。　松吹峰の嵐＝松を吹き下ろす山頂からの強い風。　いとど＝ますます。　懐土の心＝故郷を恋しく思う心。　一行の＝一列に連なる。　たのむ＝「頼む」（あてにする）と「田の面」（「たのむ」とも。田の表面）の二つの意が含まれている。　雁がね＝雁。渡り鳥の一種。　啼＝「鳴」と同じ。

問1 ═線「たのむ」に用いられている和歌の修辞法（表現技法）を、次の中から一つ選びなさい。 5点

ア 枕詞　イ 掛詞　ウ 序詞　エ 係り結び

問2 ——線①で表現されていることを次の中から一つ選びなさい。 5点

ア 風が強まる春の始まり。　イ 草木が生い茂る初夏。
ウ 虫の音が響く秋の盛り。　エ 寒くて厳しい冬の到来。

問3 ——線②「雁がね」に、筆者はどのような心情を重ねていますか。□に入る内容を十五字以内の現代語で答えなさい。 7点

雁がねと同じように自分も故郷から遠い地にいるため、□としみじみと感じている。

問1	問2	問3

4 次のA・Bは、ある辞書の語釈（語句の説明）の特徴です。これについて、どちらか一つを選択し、条件に従ってあなたの考えを書きなさい。〔鹿児島県改題〕 17点

A 辞書を作った人の主観的な感想が書かれている。

B もともとの意味や用例だけでなく、現代的な意味や用例も書かれている。

【条件】 二段落で構成し、第一段落には選択した特徴の良いと思われる点を書き、第二段落には選択した特徴によって生じる問題点を書くこと。**百二十字以上、百六十字以下**で書くこと。

120

取りはずしてご使用ください。

ホントにわかる 中学3年間の総復習 国語

解答と解説

新興出版社 shinko publishing

第1回 漢字・ことば 1

本冊 p.4~7

ステップ1

1 (1)エ (2)イ (3)ウ (4)ウ (5)ア (6)エ

2 (1)カ (2)キ (3)ア (4)コ (5)ウ (6)イ (7)ク (8)セ
(9)エ (10)ス

3 (1)10 (2)11 (3)9 (4)12 (5)7 (6)7

4 (1)①いしょう ②そうちゃく (2)①もけい ②きぼ
(3)①ほ ②ひあ (4)①あらわ ②いちじる

5 (1)①もっか ②めした (2)①はいきん ②せすじ
(3)①にんき ②ひとけ

6 (1)エ (2)ア (3)ウ (4)イ (5)エ (6)イ (7)ウ (8)ア

7 (1)①検討 ②見当 (2)①現象 ②減少
(3)①名案 ②明暗

8 (1)①冷 ②覚 (2)①明 ②開 ③空 (3)①務 ②努 ③勤

ステップ2

1 ①ウ・d ②エ・b ③イ・a ④ア・c

2 ①厂・がんだれ ②ネ・しめすへん ③廴・えんにょう
④頁・おおがい ⑤灬・れんが(れっか)

3 ①エ ②イ ③ア ④ウ ⑤オ

4 ①aなっとくbのうにゅう ②aせいしんbしょうじん
③aわbさ ④aやわbなご

5 ①ねんげつ・としつき ②こんじき・きんいろ
③ばいう・つゆ(各順不同)

6 ①エ ②イ ③ウ ④ア

7 ①a感心b関心 ②a余地b予知
③a移動b異動c異同 ④a堅b固c硬
⑤a備b供 ⑥a裁b絶c断

8 (1)十(画) (2)ア・ウ(順不同)

解説

1 (2)「一」は数という抽象的な事柄を指し示した漢字。

2 (6)「敬」は旁(右側)の部分が部首。
(10)冠(上側)の部分が部首。「穴」という漢字からできた「あなかんむり」。「うかんむり」とまちがえやすいので注意する。

3 それぞれ一画で書く部分に注意する。(5)は筆順もまちがえやすい。外側を書いてから横画を上から順に書く。

4 熟語や使い方で読みが決まっているので覚えよう。

5 「音+音」「訓+訓」で読み分ける以外にも、(3)のように「音+音」「訓+音」で読み分けるものがある。

6 音訓を正しくとらえる。

7 文中での意味を考え、適切な漢字を書く。

8 (1)~(3)いずれもよく出題される。文の形で覚えよう。

解説

1 ①は「持」の音を「寺」が表している。「清」も「青」が音を表す。

2 ①は「がんだれ」。「まだれ」とまちがえやすいので注意する。④「頭」も同じ部首。

3 細かい部分まで漢字の形を正確につかんでおく。

4 ③④訓読みは、読みにより送りがなの付け方が異なる。

5 読み方によって意味も変わるので注意する。

6 ③「席」は音読みしかない漢字。

7 文中での意味を考えて書く。⑥「席を立つ」「家が建つ」

8 (1)「ころもへん」の部分が連続している。
(2)ア「あまグ」(湯桶読み)、イ「バンぐみ」(重箱読み)、ウ「にモツ」(湯桶読み)、エ「わかもの」、オ「チャクリク」。

入試につながる

漢字の成り立ち・部首・画数・音訓などはよく学習しておこう。音訓は重箱読み・湯桶読みを見分けられるようにする。

パワーアップ

漢字の成り立ちの種類

● **二つ以上の部分に分けられない漢字**
→**絵からできたよう**に見えたら象形。
→**記号のよう**に見えたら指事。

● **二つ以上の部分に分けられる漢字**
→**一方が漢字全体の音を表す**部分になっていたら形声。
→**音を表す部分がない**場合は会意。

音訓は思い込みに注意

訓読みと勘違いしていたり、音読みしかない漢字もあったりするので、注意しよう。

例 絵…音エ・カイ

第2回 漢字・ことば 2

本冊 p.8～11

ステップ1

1 (1)キ (2)エ (3)ア (4)ウ (5)イ (6)オ (7)ク (8)ア
(9)エ (10)オ (11)カ (12)ウ

2 (1)イ (2)ア (3)エ (4)ウ

3 (1)天然 (2)進歩 (3)共鳴 (4)使命

4 (1)しょうまっせつ・オ (2)ふわらいどう・キ
(3)しんしょうぼうだい・エ (4)ばじとうふう・ア
(5)がでんいんすい・カ (6)きしかいせい・ウ
(7)じがじさん・イ

5 (1)顔 (2)耳 (3)鼻 (4)手

6 (1)エ・b (2)ウ・a (3)ア・d (4)イ・c

ステップ2

1 ①カ・d ②ウ・b ③ア・e ④ク・g
⑤エ・a ⑥オ・c

2 ①当 ②委 ③対 ④成

3 ①供給 ②内容 ③建設 ④現実

4 ①a石 b鳥・いっせきにちょう
②a言 b道・ごんごどうだん
③a五 b霧・ごりむちゅう
④a器 b成・たいきばんせい

5 ①ウ ②イ ③オ ④カ ⑤ク ⑥キ

6 (1)イ
(2)ア
(3)エ
(4)ウ

解説

1 (2)握る↑手を　(4)軽い↓食事　(6)人が―造る　(7)国際連合の略語。(9)「点」は「ともす・火をつける」の意。(10)市が―営む　(12)達者な↓筆

2 (1)「自分から動く」の反対は「人に動かされる」。
(3)「増」⇔「減」、「進」⇔「退」。漢字がそれぞれ対になる。

3 意味を考えて似たものを探す。同音の漢字とまちがえないように注意して書く。

4 主な四字熟語の意味は覚えてしまう。

5 (3)「目が高い」とすると「鑑識眼がある」という意味。

6 故事成語はもとになった故事も覚えよう。オ「白眼視」は「冷淡な態度をとること」という意味。

解説

1 ①帰る↑郷に・就く↑職に　③日が―照る・雷が―鳴る
⑤「思」と「考」・「搭」と「乗」は似た意味。⑥俊れた(速い)↓足・軽い↓傷

2 ①「とうぜん」、②「いさい」、③「たいとう」、④「さんせい」と読む言葉ができる。

3 「生産」⇔「消費」も覚えておこう。

4 ①「一挙両得」も同じ意味。②「言語」は「ごんご」と読む。③「霧」を「夢」と書き誤りやすいので注意しよう。

5 ⑥「気が置けない」を「気を許せない・油断できない」という意味で用いるのは誤りである。

6 (1)「装飾」、「到着」はともに同じ意の漢字の組み合わせ。
(2)イ・ウ・エは対義語の関係である。
(3)「舌を巻く」は「あまりにも優れていて驚く」という意。
(4)「蛇足」は「余計な付け足し」という意味の故事成語。「最後のシーン」が余計だったということ。

入試につながる

熟語の構成や、対義語・類義語は漢字の意味をつかんで見分ける。二字熟語は主語・述語の関係のもの、三字・四字熟語は対等の関係の語例を学習しておく。

パワーアップ

熟語の構成

●次の二つを区別する。
①修飾―被修飾
②動詞―目的・補語
漢字の意味を素直にとらえること。

●「主―述」の例は少ない。
日没・人造・市営・国有・町立・地震・雷鳴・鶏鳴・腹痛・頭痛など。覚えておこう。

誤りやすい四字熟語

○意味深長 ×～慎重
○五里霧中 ×～夢中
○心機一転 ×新規～
○絶体絶命 ×絶対～
○前代未聞 ×全代～
○用意周到 ×～周倒

第3回 # 文法 1

本冊 p.12〜15

ステップ1

1 (1)りんごは／すずしい／地方で／つくられる。
(2)ぼくは／そこまで／列車で／行こうと／思う。
(3)私は／雪の／結晶を／顕微鏡で／見る／ことに／した。
(4)庭の／ばらが／つぼみを／つけました。

2 (1)車|は|長い|トンネル|を|ようやく|抜け|た。
(2)見方|を|変え|て|みる|の|も|大切な|こと|です。
(3)その|人|に|お礼|の|手紙|を|書き|ましょ|う。
(4)マメ|の|くき|は|つる|に|なっ|て|巻き付く。

3 (1)**イ** (2)**エ** (3)**ウ** (4)**オ** (5)**ア**

4 (1)ひざは (2)大草原が (3)絵は (4)目も

5 (1)生物が (2)あきにくい (3)通る

6 (1)**エ** (2)**ア** (3)**ウ** (4)**イ** (5)**エ**

7 (1)**イ** (2)**ク** (3)**ケ** (4)**コ** (5)**エ** (6)**キ** (7)**イ** (8)**オ**
(9)**ア** (10)**ウ** (11)**ア** (12)**カ** (13)**ケ** (14)**カ** (15)**ウ** (16)**エ**
(17)**コ**

ステップ2

1 ①7 ②8 ③11 ④11 ⑤10

2 ①マグマは・なる ②年輪は・ある
③川は・美しかった
④本は・これです ⑤時期が・来た

3 ①**キ** ②**ウ** ③**カ** ④**エ** ⑤**イ** ⑥**ア** ⑦**ク** ⑧**オ**

4 ①絵を ②食べた ③いる ④作った

5 ①**エ** ②**カ** ③**オ** ④**ケ** ⑤**イ** ⑥**ア** ⑦**コ** ⑧**カ**
⑨**ケ** ⑩**ク** ⑪**ウ** ⑫**キ** ⑬**イ** ⑭**ウ**

6 (1)子供たち／が／元気に／遊ん／で／いる。
(2)八（文節）

解説（ステップ1）

1 (1)「つくられて／いる」ならば補助の関係で二文節。

2 (3)「お礼」は一語。「お」などの接頭語は一単語として数えない。
(4)「巻き付く」は複合語で一語。

3 (2)「オーロラ」はほかのどの文節とも係り受けの関係を持たない。
(3)「夏には」は「開かれる」を修飾する。この文の主語は「花火大会が」である。
(4)「重いが」の「が」は逆接の接続助詞。

4 倒置のない文なら述語は文末にある。述語を探し、それの主体として主語をおさえると確実。倒置の場合は普通の語順に直して考える。

5 文節の形で連体修飾語か連用修飾語かの見当を付け、自然に結びついていく部分をつかむ。(3)「拾った」のは「いつも」のことではないのでかからない。

6 補助の関係にある文節は連続している。

7 文中での単語の働きや性質をつかむ。

解説（ステップ2）

1 ①「心細い」は複合語で一語。②「がたがた」は副詞。
③「一般的で」は形容動詞「一般的だ」の連用形。

2 ④普通の語順に直したうえで、主語・述語をつかむ。

3 文節に分けてから考える。③文の初めに「公園、」とあり、独立語となる。⑤「頑張ったが」は接続語。

4 ①「美しい」「さまざまな」も「絵を」を修飾する。

5 ⑥独立語が感動詞とは限らない。

6 (1)「子供たち」で一単語。「たち」は接尾語。「元気に」は形容動詞「元気だ」。「で」は助詞「て」の濁音化。
(2)この|土地が、|今日から|家族の|新しく|住む|場所に|なる。

入試につながる

一文を文節に分け、主語・述語・修飾語などを見分けられるか、単語に分け、品詞がいえるか確認しておこう。

パワーアップ

- **主語**…「が」「は」が付く部分。述語の主体としてとらえる。
- **述語**…倒置がなければ文末にある。「どうする」「どんなだ」「何だ」を表す部分。
- **独立語**…感動・挨拶・応答の言葉のほか、文の初めで「〜、それは」の形で示された名詞が独立語になる。
- **接続語**…接続詞のほか、接続助詞が付いた文節の場合もある。

形容動詞の見分け方

「きれいに」などと活用させることができ、連体形が「〜な」の形になれば**形容動詞**。

第4回 文法 2

本冊 p.16〜19

ステップ1

1 (1)あの・人・とても・なめらかな・英語・話す
(2)今・すばらしい・映画・たくさん・作ら
(3)兄・約束・うっかり・忘れる・ところ
(4)古代人・とっ・海・恐ろしい・場所・あっ

2 (1)作文・題材 (2)あいさつ・親しみ・気持ち
(3)デザート・二種類・ケーキ
(4)アゲハチョウ・葉・卵

3 (1)穏やかだ・形容動詞 (2)寒い・形容詞
(3)選ぶ・動詞

4 (1)**ア**・b (2)**ウ**・d (3)**オ**・b (4)**ア**・e
(5)**イ**・c (6)**エ**・a (7)**オ**・f (8)**ウ**・a

5 (1)**イ** (2)**エ** (3)**ア** (4)**ウ**

6 (1)びゅうびゅう・**ア** (2)全く・**ウ**
(3)ずいぶん・**イ**

ステップ2

1 ①(夜)・咲く・(花)・意外に・多い・ある
②(コナラ)・比べる・(クヌギ)・(実)・丸い

2 ①親切だ・形容動詞 ②暑い・形容詞
③行く・動詞

3 ①助け ②見 ③走る ④来い ⑤成功すれ ⑥捨て
⑦起き ⑧読ん

4 ①**ウ**・a ②**イ**・b ③**ア**・f ④**オ**・a ⑤**ア**・b
⑥**イ**・d ⑦**ア**・c ⑧**エ**・e ⑨**ウ**・b ⑩**オ**・b

5 ①**カ** ②**ウ** ③**ア** ④**オ** ⑤**イ** ⑥**エ**

6 (1)**エ**
(2)**エ**

解説

1 助詞・助動詞を除いていく。

2 (1)「身近な」は形容動詞で用言。
(2)「親しみ」は「親しむ」から転成した名詞。
(3)「二種類」のように数を含むものは「数詞」という種類の名詞。

3 (3)「贈り物」は名詞(体言)。用言である動詞、形容詞、形容動詞の言い切りの形を覚えておこう。

4 動詞の活用の種類は、まず言い切りの形にしたうえで、「ナイ」に続く形にして見分ける。「ナイ」の直前の音がア段なら五段、イ段なら上一段、エ段なら下一段。
(7)のように複合語になったサ行変格活用の動詞に注意。

5 (1)「〜ように」などたとえの言い方と結びつく副詞。
(2)応答の言葉は感動詞。

6 連用修飾語の中で、一語で活用のないものを探す。(2)は「全く……ない」の呼応。

解説

1 ①「意外に」は形容動詞の連用形で用言。

2 活用する語を探す。③「演奏会」は体言。

3 ①「助ける」は下一段活用。「助かる」(五段活用)と区別する。

4 ③「回す」は「回さナイ」、⑤「咲く」は「咲かナイ」、⑦「増す」は「増さナイ」となる五段活用の動詞。

5 ①は打ち消し推量、②は仮定、③は推量、④は願望、⑤は否定、⑥は疑問の言葉で受けている。

6 (1)**ア**「言わナイ」、**イ**「差し込まナイ」、**ウ**「そらさナイ」は直前の音がア段なので五段活用。**エ**「務めナイ」でエ段なので下一段活用。
(2)「イギリス人」(体言)にかかる連体詞。

入試につながる

それぞれの品詞の働きや形に注意して、間違いなく見分けられるようになろう。

パワーアップ

名詞の種類

- 普通名詞…**一般的なものの名前**を表す。
  例 花・春・建物
- 固有名詞…**人名・地名・国名・書名**など。
  例 日本・信濃川・太郎
- 数詞…**数量や順序**を表し、数字を含むもの。
  例 二人・三番目・第五回
- 形式名詞…もとの意味が薄れ、形式的・補助的に使われる名詞。
  例 悪いこと・今のところ

主な連体詞

- **〜の**…この・その
- **〜る**…ある・いわゆる
- **〜な**…大きな・小さな
- **〜た**…たいした・とんだ・たった
- **その他**…わが

本冊 p.20〜23

ステップ1

1 (1)**ス** (2)**ク** (3)**サ** (4)**カ** (5)**タ** (6)**ア** (7)**ソ** (8)**シ**
(9)**イ** (10)**コ** (11)**ケ** (12)**キ**

2 (1)**イ** (2)**エ** (3)**ア** (4)**ウ**

3 (1)助動詞 (2)接続詞 (3)動詞 (4)形容詞

4 (1)**ウ** (2)**イ** (3)**エ** (4)**ア**

5 (1)**ウ** (2)**イ** (3)**ア** (4)**ウ** (5)**イ** (6)**ア**

6 (1)お乗り
(2)召し上がって(お飲みになって)
(3)おっしゃった(お話しになった・話された・言われた)
(4)お持ちする
(5)参り(うかがい・参上し)

ステップ2

1 ①**ク** ②**カ** ③**ウ** ④**コ** ⑤**シ** ⑥**ア**
2 ①**イ** ②**エ** ③**ア** ④**ウ**
3 ①**a**接続詞 **b**副詞 ②**a**動詞 **b**連体詞
③**a**名詞 **b**助詞 ④**a**接続詞 **b**助詞
⑤**a**形容詞 **b**連体詞
4 ①**イ** ②**エ** ③**ウ** ④**ア** ⑤**エ**
5 ①**オ** ②**ウ** ③**イ** ④**キ** ⑤**エ**
6 (1)**ウ**
(2)**エ**

解説

1 (1)上に「まるで」があるので比況(たとえ)。(2)体言に付く「だ」は断定。(5)は連用形に付く様態の、(7)は終止形に付く伝聞の「そうだ」。(9)主語は「作品は」なので受け身。

2 (4)「ば」は、ここでは仮定の順接を表す接続助詞。

3 (1)付属語なので助動詞。(4)自立語なので形容詞。

4 (1)**ウ**は起点を、**ア**は材料を示す格助詞、**イ**は名詞、**エ**は理由を示す接続助詞。
(2)**イ**は準体言を作る格助詞。**ア**は連体修飾の、**ウ**は節の主語を示す格助詞。**エ**は終助詞。
(3)**エ**は禁止の終助詞。**ア**は連体詞の、**イ**は形容動詞の一部。**ウ**は断定の助動詞。
(4)**ア**は接続助詞「て」の濁ったもの。**イ**は原因、**エ**は場所を示す格助詞。**ウ**は形容動詞の一部。

5・6 動作主を確かめる。目上の人の動作には尊敬語。

解説

1 ①「サッカーやバレーボール」は「球技」の例。
2 ③起点を示す格助詞。④仮定の順接を示す接続助詞。
3 ③**a**は主語なので名詞。⑤**b**は活用しない。
4 ①と**イ**は限定を表す副助詞。②と**エ**は推定の助動詞。他は形容詞の一部。③と**ウ**は伝聞、**ア**・**イ**様態。**エ**副詞＋断定の助動詞。④と**ア**は断定の助動詞。**イ**「ようだ」の一部。**ウ**「た」が濁ったもの。**エ**形容動詞の一部。⑤と**エ**は接続助詞。
5 動作主や状況をおさえて適切なものを選ぶ。
6 (1)「見えない」と**ウ**は助動詞。**ア**形容詞の一部、**イ**補助形容詞、**エ**形容詞。
(2)「ために」と**エ**は動作の目的を示す格助詞。**ア**接続助詞「のに」、**イ**形容動詞の一部、**ウ**副詞の一部。

入試につながる

まぎらわしい品詞はよく出題される。敬語は誤った表現の指摘や書き直しができるようにしておこう。

パワーアップ

助詞の種類の見分け方

● **格助詞の特徴**
主に体言に付く。
● **副助詞の特徴**
いろいろな語に付き、主に連用修飾語になる。
● **接続助詞の特徴**
主に活用する語に付く。
● **終助詞の特徴**
主に文末に付く。

まぎらわしい品詞
まず、自立語か付属語かを見分ける。

敬語
「**お〜になる**」(**尊敬**)、「**お〜する**」(**謙譲**)を混同しない。「**いただく**」**は自分の動作**に使う。

第6回 論理的文章 1

本冊 p.24〜27

ステップ1

1 (1) **イ**

(2) 翻訳・演説・講演(順不同)

(3) 例 公的な感じがあり、日常の会話にあまり用いられないという性質。(30字)

(4) それまで地

(5) **エ**

(6) 例 言文一致体の地の文の記述に客観性を確保すること。(24字)

(7) **エ**

ステップ2

1 (1) **エ**

(2) 例 (絵画は)原則的に世界中でただ一つしか存在しない事物を描く(ものであるから。)(24字)

(3) 例 特定の事物をかたどったフォルムに、他の同種の事物を思い浮かべることができるような普遍性がある場合。(49字)

(4) **ア**

(5) **ウ**

解説

1 (1) 文章中に繰り返し出てくる「である」が**キーワード**。

(2) 「明治時代」の「である」の使われ方を挙げているのは初めの段落。そこから探す。

(3) 前の段落から「である」の性質の説明にあたる「公的な感じのする文末表現」「日常の会話にはあまり用いません」をおさえてまとめる。

(4) 直後の一文の中で例が列挙されている。

(5) 「ところが」と同じ逆接の接続語を探す。

(6) 可能になったのは「言文一致体の一番の悩み」の解消。それを具体的に書く。

(7) 筆者は「である」とそのほかの文末表現の具体的な用例を挙げて比べている。

解説

1 (1) 空欄のあとで「文字とは……と定義できるだろう」とまとめているので、**説明・補足の接続詞**が入る。

(2) 「文字」は「実体に対する普遍性が要求される」。「絵画」の事物は一つしか存在しない↓普遍性がない↓文字になりえないという**論の流れをとらえる**。

(3) 「山をかたどったフォルム」から、特定の山ではなく山という事物を思い浮かべるという**例が表す意味が指示内容**である。「山」=「文字」と置き換え、「普遍性」の語を用いてまとめる。

(4) 「あくまで……絵画そのものではない」と差異を述べているので、**ア**が正解。

(5) 「事物の……描いたもの」という象形文字は**ウ**。**ア**は指事文字、**イ**は形声文字、**エ**は会意文字。

入試につながる

指示語の指す内容は、代入すると意味が通るものを探す。接続語は前とあとの関係をつかむ。関係の種類と、それぞれに適応する接続詞を覚えておく。

パワーアップ

話題の見つけ方

- **キーワード**(文章中で繰り返されている言葉)をおさえる。
- **初めの部分**で提示されていないかを探す。
- **問いかけ表現**など、読者の注意を喚起する表現に注目する。
- **題名・書名**がヒントになることもある。

指示内容のまとめ方

① **指す部分をつかむ**…大半は前。指す部分にも指示語がある場合はその指す内容もつかむ。

② **結びの語を決める**…代入部分に合わせる。

③ **まとめる**…係り受けを整える。

第7回 論理的文章 2

本冊 p.28〜31

ステップ 1

1 (1) 例 集団に属して連帯行動をすること。(16字)

(2) a 埋没する

b イ

c 例 みんなが一致してひとつの方向に向かっているとき、その集団の目標を達成すること。(39字)

(3) このように

(4) エ

ステップ 2

1 (1) イ

(2) 例 すぐに苦手だと決めてチャレンジをやめてしまうと、得意なことや本当の面白さに気づかず、自分の可能性を広げられなくなってしまうから。(64字)

(3) 例1 古代の海で生存競争に敗れた魚たちが、川という環境に逃げ延びて淡水魚へと進化し、川に暮らすようになった。(51字)

例2 川での生存競争に敗れ浅瀬に追いやられた魚たちが、両生類へと進化し、陸地に上がっていった。(44字)

(4) エ

解説

1 (1) 「**…なければなりません**」「**……する必要があります**」という表現をおさえる。「集団に属して共同して動くこと。」などでも可。

(2) a 個としての存在が失われる状態を表す言葉を探す。終わりの段落の「埋没し」を言い切りにする。

b 吸収されない状態は「積極的に同じ価値を共有する個人が集まる」「内部で揉め」るという、個性が維持された状態。**イ**がこの反対の内容にあたる。

c 四段落目「吸収されることは……有効です」に着目。

(3) 最後の段落で**結論**を述べる構成の文章である。

(4) 最後の段落の**要点**となっているものを選ぶ。

解説

1 (1) ⓐ文末の「理由があります」の「理由」はこのあとに述べられているので、**ウ・エ**は入らない。ⓑあとに「ではありません」と打ち消しがあるので、**ア・ウ**は入らない。どちらもあてはまる言葉があるのは**イ**。

(2) 第六段落の「『苦手』と決めつけてしまうと、……出会うことはない」、第七段落の「得意なことを探すためには、……捨ててしまわないことが大切」に着目して、可能性を狭めるから、とまとめる。

(3) 「例を一つ」なので、この段落にある両生類の例か、前の段落の淡水魚の例のどちらかを書く。「ナンバー1」になれなくて「探した」のだから、その状況を具体的に書くこと。

(4) 第九段落の最後の「生物の進化を見ても、……劇的な変化は、常に敗者によってもたらされてきました」に着目する。生存競争の「敗者」が進化できるのである。「敗者」にあたるものは**エ**の植物Dのみである。

入試につながる

話題は文章の初め、論旨や結論は文章の終わりに注目。段落の働きや関係は、各段落の要点をつかんで考える。文末表現から事実と意見を区別し、意見を中心内容としてとらえよう。

パワーアップ

理由の説明の仕方

・**直接の理由**をつかむ。

理由を「〜から。」と一言で書いてみる。順接の「だから・したがって」、補足説明の「なぜなら」の前後に着目する。

・**補足部分**を加える。

直接の理由となる事柄が生じた背景などもわかるようにする。

中心内容の見分け方

要点・要旨をつかんだり、短縮して述べたりするときは、中心部分となる**根幹**(省略不可能な重要部分)をおさえる。

第8回 文学的文章 1

本冊 p.32〜35

ステップ1

1 (1)家の前の道で身じろぎもせずうつぶせている身体
(2)**a**おびえた
b冷静
(3)マネキンめいて見える
(4)例人が倒れていること。(10字)

ステップ2

1 (1)**エ**
(2)例釣った魚を食べることをかわいそうと思ったのに、食べるとおいしく、祖父たちはもう一匹食べられていいなと思ったこと。
(3)**イ**
(4)**ウ・オ**(順不同)

解説

1 (1)起こった出来事が初めに述べられ、具体的な場面の様子があとに書かれた形である。その場面で起こっていることを正確に読み取る。
(2)初めの声の様子から**a**は「おびえた」を入れる。**b**は「〜な様子」に続けられる「冷静」が適切。
(3)「表情や生気にとぼしい様子」というヒントから考える。「うつろな横顔」が生命のない人形であるマネキンに見立てられている。
(4)この場面の中心的な出来事を簡潔にまとめる。「縁起でもない」という言葉につなげることができる内容にする。

1 (1)**ア**は祖父の発言である。**イ**は前で、「私」は「釣った魚を食べるとは思っていなかった」とあるので不適。**ウ**は本文にはない内容である。
(2)ここでの「現金だ」の意味は、「目先の利害によって主張や態度を変えること」。それまではかわいそうと思っていたのに、もっと食べたいという気持ちになったということである。
(3)「身が引き締まる」とは、緊張や真剣な心持ちにより体に力が入ることである。**ア**「張り切る」、**ウ**「臆病になる」、**エ**「憂鬱になる」は、「身が引き締まる」に合わない。
(4)**ア**「改まった言葉遣いの会話」が合わない。**イ**「おそるおそる料理をしている様子」、**エ**「魚との問答」が不適。**ウ**第三段落と最後の二つの段落が現在の場面である。過去の回想と現在が交互に語られている。**オ**これは「私」の視点から語っている一人称小説である。

入試につながる

文学的文章は、小説でも随筆でも、いつ、どこで、だれが、どうしたのかをおさえながら読み進める。場面の切れ目、印象的な表現に着目する。

パワーアップ 表現の特徴のとらえ方

作品の特徴が出やすいのは次のようなところである。

- 擬態語・擬音語
- 比喩表現
- 人物の口調
- 文末表現
- 文の長短
- 客観的か主観的か

場面の分け方

場面は、確実な根拠に基づいて分ける。

- 明らかな「**時**」の変化
  例翌日、〜。
  一年後、〜。
  大人になって〜。
- 舞台となっている「**場所**」の変化
- 「**人物構成**」の変化

第9回 文学的文章 2

本冊 p.36〜39

ステップ1

1
(1) **イ**
(2) ほんの一瞬
(3) ヘルドにな
(4) **ア**
(5) **ウ**

ステップ2

1
(1) 例 回数券を使い切って新しい回数券を買うと、そのぶん母の退院が遠ざかってしまうかもしれない（43字）
(2) 例 河野さんが運賃をはらってくれたということ。
(3) ① 例 河野さんのバスに乗りたいということ。
② 例 回数券を使わなくていいようにしてくれた河野さんに、感謝の気持ちを伝えたいという思い。
(4) **ウ**

※解答例はオリジナル

解説（ステップ1）

1
(1) 「解説者」のような分析的な話しぶりから**イ**を選ぶ。自分から話し出しているので人間嫌いではない。
(2) 対戦相手にいどむ思いが**顔の様子で描かれている**のは「きつい目つきでにらみつけた」の部分。
(3) ボールをとる様子の文を探す。「押し倒されながらも、ボールを放さなかった」から執念が伝わる。
(4) あとに「身のこなしも見事」とあるので、「刃物のように」にこめられているのも、俊敏な動作への賞賛。
(5) 試合を見るまで、直樹は「細くて小さな体」で「おとなしくて、口数の少ない女の子だった」真衣の姿しか知らなかった。試合中の真衣を見た**主人公（直樹）の驚きが中心**。

解説（ステップ2）

1
(1) 「新しい回数券を買うと、……母の退院の日が遠ざかってしまう」と思い、回数券を使いたくなかった。
(2) 続いて「整理券と一緒に百二十円、箱に入っていた」とある。河野さんがお金を入れてくれたのである。
(3) ①あとに「河野さんの運転するバスが来るのを待った」とある。②河野さんのおかげで少年は回数券を使わなくてすんだ。怖いと思っていた河野さんに対する気持ちが変化し、感謝の思いを伝えたいとバスを待っている。
(4) **ア**「気のいい人物」、**イ**「子ども好きな」、**エ**「何よりも仕事を優先」は読み取れない。**ウ**河野さんは「ぶっきらぼう」な言い方をする。「ぶっきらぼう」＝「不愛想」である。河野さんは少年の気持ちを思いやって運賃をはらってくれたのだ。

入試につながる

文学的文章では心情に関する問題が必ず出る。人物の立場になって考えよう。人物像は、その人物についての情報をくまなく拾い出す。テーマ（主題）は文章全体から伝わる内容を読み取る。

パワーアップ

出来事→心情
心情は、出来事をきっかけとして生じる。どんな出来事が原因で、どんな心情になったのかをおさえる。

●心情を表す慣用句

泡を食う…あわてる。
眉をつり上げる…怒る。
目を白黒させる…驚く。
浮足立つ…恐れや不安で、落ち着かなくなる。
心を砕く…あれこれと心配する。
肝を冷やす…ぞっとする。
肝をつぶす…驚きうろたえる。
後ろ髪を引かれる…心残りがあって去りがたい。

第10回 話す・聞く

本冊 p.40〜43

ステップ1

1 (1) B
(2) イ
(3) 例 先日スーパーで果物を購入したが、実は家にあって食べきれず、傷んでしまったため捨ててしまった。買い物に行く前には冷蔵庫の中や家にある食品をチェックするようにしたい。また、兄が風邪を引いて食欲がなかったとき、いつもの分量で作った食事は食べ残しが出てしまった。家族の状態にも配慮したいと思う。(15行/144字)

ステップ2

1 (1) イ
(2) 例 先日友達と映画を見に行きました。面白かったのですが、私は映画の原作本を読もうとは思いませんでした。しかし、友達は早速本を購入して、読んだほうがよいと貸してくれました。
　初めは活字を読むのが面倒に思えました。でも、本のこの場面は映画ではあんなシーンになったのかと考えると、読むのが楽しくなりました。

　それからは、小説から映像を思い描く楽しさに夢中になりました。現実にはありえない世界でも、自由に想像し描くことができます。読書の楽しさは、世界が広がっていく面白さです。

(20行/239字)

解説

1 (1) **資料1**は日本の「食品ロス」量と内訳の円グラフ、**資料2**には「家庭系食品ロス」の「直接廃棄」「過剰除去」について説明がある。**B**にこれらの資料があれば、話の内容がわかりやすい。
(2) **ア**第二段落で数値を示している。**イ**「自分の工夫例」は述べていない。**ウ**「思いませんか」「〜でしょうか」など呼びかけを用いている。**エ**コンビニでの体験が「食品ロス」というテーマのきっかけになっている。
(3) スピーチ原稿の「家庭での食品ロスを減らすためには、『買いすぎない』『作りすぎない』『食べきる』」に着目して、自分の生活の中の経験や見聞から、具体的な工夫を考える。

解説

1 (1) 上から二番目は「友達」、三番目は「家族」、四番目は「学校」という「周囲」の働きかけがある。
(2) Bさんの最後の発言は、「より多くの人に読書の楽しさを感じてもらえるといいですね」というもの。自分の読書経験を思い出し、それを「読書の楽しさ」に結びつける。特別なことは書かなくてよいので、このような楽しさがあるなら読書をしようかと、多くの人が思えるように書こう。

〔配点の基準〕
・求められている条件が満たされているか。
・テーマやポイントがずれていないか。
・段落ごとの内容が整理されているかどうか。

入試につながる

　作文はほぼ全公立で出題されている。条件作文、表やグラフ、写真を見て意見を述べるもの、スピーチ原稿など多様。
スピーチ原稿…聞き手に配慮する。
表やグラフ…**数値の差**や**グラフの動き**から、読み取る。
意見文…**意見の根拠**を示す。

パワーアップ

　作文の字数は、ほぼ百〜二百五十字なので、ポイントを一つにしぼる。**序論**、**本論**、**結論**(二段落の場合は、**事実と意見**)の配分を考えて、まとまりのある作文にする。

作文の内容
　内容そのものが問題になることはないが、極端に反社会的な意見や、個人攻撃などは書かないこと。

第11回 詩歌

本冊 p.44〜47

ステップ1

1 (1)エ (2)(第)一(連) (3)イ (4)例自分を見つめ充実させようとしながら静かに過ごすこと。(26字) (5)ウ

2 (1)オ (2)イ (3)ア

3 (1)季語＝雪　季節＝冬 (2)けり (3)イ

ステップ2

1 (1)エ (2)ア (3)ウ

2 (1)①エ ②例早くスケートをしたいというわくわくした心情。
(2)①ウ ②ア

3 イ

解説

1 (1)現代語(口語)を用い、自由な形式で書かれている。
(2)三行目が「さくら」と体言で終わっている。
(3)心をもち自分を見つめる点で擬人化されている。
(4)「静かに過ごす」「自分を見つめ　充実させる」の二箇所をつないで考える。
(5)樹の心を学ぼうとしている気持ちなので、**ウ**。

2 「もし世の中に桜というものがまったくなかったならば、(散る心配などをしなくてすむので)春を心穏やかに過ごすことができるだろうに」という歌。

3 (3)自分で戸外の雪を見ることができない病床で、その雪を思う作者。

解説

1 (2)「嫩葉」は「若葉」で、早春を示す。
(3)「もつれあい。」「くすぐりあい。」「きき耳をたて。」「ざわめきたち。」「駆け足であがり。」「裸になり。」「歓声をあげ。」は、いずれも人に見立てた表現で、連用形で止めてリズムを出している。

2 (1)①季語は「スケート」冬。**ア**「雲雀」春、**イ**「名月」秋、**ウ**「遠花火」夏、**エ**「みぞれ」冬。
②「逸る」は「早く実現させたくてあせる」意。
(2)①「包み」「わめく」は擬人化した表現。
②「木の芽がわめく」なので**ウ**・**エ**は不適。「わめく」にはうるさいほどの勢いが感じられる。

3 「轟く」とは鳴り響くこと。「鳴り響くような夕焼」は、夕焼を聴覚でとらえた表現。しばらくして、夕焼の赤が遠くなった＝薄まった、ということである。

入試につながる

詩歌は、繰り返し読み、一語一語の意味を丁寧におさえたうえで解釈する。基礎知識に関する問題は、確実に答えられるようにしておこう。

パワーアップ　ねらわれる基礎知識

・詩の種類…現代詩はほとんど「口語自由詩」。
・表現技法…「体言止め」「倒置法」「擬人法」「直喩」の出題が多い。
・句切れ…「。」(句点)がつけられる所を探す。

季語のとらえ方
季節を象徴するものを探す。季語の季節は旧暦によるので注意が必要。

詩歌の情景のとらえ方
①語句の意味をつかむ。
②作者の感覚がとらえている事物をつかむ。
③作者の立場になり、見ているもの感じているものの様子をまとめる。

第12回 古典 1

本冊 p.48～51

ステップ1

1
(1) a とらえて　b はずれて　c くちおし
(2) A を　B は(が)
(3) イ
(4) 山里

2
(1) a よう　b かわる
(2) に
(3) ② オ　③ エ　④ イ
(4) エ
(5) イ
(6) 文

ステップ2

1
(1) a うえられ　b むかい　c いえり
(2) が
(3) エ
(4) ア
(5) ウ

2
(1) いわぬ
(2) イ
(3) ウ
(4) 酒、水～させよ
(5) 例 さっと走っていって、酒や水を振りかける（19字）

解説

1
(1) a は「へ」を「え」に、b は「づ」を「ず」に、c は「を」を「お」にする。
(3) あとに「折らむ(＝折ろう)」とあるので「枝」。
(4) 初めの一文に主題を示し、あてはまるものや出来事を列挙する形。この形式は「枕草子」に多い。

2
(1) a「やう」は「ヨー」と読むが、書くときは「よう」。
(2) 時を示す「に」はしばしば省略される。
(3) ④ 昔に書かれた文を書いた人物なのでイ。
(4)「覚ゆれ」は「覚ゆ」の已然形。
(5)「情」が生じるのは直面した時だけだということは、対象から離れると「情」が薄れるということ。
(6) 昔のまま変わらないのは「文」。

解説

1
(1) a「ゑ」は「え」、b「ひ」は「い」、c「へ」は「え」となる。
(2)「花が有り」となる。
(3)「なすべき方法がない」という意味なのでエ。
(4)「二日三日ふれど何の気色(＝様子)もなし」がその理由。変わった様子が何もなかったのである。
(5) 翁は「おのれは楽しびに……いかるべきかは」と言っている。「やつこ」が牡丹の花を折った。

2
(1)「は」を「わ」に直す。
(2)「うらやましけれ」は「うらやまし」の已然形。
(3) ② 祓に出かけて、祭文を読むのは陰陽師である。
(4)「(会話文)」は「と」の直前までであることが多い。
(5)「しありくさま(＝してまわる様子)」とは、酒や水を振りかけている様子である。

入試につながる

古文は基礎的な知識が不可欠。歴史的仮名遣いを現代仮名遣いに直す問題は必出。主語や助詞の省略が多いので、一区切りずつ意味を確かめながら読もう。係り結びについてもおさえておく。

パワーアップ

[注]は味方

それがわからなければ文意がわからないという情報が、「注」として示されている。しっかり目を通してから文章を読み、問題に取りかかろう。

古文の会話文

● 前後の言い方
・「……」と言ふ。
・いはく「……」と。
・～のいふやう、「……」と言ふ。
引用を表す「と」に着目する。

● 会話主
登場人物とその関係をとらえる。

第13回 古典 2

本冊 p.52〜55

ステップ 1

1 (1) 或時、
(2) **エ**
(3) 例 日籠も買おう(。)
(4) **イ**

2 (1) 浅黄の上下着たる翁の、殊の外に物佗しげなる
(2) ここに社を作りて斎ひ給へ。
(3) そとそと

3 (1) **イ・キ**　(2) **オ・ク**　(3) **ア・カ**　(4) **ウ・ケ**

ステップ 2

1 (1) **ア・イ・エ**(順不同)
(2) **ウ**
(3) **ア→ウ→エ→イ**

2 (1) **ア**
(2) **エ**
(3) **Ⅰ** 例 他人のためによいことをして、その相手によいと思われ、喜ばれようとする(34字)
Ⅱ 例 自分のことを考えた(9字)

3 ① 枕草子
② 方丈記
③ 兼好法師

解説(ステップ 1)

1 (1) 「芳野」での体験の部分は「或時、」から始まる。
(2) 「つつ」は「〜ながら」の意。「打ち」は語調を整える接頭語で、「打つ」意は表さない。
(3) 「ん(む)」は助動詞で意志を表す。
(4) 利己的な都の人と、連れにもうけさせようとする芳野の娘を比べて述べている。

2 (1) 「物」との会話文の直前から読み取る。
(2) 「斎ひ給へ」は「祀ってください」の意。
(3) 「手」が顔をなでる様子を表すのに使われている。

3 重要な作品は、作品名と成立した時代、作者や歌の撰者などを覚えておこう。

解説(ステップ 2)

1 (1) **ア・イ**の主語は「博雅三位」、**ウ**は「直衣着たる男」、**エ**近寄って見たのは「博雅三位」、**オ**「召す」は「取り寄す」の尊敬語で主語は「帝」である。
(2) ①笛を吹く男は「いまだ見ぬ人」なので、「偶然の出会い」。②「夜ごろ」は「数夜このかた」の意。
(3) **ア**は「その笛の音、……めでたく聞えければ」、**イ**は「その音を……なかりけり」、**ウ**は「こころみに、……世になきほどの笛なり」、**エ**は「もとの笛を……ながくかへて」に対応する。

2 (1) 逆接を表す助詞「ども」に着目して考える。
(2) 「一期」は「一生・生涯」の意。「一期一会」という四字熟語がある。
(3) **Ⅰ**——線②の主語「人のために善き事をして……と思うてするは」を現代語訳し、字数内にまとめる。
Ⅱ「これは、自身を思うて」に対応する。

入試につながる

古文が読み解けるかどうかは、古語の知識量にかかっている。重要な古語はチェックしておこう。また、古典の主要作品名・作者・ジャンル・時代を覚えておこう。

パワーアップ

古語の意味
複数の意味がある語もあるので、古語の意味は**文脈に合わせて解釈する**ことが大切である。

例「やさし」
・身も細るほど恥ずかしい。つらい。
・優美だ。上品だ。
・遠慮深い。
・けなげだ。

助動詞を知っておく
主な助動詞がわかると古文が理解しやすい。

めり…推量
む(ん)…意志・推量
き・けり…過去
つ・ぬ・り・たり…完了
べし…意志・推量・可能・当然・適当

第14回 古典 3

本冊 p.56～59

ステップ1

1 (1) ①上善若レ水。 ②以レ和為レ貴。
③一葉落知二天下秋一。
(2) **ウ**
(3) ①李下に冠を正さず。・**エ**
②好事は門を出でず、悪事は千里を行く。・**ウ**

2 (1) 1 2 5 3 4　(2) **ア**
(3) 峰・松　(4) 奇峰　(5) **エ**

3 (1) 律詩
(2) **ウ**

ステップ2

1 (1) 宋人ニ有リ二耕スレ田ヲ者一。
(2) 先王の政を以て、当世の民を治めんと欲するは
(3) **ア**
(4) **エ**

2 (1) Ⅰ七言絶句　Ⅱ五言律詩
(2) **A ウ**　**B ア**
(3) 楼・浮・舟・流
(4) **イ**

解説

1 (1) **上下を返すにはレ点、二字以上返るには一・二点。**
(2) 訓点と読点に注意する。「虎穴」「虎子」は一語。危険を冒さなければ成功はつかめないという意味。
(3) **連続するレ点は一番下の字から順に上へ読む。**

2 (1) 二点の字をとばして、その直後から読む。
(2) 漢詩の形式は**文字数と行数**で判断する。
(4) 積乱雲などの夏雲を奇妙な形の山にたとえている。
(5) 「秀ず」は際立って立派な様子。合うのは**エ**。

3 (1) 四行の詩は「絶句」、八行の詩は「律詩」。
(2) 「涙」「恨」から「悲嘆」をおさえる。

解説

1 (1) 一・二点の間にレ点がある。
(2) まず一・二点を読み、上・中・下点の順に読んでいく。
(3) 何もしなかったのに、兎を得ることができた。
(4) 先王のやり方で今の民を治めようとするのは、切り株を見守るというのと同じで、何も得られない。

2 (1) **Ⅰ** 一行の字数が七字で四行の詩なので、七言絶句。
Ⅱ 一行の字数が五字で八行の詩なので、五言律詩。
(2) 三句は「猿声」を聴いているので聴覚、四句は船の中から沿岸の山々を見ているので視覚である。
(3) 五言律詩は偶数句の末の字が韻を踏んでいる（押韻している）。
(4) **ア**対句は正しい。**イ**作者は岳陽楼に登って洞庭湖を眺めている。**ウ**「一字無く」とは便りがまったくないということ。**エ**一句～四句は洞庭湖の雄大なさまを描き、五句～八句は自分自身の心情である。

入試につながる

漢文は、訓点の意味や用法を身につけ、書き下し文を書けるようにする。漢詩の種類や韻のとらえ方も覚えておこう。

パワーアップ

漢文独特の言い回し
・曰く、～と。…会話文
・～すること勿れ…禁止
・能く～莫し…不可能
・～能はず…不可能
・～を以て…対象（「～で」の意）

再読文字
二度読む文字。一度目は返り点を無視して読み、二度目は返り点に従って読む。**二度目の読みは左側に付く**。
・未…いまだ～ず。
・将…まさに～（んと）す。

置き字
中国語の文法では必要だが、日本語としては読まない字。
於・而・矣など

第15回 複合的な文章

本冊 p.60~63

ステップ1

1 (1)西行のこころ
(2)①新古今和歌集(新古今集)
②三(句目)・四(句目)
③エ
(3)例西行が通った道を、「こころざしさえしぐれゆくなり」とすさんだとらえ方で詠んでしまったから。
(4)イ

解説

1 (1)「自分がいま出会おうとしているのは…」という表現に注目する。
(2)①藤原定家(ふじわらのていか)らが編纂(へんさん)した歌集。鎌倉(かまくら)時代初期に成立。
②係助詞「や」、助動詞「けり」で一度ずつ切れる。
③現代語訳すれば「年老いてから再び越(こ)えるなどと思っていただろうか(いや、思いもしなかった)。小夜(さよ)の中山(なかやま)をまたもこうして越えるとは、命ながらえてこそのことだなあ」となる和歌。
(3)筆者の歌の印象が暗いことと結びつけて書く。
(4)終わりの文から筆者の思いを読み取る。

ステップ2

1 (1)例常識に捉われず自由な心で読む(14字)
(2)例現代の青年には春イコール憂鬱というイメージがないから。
(3)ア
(4)A 例水があふれている川の(10字)
B ウ

解説

1 (1)次の段落に「読者も社会流通の常識に捉(とら)われずに、自由な心で詩のことばを読むことが必要です」とある。
(2)この詩が一時期非常に愛されたのは、当時の青年に、春イコール憂鬱(ゆううつ)(心象イメージの憂愁(ゆうしゅう))という常識があったからである。今の青年にはそれがないため、忘れられていると筆者は考えているのである。
(3)普通(ふつう)は「春は/小さな川々まで/たつぷりと/あふれてゐ(い)る/あふれてゐる」となる。
(4)A詩人が見たのは、春になって雪解け水で川があふれている光景である。
B「春がたっぷりとあふれている」という表現から感じられるのは、春を迎(むか)えた喜びである。

入試につながる

複合的な文章では、文章中で取り上げられている作品と、地の文の説明を照らし合わせて読む。地の文中の説明部分をチェックしておこう。

パワーアップ

詩歌を含む随筆(ずいひつ)

● 鑑賞文的(かんしょうぶん)な随筆
詩歌の説明が中心。

● 生活文・紀行文的随筆
詩歌に随筆の主題が暗示されることがある。筆者が**その詩歌を引用した動機**を考える。
季節感　周辺の風景
心情　詩歌の作者への関心

詩歌の鑑賞文の読み方

● 要素をつかむ
語句・**表現**、**情景**、**心情**、**背景**、**主題**などの要素をつかむ。

● **詩歌を見ながら読む**
詩歌作品と、地の文の説明内容とを照らし合わせて読み進める。

第1回 高校入試実戦テスト

本冊 p.64～69

解答

1
問1 ウ
問2 例 幼い時のワクワクした気持ちがよみがえって、原稿を書き進めることができるおまじないの言葉。（44字）
問3 ア

2
問1 Ⅰ ことば　Ⅱ 美しい
問2 意図する指
問3 8（段落）
問4 A 具体的な内容を伝達
B 例 ことばという音声素材のもつ美しさを引き出すことによって美の世界を創り出す（36字）

3
問1 いう
問2 イ
問3 A 例 古い和歌に託して（8字）
B 例 和歌の奥深さ（6字）

4
問1 ①きょうきゅう　②ちょぞう　③せば　④ほどこ
問2 ①電池　②郷里　③刻　④絹糸

解説

1 **問1** ――線①の文と直前の文の内容の関係をとらえて接続詞を考える。――線①の文は、直前の「『オノマトペ』には……許してくれます。」を言いかえ、簡潔にまとめているので、説明・補足の関係となり、ウの「つまり」が適切。ア「しかし」は逆接、イ「あるいは」は対比・選択、エ「ところで」は転換。

問2 問題文に示された「『書く人』としての筆者が、……無意識に口にするとき」という状況が書かれているのは、第四段落である。第四段落中の「これ（＝父が語った『オノマトペ』）は私のおまじないの言葉」に着目し、その前の一文の内容を加えてまとめる。

問3 ――線②のあとに「言葉って、……不思議なほど相手に伝わる」とある。これに合うのはア。イの「弾むような言葉遣い」が「自分自身にもできる」、ウの「まずは意味を捉えることが重要」、エの「意味は必要ない」は、どれも文章にない内容である。

2 **問1** 警官については、②段落に「警官は、ことばで……と言うかわりに、笛の音を使っている」とある。音楽家については、⑤段落に「フルート（＝笛）を吹く行為の究極の目的」として「美しく、しかも個性的な音色を出すこと」とある。その前には「笛から出る音は美しく、かつ創造的でなければならない」とあり、個性的で、創造的で、美しい音色が求められている。

問2 「伝達効率が高い」とは、効率よく伝達されるということ。⑦段落にある「警官の意図する指示が、簡潔にそして明確に伝わること」が、「効率」のよい「伝達」である。

入試につながる

公立高校の入試では、論理的文章（説明文や論説文）、文学的文章（小説や随筆）、古典（古文や漢文）、詩歌（詩・和歌・俳句）の読解問題のほか、課題作文、言語関係（漢字・語句・文法・敬語）の問題が出題される。放送による聞き取り問題が出る地域もある。

問題の構成は地域によってほぼ一定なので、過去問題集などを活用し、自分の受ける地域の出題傾向を十分に把握しておくことが大切である。

1 随筆を読むときには、論理的文章と文学的文章の両方の読み方が必要になる。現在の筆者の視点で考えている内容についての問いには論理的文章の読み方を、実際に体験した場面を描いた部分で心情を問う問題などは、文学的文章の読み方をするとよい。

解説

3

◆現代語訳◆

太田左衛門大夫持資は上杉宣政の身分の高い家来である。鷹狩に出かけて雨に遭い、ある小屋に入って蓑を貸してくれと言うと、若い女が何も物も言わないで、山吹の花を一枝折って出してきたので、「花がほしいのではない」と怒って帰ったが、これを聞いた人が、「それは、

七重八重花は咲けども山吹の
みの一つだになきぞ悲しき

(七重にも八重にも花は美しく咲くけれども、山吹の実の一つさえないのが悲しいように、貸す蓑が一つもないことが悲しい。)という古い和歌に託して答えた心情でしょう」と言う。

持資は和歌の奥深さにはっと気づいて、それから歌道に心をひかれるようになった。

解説

問3 4~6段落で、音楽家の笛の音について述べ、音楽家の笛の音は「詩的機能を果している」と言っている。そして8段落で、近代音楽の中には写実的な描写のジャンルもあると、当てはまらないものを挙げ、そのあとで「しかし全般的に言うならば、……」と、それは例外であることを述べている。

問4 ——線②の「ここ」は、前の9~11段落を指す。「詩」において、ことば(言語)は、具体的な内容を伝達すること(＝本来の機能)よりも、「ことばという音声素材のもつ美しさを、極限まで引き出す」ことで「音声による美の世界を創り出す」(＝詩的機能)ものだと述べている。

3 **問1** 語頭以外のハ行は「わ・い・う・え・お」に直す。「ふ」は「う」となる。

問2 注にあるように、和歌の中の「みの」が「山吹の実」と「蓑」の掛詞で、「山吹の実が一つもない」＝「蓑が一つもない」と嘆いているのである。

問3 「これを聞きし人」に「古歌のこころなるべし」と知らされ、古歌を知らずに怒って帰ってしまった自分を省みて、歌道に志をもったのである。

4 **問1** ①「供給」の対義語は「需要」。②「貯」は「たくわえる」の意。③「狭い」であれば「せま・い」と読む。④音読みは「シ」「セ」で「施設・施行」「施工」の熟語がある。

問2 ①「電池」の「池」を「地」と書かない。②「郷」は「ゴウ」とも読む。「近郷」など。③「刻」の音読みは「コク」で「時刻・刻限」など。

---

2 論理的文章では、筆者の考えを正確に読み取ることが大切である。また、筆者が、自分の考えをわかりやすく説明するために、どのような説明の仕方をしているかにも着目する。特に、具体例が挙げられている場合には、どのような具体例か、具体例と筆者の考えとのつながりを考え、具体例を参考にしながら筆者の考えを読み取るようにする。

3 古文は、まず知識事項で確実に得点できるようにしておく。歴史的仮名遣いを現代仮名遣いに直す問題や、省略された主語を問う問題は頻出である。前書きや注に答えのヒントがある場合もあるので、必ず目を通しておく。

4 漢字の読み書きの問題では、同音異義語や同訓異字に注意する。

解答

5 解答例① 197字

資料を見ると、六三・九%の人が身振り手振りを交えて話している。また、英語などの外国語で話している人も六一・一%いる。

　身振り手振りというのは、言語の異なる人同士で一番伝わりやすいコミュニケーションの方法だろう。語学力がないと、外国語だけではなかなか意思の疎通はできない。だから、私は、外国人とのコミュニケーションの取り方として、日本語や外国語に身振り手振りを交えながら、というのがよいと思う。

150

解説

まず前段に資料のグラフを見て気づいたことを書く。この例では、グラフの横棒が長い、つまり数値の大きい二つの項目を取り上げている。

　後段には、前段で取り上げた二項目から考えられることを書く。「身振り手振り」は「言語の異なる人同士で一番伝わりやすいコミュニケーションの方法だろう」という考えを述べ、その考えに基づいて、「外国人とのコミュニケーションの取り方」について、「日本語や外国語に身振り手振りを交えながら、というのがよい」という意見を述べている。

解答

5 解答例② 199字

資料では、「スマートフォンなどの翻訳ツールを使っている」人は、すでに約三割である。

　私は英語なら多少わかるが、その他の外国語は全く理解できない。しかし、周囲には英語圏以外の外国人も増えている。「スマートフォンなどの翻訳ツール」は、身近にあって簡単に使用でき、近年性能もよいので、それを使えば私でも比較的容易に外国人とコミュニケーションが取れる。今後、便利な翻訳ツールはますます普及すると思う。

150

解説

この例では、グラフの中の「スマートフォンなどの翻訳ツールを使っている」という項目、つまり、新しいツールの使用という点に注目している。

　身近な翻訳ツールを使えば、英語圏以外の外国人とも比較的容易にコミュニケーションが取れるという理由を挙げ、外国人とのコミュニケーションで、現在約三割の人が使っている「スマートフォンなどの翻訳ツール」は、今後ますます普及していくだろう、という考えを述べている。

5 作文の問題に取り組むときに一番注意したいのは、〔注意〕〔条件〕などの指定を必ず守ることである。これは、単に減点を避けるためだけではなく、書くべき内容が盛り込まれている場合があるからである。
　今回の問題は、資料のグラフの読み取りと、それに基づいて自分の考えや意見を述べるもの。

　文章の構成について、まず「二段落構成」という指定があり、次に「前段では、……を書くこと」、「後段では、前段を踏まえて、……を書くこと」という指定がある。必ず守るようにする。

　グラフの読み取りでは、数値の大きいもの、あるいは小さいものに注目するとよいが、解答例②は、「新しいツールの使用」という観点で取り上げている。

　百五十字以上二百字以内は、特別多い字数ではない。自分に引き付けて書けばよい。

本冊 p.70〜75

解答

1
問1 A 心理学　B 機械工学
問2 4
問3 イ
問4 例 外に広がる様々な分野は、今自分が取り組んでいることと、どこかで結びついているということ。（44字）

2
問1 ア
問2 a 野趣あふれる文字　b 泣く泣く短くして三十一音に入れ込む
問3 イ
問4 例 強引に差し込まれているにもかかわらず、短歌として認定するに足る韻律や調べを保っている（42字）

3
問1 ①たんせい　②もうら　③ちゅうぞう　④うなが　⑤もう　⑥順序　⑦簡潔　⑧穀倉　⑨臨　⑩音
問2 ウ
問3 イ・オ（順不同）
問4 お待ちください（お待ちになってください）
問5 ア
問6 エ

解説

1
問1 「読書のよい点」は、第一段落で「視点の広がりと関心の深まりがもたらされる」、第三段落で「異なる学問分野がいろいろなところでつなが」るとあり、続いて「例えば」と具体的に例が述べられている。Aは「認知科学や脳科学さらには心理学」の部分、Bは「機械工学の分野……心理学」に着目して抜き出す。

問2 挿入する文は、前に述べたことをまとめる接続詞「要するに」で始まっている。すべての分野はつながっている、という内容の段落は〈4〉。

問3 ア「漢語」の使用は多い。イ本文は「例えば」と具体例を用いて説明している。ウ「資料を適切に引用して」が合わない。エ本文は「…でしょう」という推測が述べられている。

問4 問題文は「どのようなことを認識させてくれますか」なので、最後の段落の「そのような認識の段階に至ったとき」の「そのような」が指している、直前の一文「重要なのは……尊重すること。」をまとめる。

2
問1 「短歌の器」の量を知り、それに合った感情の量を見極めるのが「歌作りに慣れる」ことである。

問2 「そうやって」の指す内容を読み取る。この段落をよく読み、aは「野趣あふれる文字に感動する」に着目すると、「感動する」＝「心を打たれる」と合致する。bは、――線②の前の「茂吉はそうはしない」の「そう」の内容「立て札の文句を……入れ込むこと」である。それぞれ適切な言葉を抜き出す。

問3 「融通」は「とどこおりなく通ること」、「無碍」は「妨げのないこと」という意味。難しい四字熟語だが、意味を知らなくても文脈の中で判断することはできる。

入試につながる

入試問題の構成は、地域によってさまざまである。大問の一番から、いきなり難しそうな読解問題が出題される地域もあれば、はじめに知識問題がまとめて出題される地域もある。出題順に惑わされず、確実に得点できる問題は取り切れるように、問題に取りかかる順番も考えておこう。

2 複合的な文章は、詩歌・古典に関する出題が加わるが、基本的には他の論理的文章、文学的文章と解き方に大きな差はない。文章と詩歌あるいは古文を照らし合わせて読ませるような問題では、文章のどの部分と、詩歌・古文のどの部分が対応しているのかを、丁寧におさえながら解いていく。

4 **ウ**

◆漢文の訳◆

過ちを犯したことに気づいたら、ためらわずにただちに改めるべきである。

「論語」学而

（過ちを犯したと気づいても、自分の面目や人の目などを気にして、なかなか改められないでいることを戒める言葉。）

5 **問1** **ウ**

問2 **ア**

問3 例 あぜ道を譲り、年長者を敬う（13字）

◆漢文の訳◆

（周の国の）西伯はいつくしみ深い政治を行い、各国の領主は西伯に従っていた。虞と芮の領主が田を取り合って解決することができなかった。そこで周に（西伯の考えを聞くため）行った。周の国に入って田を耕す人を見ると、みなあぜ道を譲り、人々はみな年長者を敬っていた。二人は恥ずかしく思い、お互いに言うことには、「私が争っていることは、周の人が恥じる行いである」と。そこで西伯に会わずに国に帰り、お互いに田を譲り合って取らなかった。

問4 文章末の「強烈な短歌らしさを感じてしまう秘密はそこにある」の「そこ」の指す内容をとらえる。最後の二つの段落にある、「五音二句が強引に差し込まれている」、「短歌として認定するに足る韻律や調べを保っている」「短歌の定型の韻律を保持している」に着目し、まとめる。

3 **問1** ①「丹精」は「まごころ」、②「網羅」は「残らず収めること」、③「鋳造」は「金属を溶かし型に入れて形にすること」の意。⑨同訓異字の「望む」と使い分ける。⑩「音をあげる」は慣用句。

問3 「進退」「加減」「利害」は反対の意味の漢字の熟語。

問4 「待つ」のは相手の行為なので、尊敬語である。

問5 「動か」と**ア**「行こ」は未然形。

問6 問題の「が」と**エ**は格助詞。**ア**・**イ**は接続助詞。**ウ**連体詞「我が」の一部。

4 漢文は、まず訓点のついていないものを上から順に読む。「過則勿レ憚レ改。」は「1　2　5　4　3」の順。

5 **問1** 「決」→「能」→「不」の順になるように訓点をつける。「能」にレ点、「不」にレ点をつける。

問2 前書きに「西伯」は「公平な判断ができる人物と言われていた」とある。田を取り合って解決できないでいた虞と芮の領主は、西伯に相談しようとした。

問3 虞と芮の領主は、周の人々が、あぜ道を譲り合い、年長者を敬っている姿を見て、これは西伯が徳のある政治を行っているから、人々も争いなどしないのだと承知したのである。虞と芮の領主は、領主が争いをしていてはいけないと反省し、田を譲り合った。

---

3 漢字・語句・文法などの知識問題は、文章読解の長文の中で出題されたり、独立した大問として出題されたりと、地域によって異なるので、自分が受験する所の出題形式を確認しておく。得点源として取りこぼしのないように、確実に知識を身につけておこう。

4 漢詩・漢文は基本的知識に関する問題で、確実に得点すること。読む順のルール、助動詞は平仮名で書くなど、書き下し文にする際のルールを身につける。レ点、一・二点などの返り点のつけ方は、しっかりと練習を積んでおく。

第3回 高校入試実戦テスト

解答

1
問1 ウ
問2 ア
問3 例（一人で行動できる人は、）自分に自信があるため、一人の時間をもつことで思考が深まり、人間に深みが出て、頼もしく見えるから。（48字）

2
問1 ウ
問2 エ
問3 A 肩から力を抜いて笑った
B 圭太
C パパ

3
問1 イ
問2 エ
問3 例 故郷が恋しくて早く帰りたい（13字）

解説

1 **問1** ――線①はこの段落をまとめた一文である。「私たちの思考は言葉によって担われているため、それは思考の活性化を意味する」の「それ」とは、読書によって「本に書かれた言葉や視点に刺激を受け」、心の中に「さまざまな言葉」「さらなる言葉」が生まれてくることである。この内容は、**ウ**の「以前とは異なる視点から物事をとらえるようになり」と言いかえられる。また「思考の活性化」は「より深く考察する」と合致する。**ア**「他者に対して説得力のある意見を主張することが可能になる」が誤り。**イ**「豊かな感情を身に付けることが可能になる」が誤り。**エ**「良好な人間関係を保つことが可能になる」が誤り。

問2 この一文の前半は、刺激が充満する生活、後半は刺激を絶った退屈な生活であることをとらえる。前半の生活は、前に「外的刺激に反応するだけの受け身の生活」とある。後半はこれとは反対の生活である。**C**・**D**共に**A**・**B**と反対の意味合いの**ア**が適切。

問3 ――線②のあとの「一人で行動できる人は頼もしい。一人の時間をもつことで思考が深まり、人間に深みが出る」が理由である。指定語句の「思考」はここにあるが、「自信」は前の段落中である。一人で行動できる人は自分に自信がある、と言いかえる。

2 **問1** 「パパ」の言葉に着目する。会話の言葉には人物の心情が表れることが多い。「パパ」は「でもなあ、ちょっとおまえ、そういう笑い方やめたほうがいいぞ。……」と言っている。友だちや松原先生の見方を否定できなくなっている気持ちが表れている。

1 論理的文章の記述問題では、抜き出し問題を解くのと同様に、答えに入れるべき言葉を「探す」という手順が必要である。まず問題をよく読んで、「何を答えるのか」をはっきりさせ、文章中でその答えるべき内容が書かれている範囲を絞り込む。続いてその範囲の中から、答えに入れるべき言葉を抜き出し、答え方の条件に合うようにつなげる。指定字数より大幅に少なければ必要なことが抜き出せていないのであり、大幅にオーバーしていれば、不要な部分まで抜き出してしまっているのである。

2 文学的文章の読解では、心情を読み取る問題が中心に出題される。まずは登場人物の人物像や置かれている状況をおさえ、そこで起きている出来事から、心情がどのように変化していったかを考える。また、心情を読み取る際に、心情と行動をセットで覚えておくと

3

◆現代語訳◆

聞きなれた虫の声も次第に消え果てていき、松を吹き下ろす山頂からの強い風だけがますます激しくなっていく。故郷を恋しく思う心に誘われて、つくづくと都の方を眺めやるその時に、一列に連なる雁が雲に消えゆく様子もしみじみとして寂しい。

帰るべき春をたのむの雁がねも啼てや旅の空に出でにし

（春には再び故郷に帰ることを頼みにして、田の面の雁も鳴いて旅の空に出たのであろうか。）

問2 どんな状況であるのかをとらえよう。圭太を「友だちが少ないタイプじゃないんですか?」「心配ですよねえ」と否定的に評する「リッキーさん」に、「パパ」は「圭太は、いい子です」と言う。この言葉は、「リッキーさん」に反論し、そのままの圭太を肯定している。**イ**は、『いい子』の意味がよくわからなくなって」とあるので合わない。**エ**が適切である。

問3 **A** 文章2 に描かれている「パパ」の様子としては、「怖い顔をしたパパ」「パパは静かに言った」「肩から力を抜いて笑った」がある。「気が楽になる」に当てはまるのは「肩から……」の箇所。**B**この物語は圭太の視点で語られている。**C** 文章1 では圭太に否定的だった「パパ」が、文章2 では圭太をあるがまま認めていて、圭太に対する見方が大きく変わっている。

3 **問1** 注に「たのむ」は「頼む」と「田の面」の二つの意味が含まれているとある。一つの言葉に、音が同じ二つの言葉の意味を含ませる修辞法（表現技法）は、「掛詞」。「枕詞」「序詞」「係り結び」についても確認しておく。

問2 「虫の音」も消え果てたというのだから、秋が去り、冬が到来したことがわかる。

問3 渡り鳥の「雁」は、秋から冬にかけて日本に飛来し、春に日本を離れ故郷に帰る。春には再び故郷に帰ることをあてにして旅に出た雁に、遠く故郷を離れている自分を重ね、早く故郷に帰りたいという望郷の思いを述べている。「懐土の心」（故郷を恋しく思う心）という言葉もヒントになる。

役に立つ。心情は、行動や表情となって表れるため、描かれた行動や表情に対応する心情を覚えておけば、出来事と照らし合わせて、そのときの登場人物の心情を読み取ることができる。

頬を赤らめる…照れ
声を荒げる…怒り
歯をくいしばる…がまん
目をそらす…うしろめたさ、嫌悪感、照れ

3 和歌の修辞法は理解しておく。

掛詞…一つの言葉に、音が同じ二つの言葉の意味を掛ける。

枕詞…特定の語句を導くために前に置かれる語句。導かれる語は固定している。

序詞…特定の語句を導くために前に置かれる語句だが、枕詞より長く、固定的な関係はない。

解答

4 解答例①　158字

　Aは、辞書が語句の意味を調べる書物というだけでなく、読み物としてもおもしろいと思える点が良い。無機質な辞書に個性を与えていると思う。
　ただ、主観的な感想というのは作った人の感性が表れているため、一方的でもある。読む側がその個性に影響されて、公平な見方ができなくなる可能性もある。そこが問題点と考える。

解説

　二段落構成で、一段落目には「良いと思われる点」を、二段落目には「問題点を書く」という条件を必ず守ること。
　Aは、「辞書を作った人の主観的な感想」が辞書という書物に書かれているという特徴を、どのようにとらえるかがポイントになる。解答例①は、この特徴を「読み物としておもしろい」「無機質な辞書に個性を与えている」と述べている。印象に残るということである。一方で、その感想の印象が強いことで、辞書という書物のもつ一般性が薄められることも否定できない。良い点が問題点ともなるという構成である。

解答

4 解答例②　156字

　Bは、従来の考え方だけにとらわれず、現代で用いられている意味・用例も書かれているため、時代に即した内容になっている点が良いと思います。
　問題点は、一部の人たちしか使用しない意味や用例、または流行語が載せられている恐れがあることです。それは、辞書という書物の性格にはふさわしくないと考えるからです。

解説

　解答例①と同様、条件を守ること。
　Bは「現代的な意味や用例」の掲載をどうとらえるかがポイント。解答例②はこれを、時代に即していて良いと、「良いと思われる点」として挙げている。一方、「現代的な意味や用例」は、もともとの意味で用いている高齢者や、使用する機会のない人たちにはなじみがないもので、一部の人の利用にとどまることも考えられる。流行語も同様である。辞書というものは一過性の言葉を掲載すべきでなく、万人の使用にふさわしくなければならないという考えを、理由として「それは、辞書という書物の性格にはふさわしくないと考えるからです。」と、述べている。

4 作文を書くときには、普段読解問題で使っている知識やテクニックを活用するとよい。
　文章を読むときには、文章構造をおさえ、筆者がどのように自分の考えをわかりやすく伝える工夫をしているかを考え、それをもとに問題を解いていく。作文を書く場合に、そのような筆者の工夫を参考にすることで、説得力のある、わかりやすい文章を書くことができる。
　作文の題材も同様である。読解問題を解いていくなかで、自分が共感できる考え、納得できる考えは、「私もそう思う」という形で自分の考え方の一部になっていく。そのようにして、ものの見方や物事に対する考え方をたくさんたくわえておけば、さまざまな作文の課題に対して、ふさわしい題材を引き出すことができるのである。

中学入試
算数 図形問題
完全マスター

はじめに

みなさんの中で，計算問題は得意だけど図形問題は苦手という人，図形の性質について習ったけど忘れてしまったという人，答えまでたどりついたけど解き方に自信がないという人はいませんか。

この「**算数図形問題完全マスター**」では，そのような人のため，図形の基礎を学び，要点を整理してから，問題を解いていけるように作られています。

中学入試では，公式を使って図形の角の大きさや面積，体積を求める問題が多くあります。しかし，みなさんの中に次のような悩みを持っている人も多いのではないでしょうか。

○　公式が多すぎて覚えられない…
○　どの問題にどの公式を使えばいいのかわからない…
○　公式の応用のしかたがわからない…

「算数図形問題完全マスター」では，このような悩みが解決できます！　ただ公式を覚えるのではなく，どの場面でどの公式を使うのかがわかるようになっています。また，公式を使って解く問題を複数出題しているので，公式を使う問題のパターンを知ることができます。たくさん問題を解くことで，図形問題に対する苦手意識もなくなるでしょう。

この「算数図形問題完全マスター」は，中学受験を目指す人はもちろんのこと，まだ受験をするかどうか迷っている人，図形問題ができるようになりたいという人にとっても，手助けになるような内容です。

この本を使うことによって，「図形問題がすらすら解けるようになった！」「中学受験をしてみたくなった！」「合格できるように頑張りたい！」など，みなさんの自信につながることを期待しています。

数研出版編集部

② けがをした人数がいちばん少なかったのは何月ですか。

（　　　　）

③ 6月で，けがをした人がいちばん多かった場所はどこですか。

（　　　　）

✧ ④ 左ページのグラフを見て，次のことがらについて，「正しい」，「正しくない」，「これらのグラフからはわからない」のどれかで答えましょう。

(1) 6月にすりきずをした場所は，25%が体育館である。

（　　　　）

(2) うちみの人数は，4月がいちばん多い。

（　　　　）

(3) 5月にけがをした人数は，4月の人数の1.5倍である。

（　　　　）

2 下の2つのグラフは，ようたさんの学校の図書室で，貸（か）し出された本の種類や学年を調べたものです。

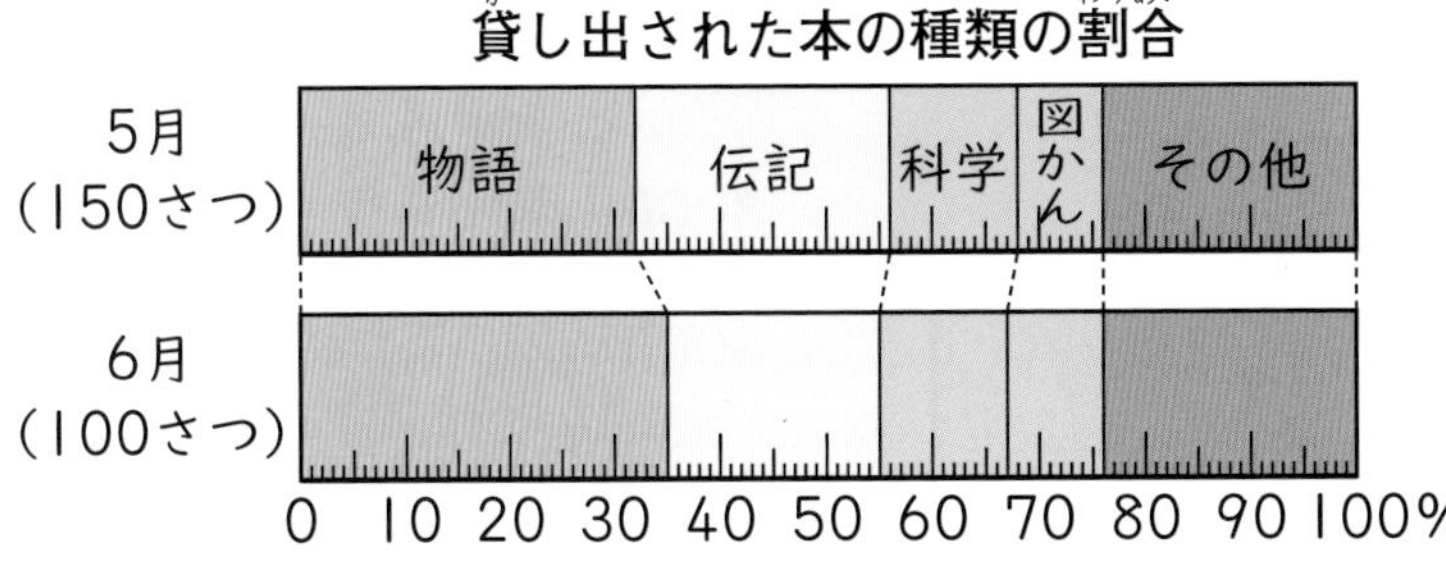

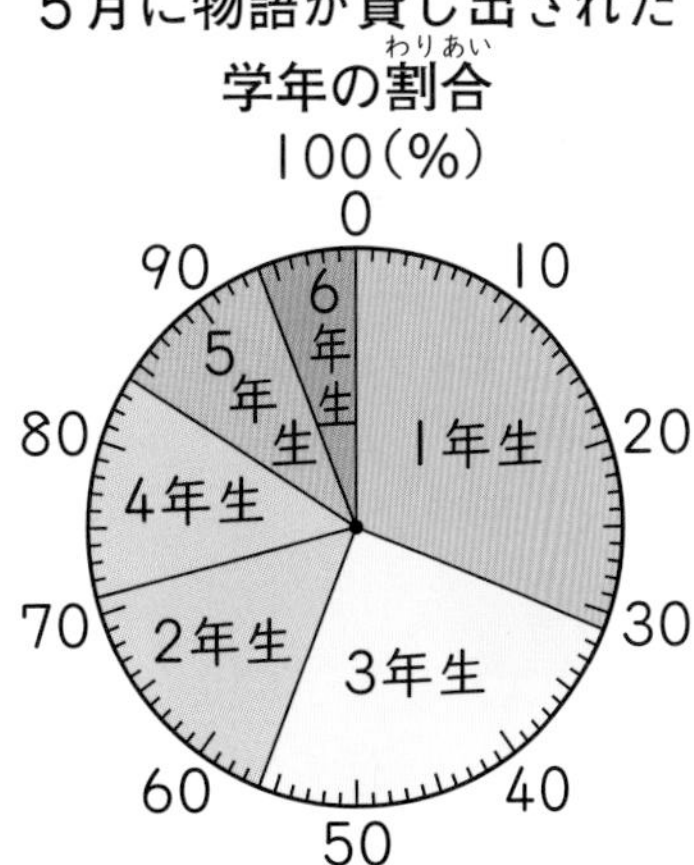

上のグラフから読み取れることとして，正しいものを，次のア～エからすべて選んで，記号で答えましょう。　［10点］

ア　5月に，3年生に貸し出された物語の数は25さつである。
イ　6月に貸し出された本の数は，5月の約67%である。
ウ　6月に貸し出された物語の数は，5月より少ない。
エ　5月に貸し出された本の数のうち，6年生に貸し出された割合（わりあい）は6%である。

（　　　　）

51 割合とグラフ 10

グラフを読み解く問題③

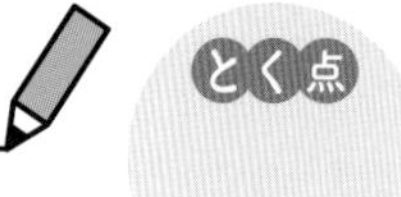

答え 別さつ24ページ

ポイント!

グラフの特ちょうから，調べたいことがわかるグラフをつくります。
・帯グラフや円グラフ…全体に対する各部分の割合がわかりやすいです。
・ぼうグラフ…どれが多くてどれが少ないかがわかりやすいです。
・折れ線グラフ…変わり方や変わり方の大きさがわかりやすいです。

1 ある町に住んでいる人数を年れいのグループごとに調べて，下のような表にまとめました。これをもとにして，ア～ウの3つのグラフに表しました。次の問題に答えましょう。 ［1問 15点］

住んでいる人数 （人）

	2000年	2010年	2020年
0～17才	3500	2800	1900
18～39才	4800	4000	3300
40～59才	5200	4900	4500
60才以上	6000	5700	5300
合計	19500	17400	15000

ア 住んでいる人数

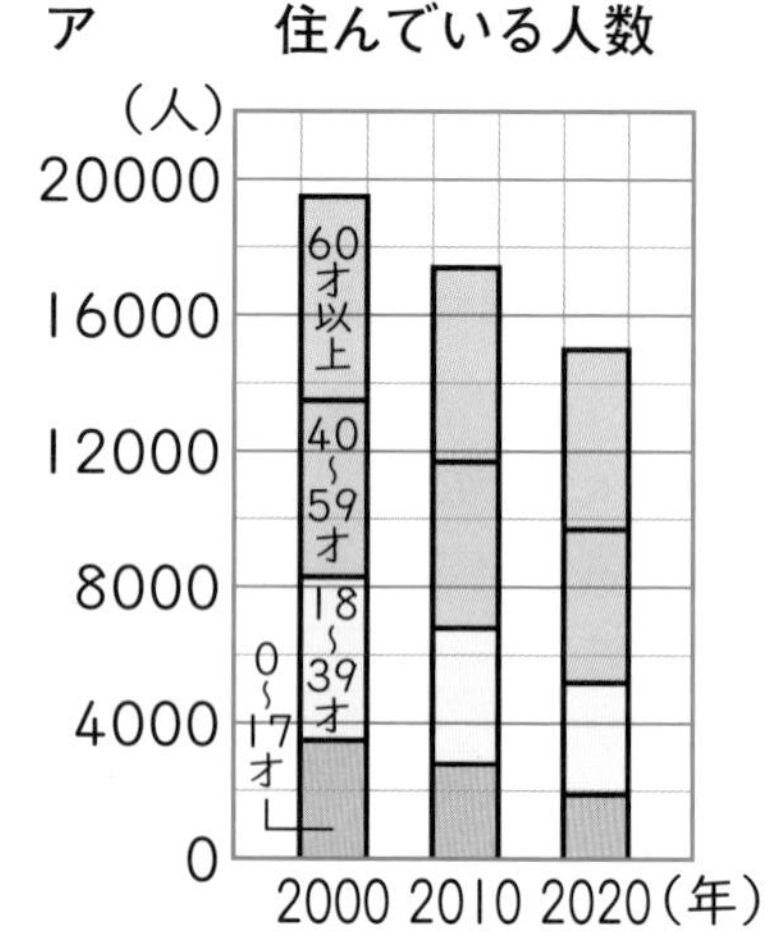

それぞれ何がわかりやすいグラフになっているかな。

イ 住んでいる人数の変化

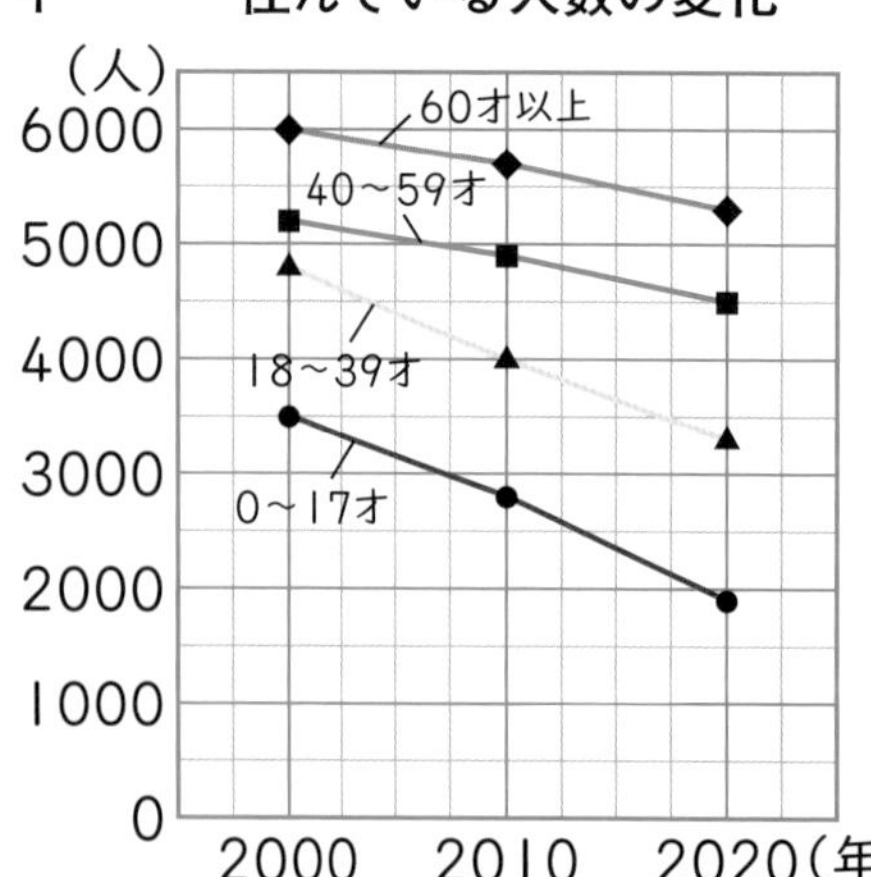

ウ 住んでいる人数の割合

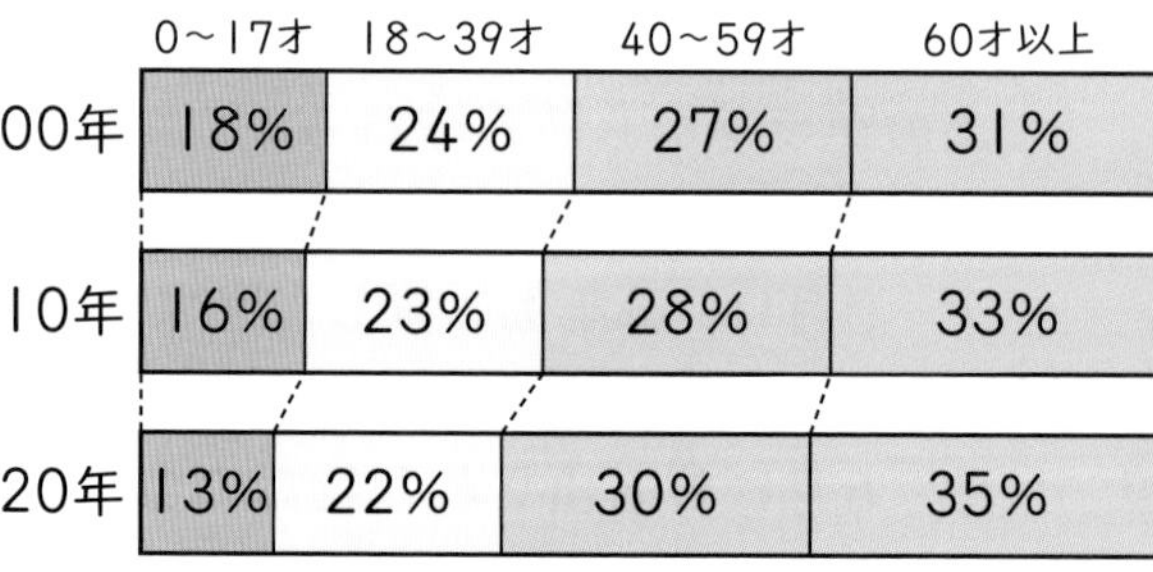

① 2000年から2020年までの間に，この町に住んでいる人の全体の数は，どのように変化していますか。

アのグラフを見ればすぐにわかるよ。

（　　　　　）

② 人数の変わり方がいちばん大きいのは，何年から何年のどの年れいのグループですか。

（　　　　　　　　　　　　）

③ 次の⑴，⑵を調べるには，左ページのア～ウのどのグラフを見ればよいですか。あてはまるグラフを選んで，記号で答えましょう。

⑴　2000年，2010年，2020年で，人数の多少

（　　　）

⑵　それぞれの年れいのグループの割合(わりあい)の，20年間の変わり方

（　　　）

2 次の①～④は，下のア～ウのどのグラフに表すとよいですか。あてはまるグラフを選んで，記号で答えましょう。［1問　10点］

① 1週間の，図書室を利用した人数の変わり方（　　　）

② 1年間に出したごみの量の種類別の割合(わりあい)（　　　）

③ 好きな給食の種類別の人数（　　　）

④ ある家の1か月の生活費(せいかつひ)の支出別(ししゅつべつ)の割合(わりあい)（　　　）

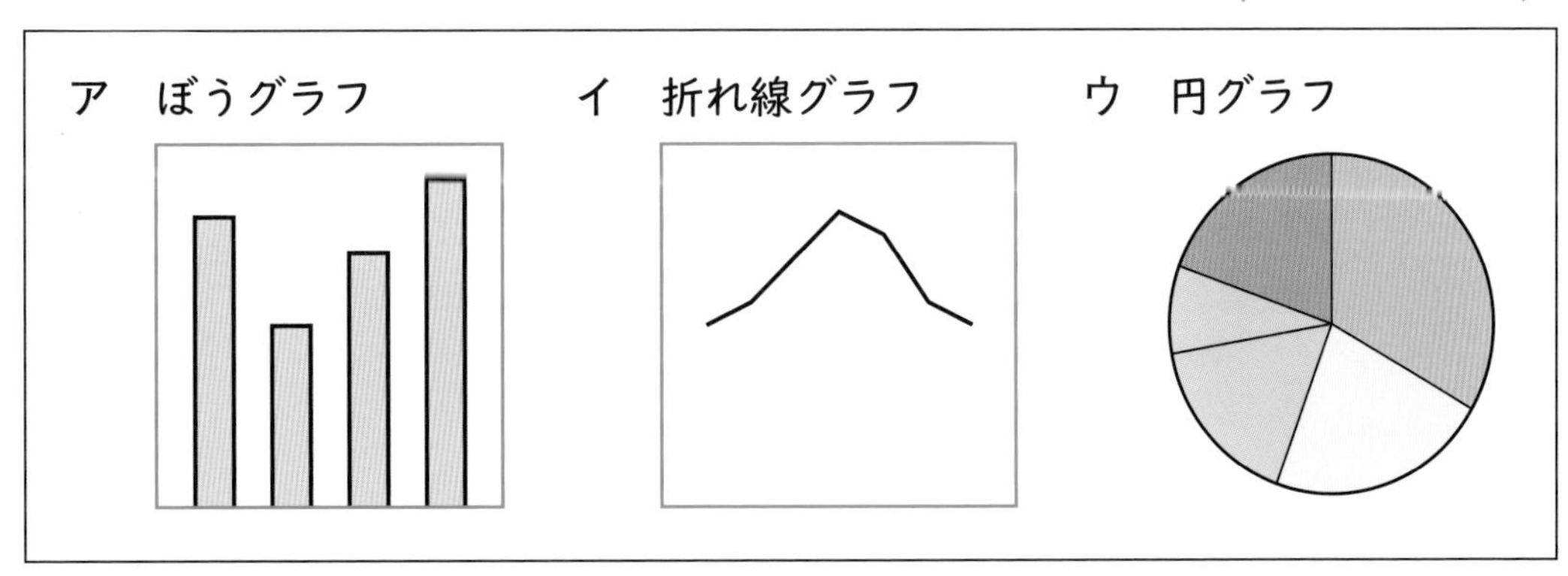

割合とグラフ 11

グラフを読み解く問題④

点

答え 別さつ24ページ

ポイント!

いくつかのデータから，適切なデータを見つけ，それを読み取ります。

1 りんかさんたちは，乗用車について調べ，下のようなデータにまとめました。次の問題に答えましょう。 ［1つ　10点］

データ1

都道府県別の乗用車の保有台数

順位	都道府県	台数（千台）
1	愛知	4225
2	埼玉	3238
3	東京	3147
4	神奈川	3070
	⋮	⋮
合計		62195

データ2

都道府県別の1人あたりの保有台数

順位	都道府県	台数（台）	人口（千人）
1	群馬	0.715	1942
2	茨城	0.701	2860
3	栃木	0.697	1934
4	山梨	0.695	811
		⋮	⋮
34	愛知		7552
		⋮	⋮
合計			126167

（日本国勢図会より作成）

愛知県は人口が多いから，群馬県より1人あたりの台数が少ないのかな。

① 愛知県の保有台数は全体の何％ですか。答えは，四捨五入して整数で答えましょう。

（　　　　）

② 愛知県における1人あたりの保有台数は何台ですか。答えは，四捨五入して小数第3位まで求めましょう。

（　　　　）

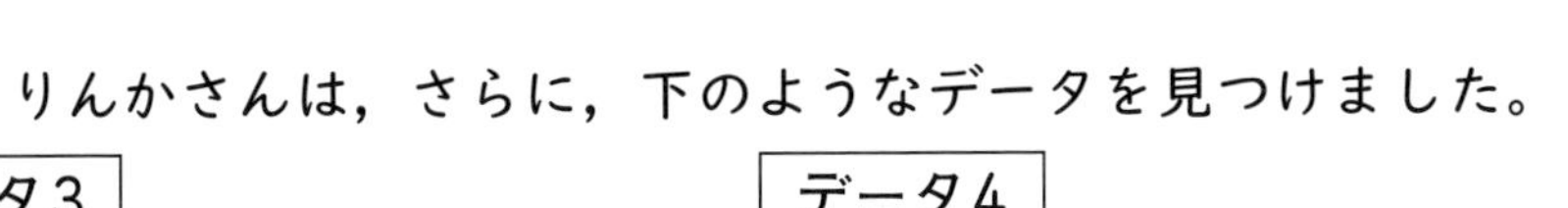

りんかさんは，さらに，下のようなデータを見つけました。

データ3

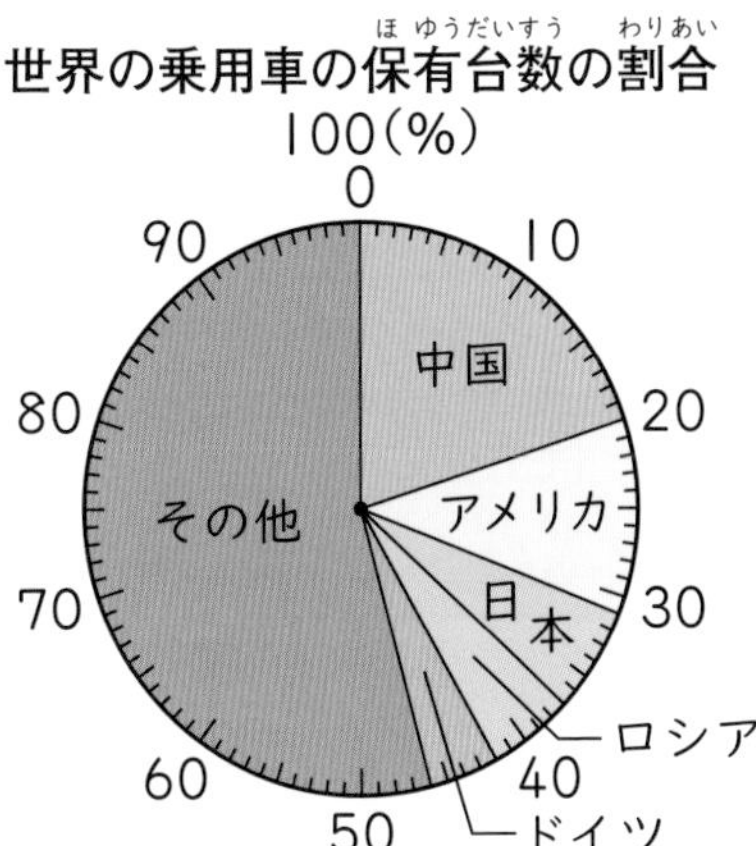

データ4

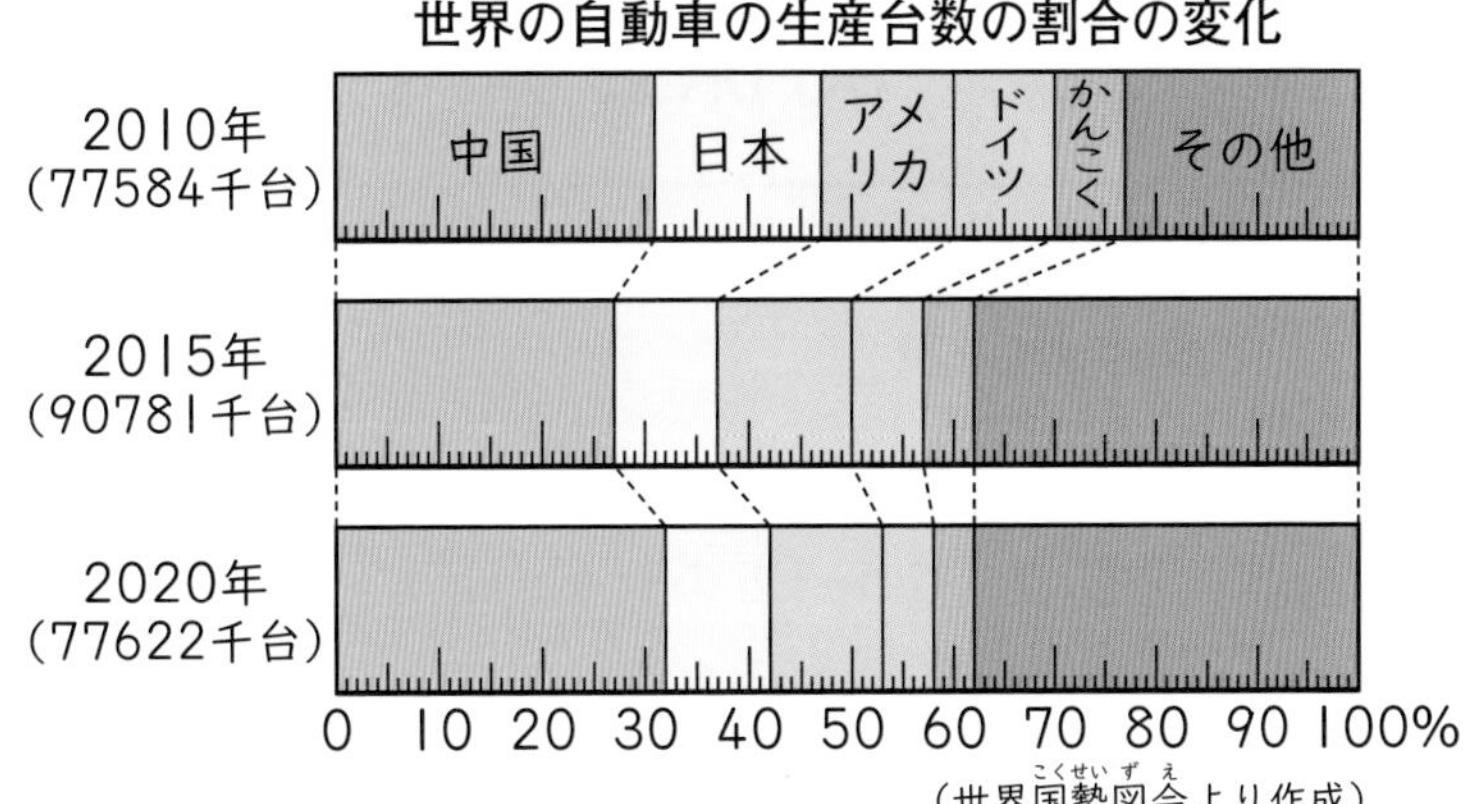

③ 日本の乗用車の保有台数は，全体の何％ですか。

(　　　　)

④ りんかさんは，データ4を見て，日本の自動車の生産台数について，次のように考えています。

> グラフを見ると，日本の自動車の生産台数は，2010年から2020年まで，減っていっていることがわかります。

このことは正しいですか。□にあてはまる数やことばを書きましょう。

2010年と2015年では，日本の割合は［ア］年のほうが多く，総生産台数は［イ］年のほうが多いです。それぞれの年の日本の生産台数を求めると，［ウ］年のほうが多いことがわかります。

また，2015年と2020年では，割合は［エ］で，総生産台数は［オ］いるので，日本の生産台数は［カ］年のほうが多いです。

だから，りんかさんの考えは［キ］です。

ア(　　　　)　イ(　　　　)

ウ(　　　　)　エ(　　　　)

オ(　　　　)　カ(　　　　)

キ(　　　　)

変わり方 1

関係を表や式で表す①

答え 別さつ24ページ

ポイント!

ともなって変わる2つの量があるとき，一方の量を○，もう一方の量を△とすると，○と△の関係を表す式をつくることができます。

1 はるとさんのお兄さんは，はるとさんより7才年上で，2人のたん生日は同じです。はるとさんとお兄さんの年れいの関係を調べます。 ［1問 6点］

① はるとさんの年れいを○才，お兄さんの年れいを△才として，○と△の関係を式に表しましょう。

お兄さんの年れい＝
はるとさんの年れい＋7
だから…。

（△＝　　　　）

② はるとさんの年れい○才が1才ずつ増えると，お兄さんの年れい△才はそれぞれ何才になりますか。表のあいているところに数を書いて，表を完成させましょう。

はると○(才)	1	2	3	4	5	6	
兄　△(才)	8	9					

③ ○が1ずつ増えると，△はいくつずつ増えますか。

（　　　ずつ増える。）

④ はるとさんが10才のとき，お兄さんは何才になりますか。

（　　　）

⑤ お兄さんが29才のとき，はるとさんは何才になりますか。

（　　　）

2 25まい入りの色紙の，使ったまい数と残りのまい数の関係を調べます。

［1問　6点］

① 使ったまい数を○まい，残りのまい数を△まいとして，○と△の関係を式に表しましょう。

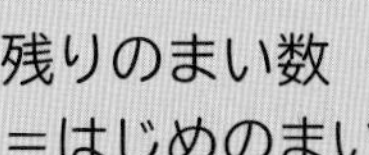

残りのまい数
＝はじめのまい数
－使ったまい数

（△＝　　　　　　）

② 使ったまい数○まいと，残りのまい数△まいの変わり方を表に整理します。表のあいているところに数を書いて，表を完成させましょう。

使ったまい数　○(まい)	1	2	3	4	5	6	
残りのまい数　△(まい)	24						

③ ○が1ずつ増(ふ)えると，△はどうなりますか。

（　　　　　　）

④ 使ったまい数が15まいのとき，残りのまい数は何まいですか。

（　　　　　　）

⑤ 残りのまい数が18まいのとき，使ったまい数は何まいですか。

（　　　　　　）

3 まわりの長さが60cmの長方形をかきます。このときの，長方形のたての長さと横の長さの関係を調べます。

［1問　10点］

① たての長さを○cm，横の長さを△cmとして，○と△の関係を式に表しましょう。

たての長さと
横の長さの和は
30cmになるよ。

（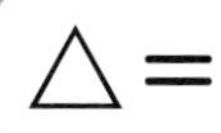　　　　　　）

② たての長さ○cmと横の長さ△cmの変わり方を表に整理します。表のあいているところに数を書いて，表を完成させましょう。

たての長さ　○(cm)	1	2	3	4	5	6	
横の長さ　△(cm)							

③ たての長さが20cmのとき，横の長さは何cmですか。

（　　　　　　）

④ 横の長さが16cmのとき，たての長さは何cmですか。

（　　　　　　）

変わり方 2

関係を表や式で表す②

答え 別さつ25ページ

ポイント!

2つの量○と△があって，○が2倍，3倍，……になると，それにともなって，△も2倍，3倍，……になるとき，△は○に**比例**(ひれい)するといいます。

2倍，3倍になっている関係は，2でわる，3でわる関係にもなるね。

2倍　3倍

○	1	2	3	4	5	6
△	4	8	12	16	20	24

2倍　3倍

2でわる　3でわる

○	1	2	3	4	5	6
△	4	8	12	16	20	24

2でわる　3でわる

1 右の図のように，たての長さが5cmの長方形の横の長さを，1cm，2cm，3cm，……と変えていきます。この長方形の横の長さと面積の関係を調べます。［1問　5点］

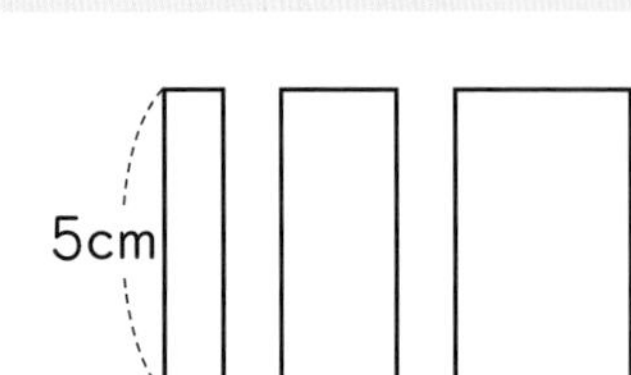

① 長方形の横の長さを○cm，面積を△cm^2として，○と△の関係を式に表しましょう。

（△＝　　　　　）

② 横の長さ○cmと面積△cm^2の変わり方を表に整理します。表のあいているところに数を書いて，表を完成させましょう。

横の長さ　○(cm)	1	2	3	4	5	6
面積　△(cm^2)	5	10				

③ 横の長さが2倍，3倍，……になると，面積はどのように変わりますか。

（　　　　　）

④ 横の長さが半分になると，面積はどのように変わりますか。

（　　　　　）

⑤ 面積△cm^2は，横の長さ○cmに比例(ひれい)しますか。

（　　　　　）

2 時速80kmで進む電車があります。この電車が進む時間と道のりの関係を調べます。 ［1問　10点］

① 電車が進む時間を○時間，道のりを△kmとして，○と△の関係を式に表しましょう。

道のり
＝速さ×時間

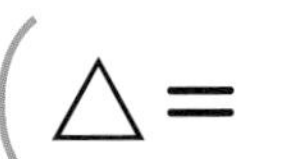

（△＝　　　　　　）

② 電車が進む時間○時間と道のり△kmの変わり方を表に整理します。表のあいているところに数を書いて，表を完成させましょう。

時間　○(時間)	1	2	3	4	5	6	
道のり　△(km)	80	160					

③ 道のり△kmは，時間○時間に比例しますか。　（　　　　　）

④ 9時間進むとき，道のりは何kmになりますか。　（　　　　　）

3 ともなって変わる2つの量の関係について調べます。次の問題に答えましょう。
［1つ　5点(表はすべてできて5点)］

① 次のア～ウについて，○と△の関係を式と表に表しましょう。

ア　1個130円のドーナツを買うときの，ドーナツの数○個と代金△円

式（△＝　　　　　　）

ドーナツの数　○(個)	1	2	3	4	5	6	
代金　△(円)	130	260					

イ　28まい入りのクッキーの，食べたまい数○まいと残りのまい数△まい

式（△＝　　　　　　）

食べたまい数　○(まい)	1	2	3	4	5	
残りのまい数　△(まい)	27	26				

ウ　たて5cm，横4cmの直方体の，高さ○cmと体積△cm^3

式（△＝　　　　　　）

高さ　○(cm)	1	2	3	4	5	6	
体積　△(cm^3)	20	40					

② ①のア～ウで，△が○に比例するものをすべて選んで，記号で答えましょう。

（　　　　　）

変わり方 3

関係を表や式で表す③

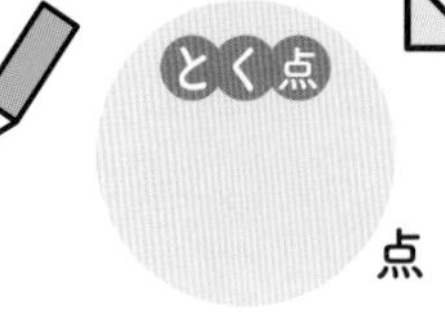

答え 別さつ26ページ

例

1個40円のあめを何個か買って，3円のふくろに入れてもらうときの，あめの数○個と代金△円の関係を式で表すと，

△＝40×○＋3

○と△の変わり方は，右の表のようになります。

あめの数○(個)	1	2	3	4
代金　△(円)	43	83	123	163

代金＝1個のねだん×個数＋ふくろ代 だよ。
○が1ずつ増えると，△は40ずつ増えるね。

1 1個200円のケーキを何個か買って，60円の箱に入れてもらいます。ケーキの数と代金の関係を調べます。［1問　8点］

① ケーキの数を○個，代金を△円として，○と△の関係を式に表しましょう。

（△＝　　　　　）

② ケーキの数○個と代金△円の変わり方を表に整理します。表のあいているところに数を書いて，表を完成させましょう。

ケーキの数 ○(個)	1	2	3	4	5	6
代金　△(円)	260	460				

③ ケーキの数○個が1個ずつ増えると，代金△円は何円ずつ増えますか。

（　　　　円ずつ増える。）

④ 代金△円は，ケーキの数○個に比例しますか。

（　　　　）

⑤ ケーキを8個買うと，代金は何円になりますか。

（　　　　）

2 1個80gのボールを，100gのかごに入れていきます。ボールの数と全部の重さの関係を調べます。 ［1問　8点］

① ボールの数を○個，全部の重さを△gとして，○と△の関係を式に表しましょう。

（△＝　　　　　　）

② ボールの数○個と全部の重さ△gの変わり方を表に整理します。表のあいているところに数を書いて，表を完成させましょう。

ボールの数 ○(個)	1	2	3	4	5	6	
全部の重さ　△(g)	180	260					

③ 全部の重さ△gはボールの数○個に比例しますか。また，その理由を答えましょう。 （両方できて8点）

（　　　　　　）

理由（　　　　　　　　　　　　）

3 60まいの色紙を，1人3まいずつ配ります。配る人数と残りの色紙のまい数の関係を調べます。 ［1問　9点］

① 配る人数を○人，残りのまい数を△まいとして，○と△の関係を式に表しましょう。

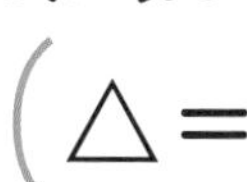

（△＝　　　　　　）

残りのまい数
＝はじめのまい数
－1人に配るまい数×人数

② 配る人数○人と残りのまい数△まいの変わり方を表に整理します。表のあいているところに数を書いて，表を完成させましょう。

配る人数　　　○(人)	1	2	3	4	5	6	
残りのまい数　△(まい)	57	54					

③ 配る人数○人が1人ずつ増えると，残りのまい数△まいは何まいずつ減りますか。

（　　　　　　）

④ 12人に配ると，残りのまい数は何まいになりますか。

（　　　　　　）

変わり方 4

関係を表や式で表す④

とく点

点

答え 別さつ26ページ

ポイント!

2つの量の関係を調べるとき，図や表を使うと，変わり方のきまりが見つけやすくなります。
きまりを式に表すと，数が大きい場合でも，計算で求めることができます。

まず，かんたんな場合で2つの量の関係を調べてみよう。

1 右の図のように，同じ長さのマッチぼうを使って正三角形を作り，横にならべていきます。次の問題に答えましょう。

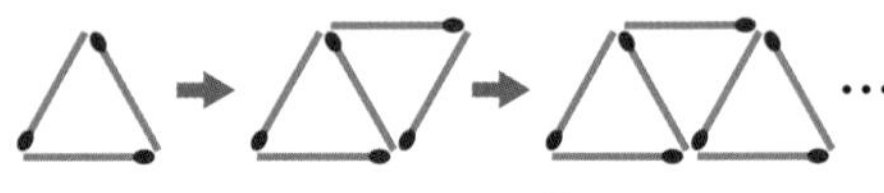

［1問　10点］

① 正三角形の数○個が1個，2個，……のとき，マッチぼうの数△本はそれぞれ何本になりますか。下の表のあいているところに数を書きましょう。

正三角形の数　○(個)	1	2	3	4	5	6
マッチぼうの数△(本)	3	5	7			

② 正三角形の数が1個ずつ増えると，マッチぼうの数は何本ずつ増えますか。

（　　　本ずつ増える。）

③ マッチぼうの数を，下のア，イの図のように考えて求めます。このとき，正三角形の数を○個，マッチぼうの数を△本として，それぞれ○と△の関係を式に表しましょう。

ア

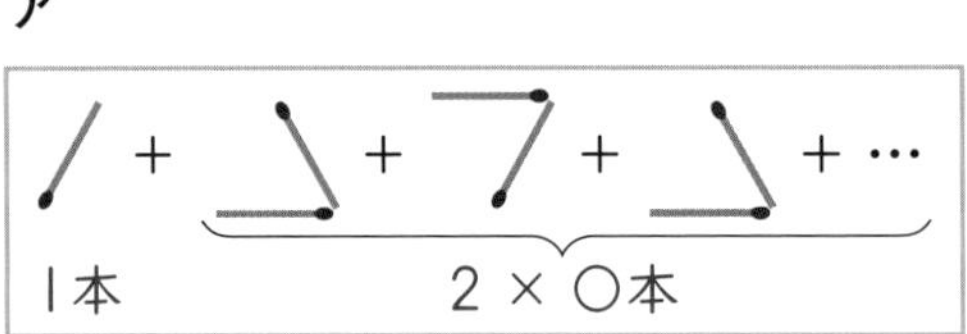

イ

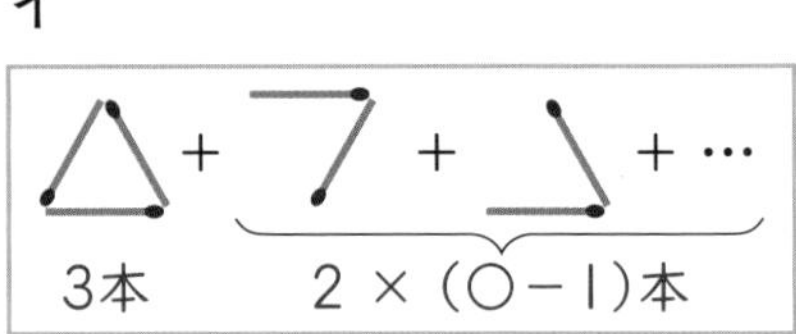

（△＝　　　　）　（△＝　　　　）

④ 正三角形を15個作るとき，マッチぼうは何本必要ですか。

（　　　　）

2 右の図のように，同じ長さのぼうを使って正六角形を作り，横にならべていきます。次の問題に答えましょう。

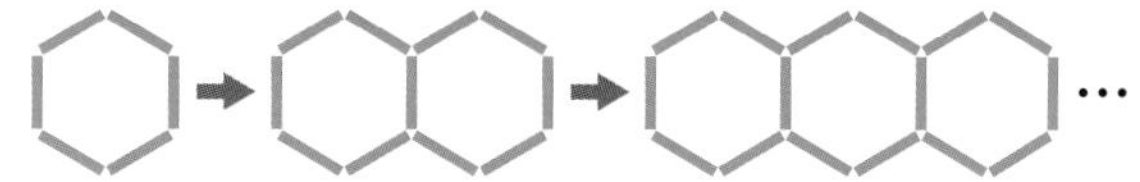

［1問　8点］

① 正六角形の数○個が1個，2個，……のとき，ぼうの数△本はそれぞれ何本になりますか。下の表のあいているところに数を書きましょう。

正六角形の数　○(個)	1	2	3	4	5	6
ぼうの数　△(本)	6	11	16			

② 正六角形の数が1個ずつ増えると，ぼうの数は何本ずつ増えますか。

（　　　　　　）

③ 正六角形の数を○個，ぼうの数を△本として，○と△の関係を式に表しましょう。

（△＝　　　　　　）

④ 正六角形を20個作るとき，ぼうは何本必要ですか。

（　　　　　　）

3 右の図のように，同じ長さのストローを使ってひし形を作り，横にならべていきます。次の問題に答えましょう。

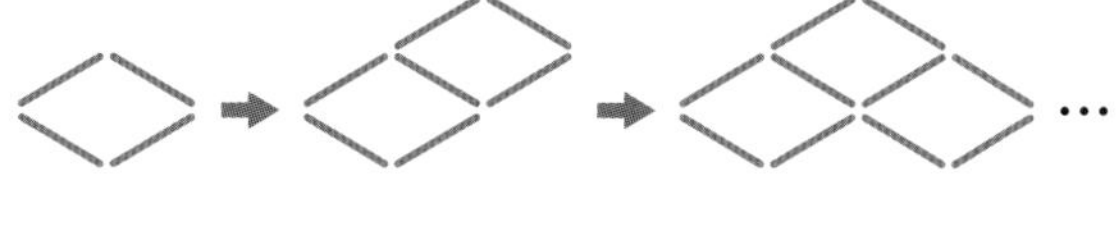

［1問　7点］

① ひし形の数○個が1個，2個，……のとき，ストローの数△本はそれぞれ何本になりますか。下の表のあいているところに数を書きましょう。

ひし形の数　○(個)	1	2	3	4	5	6
ストローの数 △(本)	4	7				

② ひし形の数を○個，ストローの数を△本として，○と△の関係を式に表しましょう。

（△＝　　　　　　）

③ ストローの数△本は，ひし形の数○個に比例しますか。

（　　　　　　）

④ ひし形を30個作るとき，ストローは何本必要ですか。

（　　　　　　）

表を使って考える Ⅰ

整理した表で考える①

とく点

点

答え 別さつ27ページ

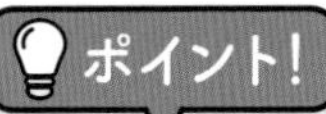

2つの量の差が0になるには，最初にあった差がいくつずつ減るかを考えます。

まず，いくつか先まで，具体的な数をあてはめて考えてみよう。

1 たくみさんは，毎日8ページずつ本を読み，昨日までに24ページ読みました。ひかりさんは，たくみさんと同じ本を今日から毎日12ページずつ読みます。2人の読んだページ数が同じになるのに，何日かかるかを求めます。［1問　14点］

	昨日まで	1日(今日)	2日	3日	4日	
たくみ(ページ)	24	32	40	48		
ひかり(ページ)	0	12	24			
差　(ページ)	24	20				

① 読んだページ数を表にまとめます。上の表の「たくみ」と「ひかり」のあいているところに，2人の読んだページ数をそれぞれ書きましょう。

② 上の表の「差」に，2人の読んだページ数の差を書きましょう。

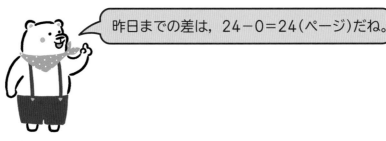

昨日までの差は，24−0=24(ページ)だね。

③ 2人のページ数の差は，何ページずつちぢまっていますか。

（　　　ページずつちぢまる。）

④ 2人の読んだページ数が同じになるのに何日かかるかを，2つの考え方で求めます。□にあてはまる数を書きましょう。

(1) **考え方1**

差を，最初の24ページから，

1日□ページずつ減らしていくと，6日で0ページになります。

	昨日	1日	2日	3日	4日	5日	6日
差（ページ）	24	20	16	12	8	4	0

□ページずつちぢまる

答え □日

(2) **考え方2**

最初の差が24ページで，4ページずつちぢまるから，

24÷□＝□

答え □日

どちらの考え方でも，答えは同じだよ。

2 つばささんは，家から学校を通って，駅まで分速100mで行きます。妹は，つばささんが家を出た時間と同時に，家から400m先の学校からつばささんと同じ道を駅まで，分速60mで行きます。つばささんが妹に追いつくのは，家を出てから何分後かを求めます。 ［1問 10点］

家 ---400m--- 学校 ―――――― 駅

つばさ→　妹→

① 2人の家からの道のりを調べて，下の表のあいているところに数を書き，表を完成させましょう。

つばささんが家を出てからの時間（分）	0	1	2	3	4
妹　（m）	400	460	520	580	
つばさ　（m）	0	100	200		
差　（m）	400	360			

② 2人の道のりの差は，何mずつちぢまっていますか。

（　　　　）

③ つばささんが妹に追いつくのは，家を出てから何分後ですか。

（　　　　）

表を使って考える 2

整理した表で考える②

とく点

点

答え 別さつ28ページ

ポイント!

2つの量があるとき，その2つの量の変わり方を表に書いて，その和を考えると問題が解けることがあります。

1では，2人の道のりを表に書いて，変わり方のきまりを考えるよ。

1 さなさんとお姉さんは，1周700mの公園の周りを歩きます。同じ地点から同時に，反対方向に歩き始めます。さなさんは分速60m，お姉さんは分速80mです。2人が出会うのは，出発してから何分後かを求めます。 ［1問 12点］

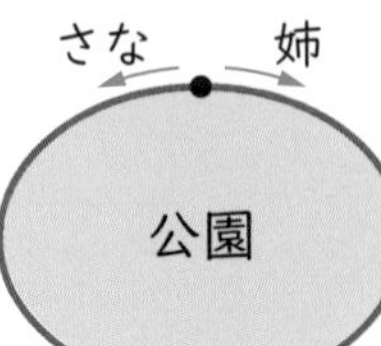

時間　（分）	0	1	2	3	4	
さな　（m）	0	60	120	180		
お姉さん（m）	0	80	160			
和　（m）	0	140				

① 進んだ道のりをまとめます。上の表の「さな」と「お姉さん」のあいているところに，2人の進んだ道のりをそれぞれ書きましょう。

② 上の表の「和」に，2人の進んだ道のりの和を書きましょう。

③ 2人の進んだ道のりの和は，何mずつ増えていますか。

（　　　mずつ増える。）

④ 2人が出会うのは，出発してから何分後かを求めます。□にあてはまる数を書きましょう。

|分間に2人の進んだ道のりの和が|40mだから，700mの道のりを，2人あわせて|分間に□mずつ進むと考えます。

式 700÷□＝□　答え □分後

⑤ 公園の周りの道のりが2100mあるとすると，2人が出会うのは何分後ですか。

（　　　）

2 けんとさんとお母さんは，家の周りの長さ55mのへいにペンキをぬっています。けんとさんは，昨日までに10mぬり，今から|分間に|mずつぬっていきます。お母さんは，けんとさんといっしょに今から|分間に2mずつぬっていきます。へいを全部ぬり終わるのに，あと何分かかるかを求めます。　［|問　10点］

① 2人のぬった長さを調べて，下の表のあいているところに数を書き，表を完成させましょう。

	昨日まで	|分	2分	3分	4分	
けんと　(m)	10	11	12	13		
お母さん　(m)	0	2	4			
ぬった長さの和 (m)	10	13				

② 今日ぬるへいの長さは，何mですか。

（　　　）

③ 2人が|分間にぬった長さの和は，何mずつ増(ふ)えていますか。

（　　　）

④ へいを全部ぬり終わるのに，あと何分かかりますか。

（　　　）

表を使って考える 3

整理した表で考える③

答え 別さつ28ページ

ポイント!

実際に数を数えるのが大変な問題では，少ない場合から順に調べて，変わり方のきまりを見つけます。

1では，実際に折るのがむずかしい回数だよ。

1 正方形の紙を，下の図のように2つに折り，それをまた2つに折り，さらに2つに折っていきます。このときに，折り目で分けられた三角形の数を調べます。次の問題に答えましょう。 ［1問　10点］

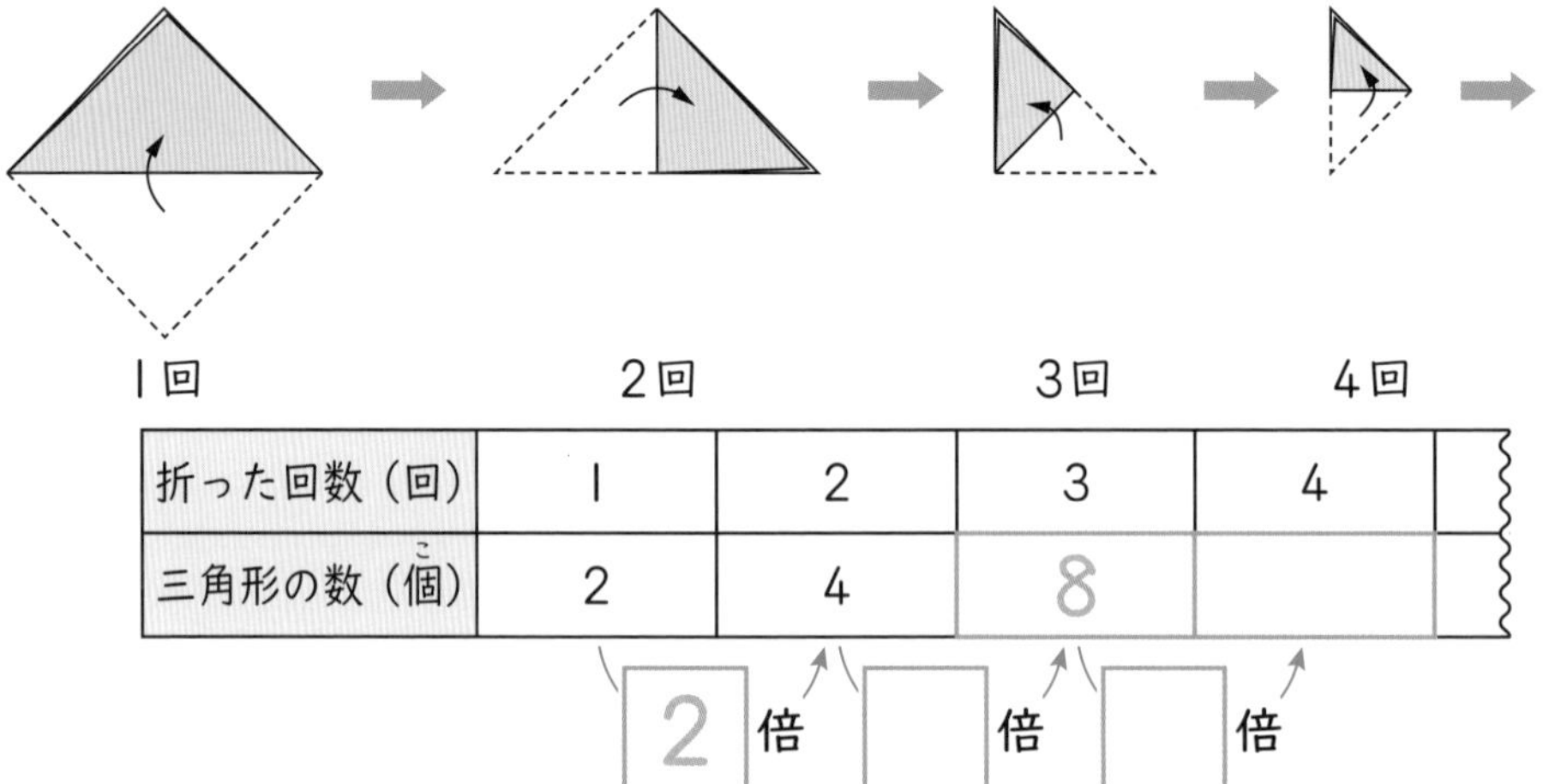

折った回数（回）	1	2	3	4	
三角形の数（個）	2	4	8		

2 倍　□ 倍　□ 倍

① 折った回数を1，2，3，4回と増やしたときの三角形の数を，上の表に書きましょう。

② 折る回数が1回増えると，三角形の数はどのように変わりますか。上の□にあてはまる数を書きましょう。

③ 5回折ったときの三角形の数は，何個ですか。

（　　　　）

5回折ったときの三角形の数は，4回のときの何倍かな。

④ 6回折ったときの三角形の数は，何個ですか。

(　　　　　)

2 長方形の紙を半分に切り，切ってできた紙を重ねて半分に切ります。さらに切ってできた紙を重ねて半分に切っていきます。このときに，切ってできた紙の数を調べます。次の問題に答えましょう。　［1問　12点］

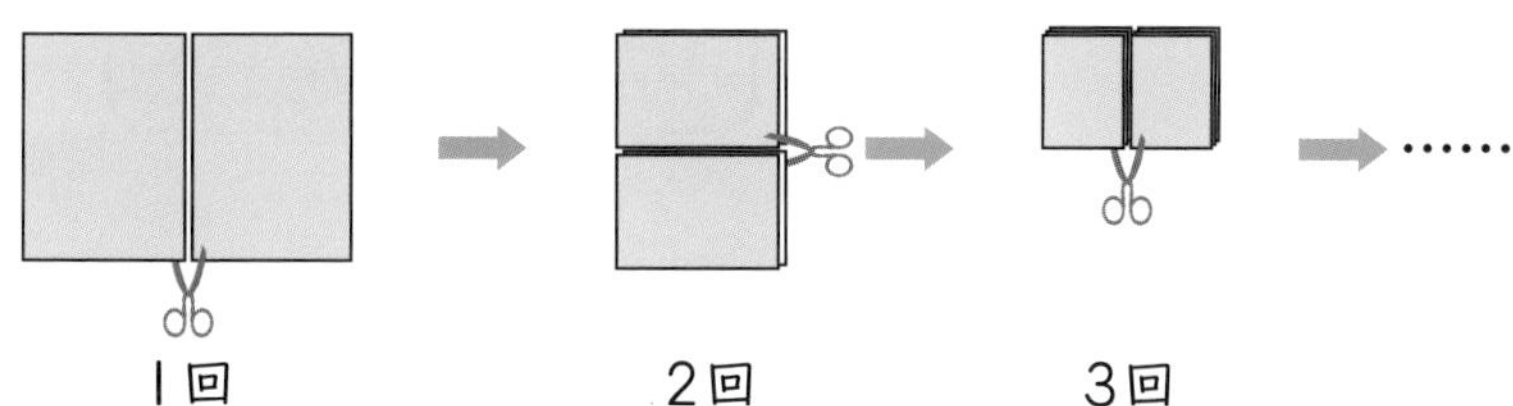

① 切った回数を1，2，3，4回と増やしたときのできた紙の数を，下の表に書きましょう。

切った回数　(回)	1	2	3	4	
できた紙の数(まい)	2	4			

② 切った回数が1回増えると，できた紙の数はどのように変わりますか。

(　　　　　　　)

③ 5回切ったときのできた紙の数は，何まいですか。

(　　　　　)

④ 何回か切ってできた紙を重ねたら，厚さが6.4mmでした。次の問題に答えましょう。

(1)　この紙の1まいの厚さが0.1mmのとき，できた紙は何まいですか。

(　　　　　)

✧ (2)　このとき，切った回数は何回ですか。

(　　　　　)

表を使って考える 4

整理した表で考える④

とく点　　点

答え 別さつ29ページ

図形の個数に着目して，増え方のきまりを見つけます。

表に書いて，数の変わり方を調べよう。

1 同じ大きさのおはじきをならべて，下の図のように正方形の形を作ります。このときに，使ったおはじきの数を調べます。次の問題に答えましょう。

［1問　10点］

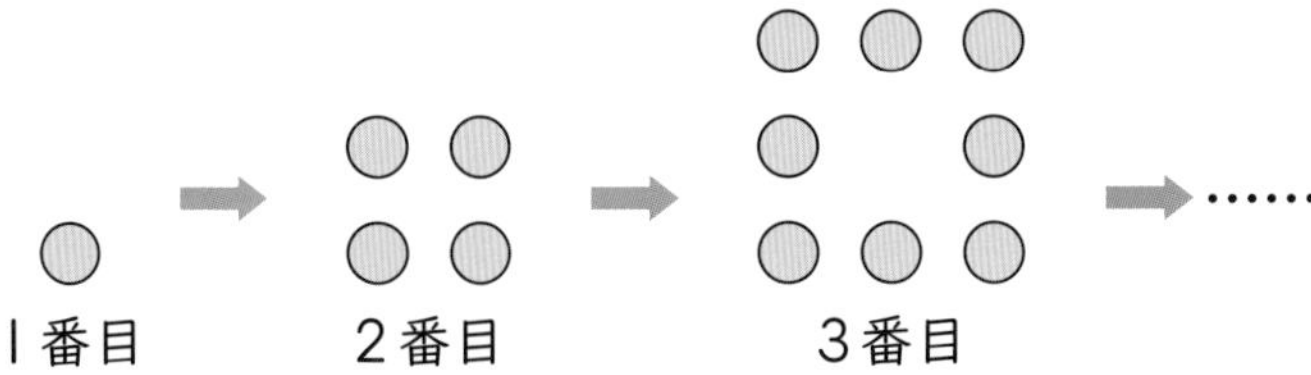

① 1番目，2番目，…のときのおはじきの数を，下の表に書きましょう。

ならべ方（番目）	1	2	3	4	5
おはじきの数（個）	1	4	8		

② 6番目のおはじきの数を，次のように求めました。□にあてはまる数を書きましょう。

1番目から2番目の増え方以外は，すべて□個ずつ増えています。

これより，6番目のおはじきの数は，□＋□＝□（個）

③ 7番目のおはじきの数は，何個ですか。

（　　　　）

④ おはじきを28個使うのは，何番目の形のときですか。

(　　　　)

2 正方形の色板をならべて，下の図のようにピラミッドの形を作ります。このときに，使った色板の数を調べます。次の問題に答えましょう。 ［1問　15点］

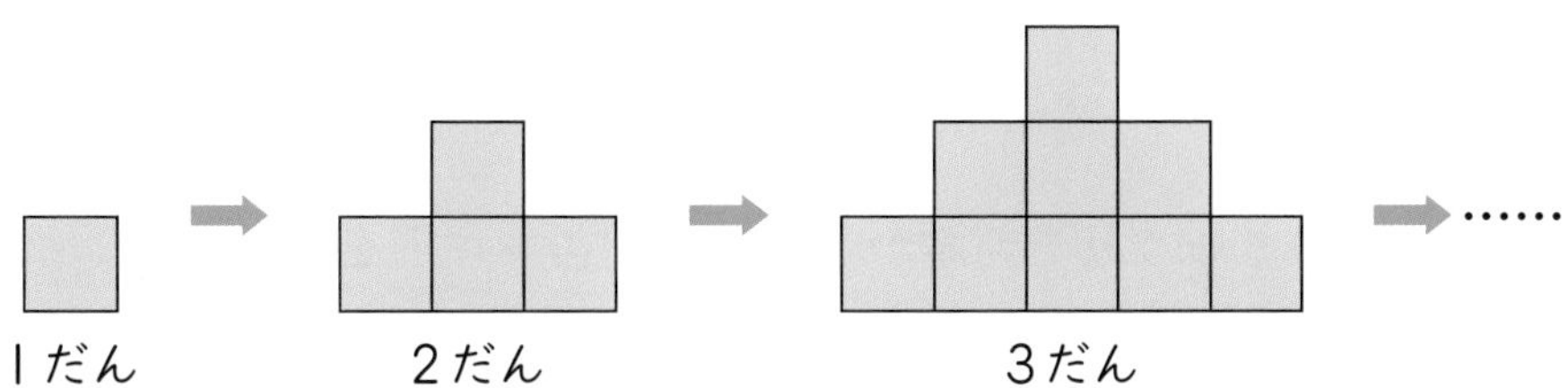

① 1だん，2だん，…のときの色板の数を，下の表に書きましょう。

だんの数（だん）	1	2	3	4	5
色板の数（まい）	1	4	9		

② 6だんの形のときの色板の数を，次のように求めました。□にあてはまる数を書きましょう。

2だんのときは，2×2＝4(まい)，3だんのときは，3×3＝9(まい)と考えると，6だんのときは，□×□＝□(まい)

③ 7だんの形のときの色板の数は，何まいですか。

(　　　　)

④ 色板を64まい使うのは，何だんの形のときですか。

(　　　　)

61 まとめ 1

5年のまとめ①

答え 別さつ29ページ

1 次の百分率(ひゃくぶんりつ)で表した割合(わりあい)を，小数で表しましょう。

［1問　5点］

① 59%　　（　　）

② 105%　　（　　）

2 1本30円のきゅうりを何本かと，100円のトマトを1個(こ)買います。きゅうりの本数と代金の関係を調べます。

［1問　8点］

① きゅうりの数を○本，代金を△円として，○と△の関係を式に表しましょう。

（△＝　　）

② きゅうりの本数と代金の変わり方を表に整理します。表のあいているところに数を書いて，表を完成させましょう。

きゅうりの数 ○(本)	1	2	3	4	5	
代金 △(円)						

③ きゅうりを7本買うと，代金は何円になりますか。

（　　）

3 下の帯グラフは，いちかさんの家の1か月の支出(ししゅつ)を調べて，その割合(わりあい)を表したものです。次の問題に答えましょう。

［1問　8点］

1か月の支出(ししゅつ)の割合(わりあい)

食費(しょくひ)	住居費(じゅうきょひ)	光熱費(こうねつひ)	通信費(つうしんひ)	その他

0　10　20　30　40　50　60　70　80　90　100%

① 住居費(じゅうきょひ)は何%ですか。

（　　）

② 1か月の支出(ししゅつ)が280000円のときの光熱費(こうねつひ)は何円ですか。

式

答え（　　）

4 北町の面積は84km^{2}です。これは，南町の面積の0.8倍だそうです。南町の面積は何km^{2}ですか。 [8点]

式

答え (　　　　)

5 6人の身長をはかると，下のようになりました。この6人の身長の平均は，何cmですか。 [8点]

144cm　137cm　140cm　134cm　136cm　128cm

式

答え (　　　　)

6 右の2つの県の人口密度を，四捨五入して整数で答えましょう。 [1問　8点]

	面積(km^2)	人口(千人)
福井県	4191	768
香川県	1877	956

(日本国勢図会　2021/2022より作成)

① 福井県

式

答え (　　　　)

② 香川県

式

答え (　　　　)

7 100kmの道のりを時速40kmのオートバイで走ります。かかる時間は何時間何分ですか。 [9点]

式

答え (　　　　)

8 50個の種を植えて，38個が発芽しました。発芽した種の割合は何%ですか。 [9点]

式

答え (　　　　)

62

まとめ 2

5年のまとめ②

1 □にあてはまる数を答えましょう。

［1問　5点］

① 12.8kgの1.5倍は，□kgです。　② □mLの3.6倍は，720mLです。

（　　　）　（　　　）

2 下の表は，たてが2cm,高さが4cmの直方体の，横の長さ○cmと体積△cm³の関係を調べてまとめたものです。次の問題に答えましょう。　［1問　8点］

横の長さ ○(cm)	1	2	3	4	
体積　△(cm³)	8	16	24	32	

① 体積△cm³は横の長さ○cmに比例（ひれい）しますか。

（　　　）

② 体積が120cm³になるときの横の長さは，何cmですか。

（　　　）

3 下の表は，ある小学校の図書室にある種類別の本の数を表したものです。それぞれの種類別の割合（わりあい）を求めて表を完成させ，円グラフに表しましょう。

［表　10点，グラフ　10点］

図書室にある種類別の本の数

種類	数(さつ)	割合（わりあい）(%)
物語	420	
科学	240	
歴史（れきし）	180	
図かん	108	
その他	252	
合計	1200	100

図書室にある種類別の本の割合（わりあい）

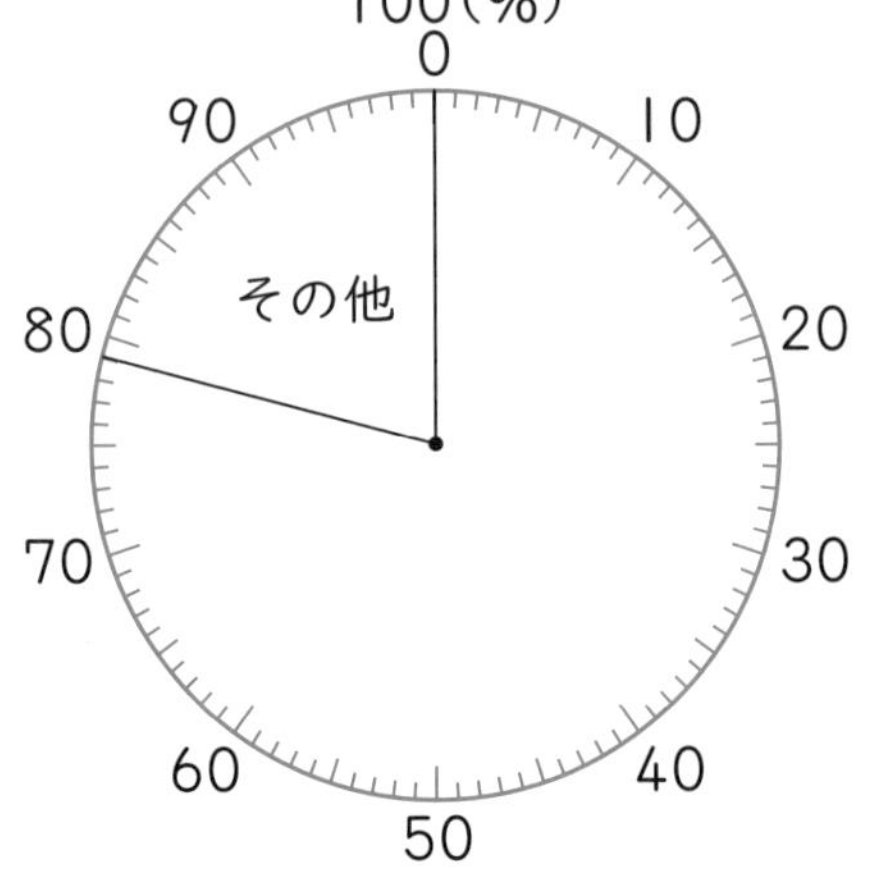

小学5年生

データの活用にぐーんと強くなる

別冊解答

・答え合わせをして，まちがえた問題は「ポイント」や「とき方」をよく読んで，もう一度取り組みましょう。

・〔　　〕は，他の答え方です。

・(例)は答えの例です。言葉や文を書いて答える問題は，問題文の指示にしたがって書けていれば正解です。

1 小数の倍，分数の倍①
小数の倍①
P4・5

1 ① $5 \div 4 = 1.25$ 答え 1.25倍
② $4 \times 0.6 = 2.4$ 答え 2.4m

2 ① $50 \times 0.4 = 20$ 答え 20cm
② $50 \times 1.3 = 65$ 答え 65cm

3 ① $15 \div 10 = 1.5$ 答え 1.5倍
② $7.5 \div 15 = 0.5$ 答え 0.5倍
③ $7.5 \div 10 = 0.75$ 答え 0.75倍

ポイント!
もとにする大きさが何かを考えてから，式をつくります。

とき方

1 ① もとにする大きさは赤のホース4mです。
② 白のホースの長さは，赤のホース4mの0.6にあたります。

2 ① 青のテープの長さ×0.4＝黄のテープの長さです。
② 緑のテープの長さは，青のテープ50cmの1.3にあたります。

3 もとにする大きさは，①は木の高さ，②は校舎（こうしゃ）の高さ，③は木の高さです。
① 15m（校舎の高さ）が，10m（木の高さ）の何倍かを求めます。
校舎の高さ÷木の高さで求めます。
② 家の高さ÷校舎の高さで求めます。
③ 家の高さ÷木の高さで求めます。

2 小数の倍，分数の倍②
小数の倍②
P6・7

1 ①

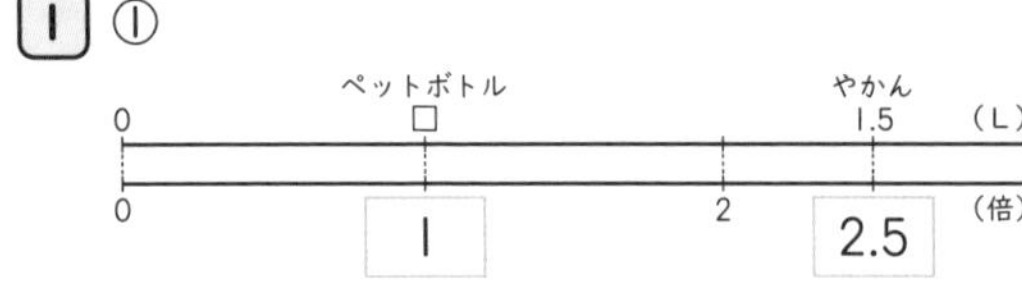

② $\square \times 2.5 = 1.5$
③ $\square = 1.5 \div 2.5$
$\square = 0.6$ 答え 0.6L

2 昨日飲んだ牛にゅうの量を□mLとすると，
$\square \times 1.3 = 260$
$\square = 260 \div 1.3$
$\square = 200$ 答え 200mL

3 たての長さを□mとすると，
$\square \times 2.4 = 3.6$
$\square = 3.6 \div 2.4$
$\square = 1.5$ 答え 1.5m

4 みかん1個の重さを□gとすると，
$\square \times 1.6 = 280$
$\square = 280 \div 1.6$
$\square = 175$ 答え 175g

5 お兄さんの年れいを□才とすると，
$\square \times 3.2 = 48$
$\square = 48 \div 3.2$
$\square = 15$ 答え 15才

ポイント!
もとにする大きさを□として，かけ算の式に表します。

とき方

1 ① ペットボトルの量がもとにする大きさです。
② ペットボトルの量×2.5＝やかんの量

2 昨日の量×1.3＝今日の量

3 たての長さ×2.4＝横の長さ

4 みかんの重さ×1.6＝りんごの重さ

5 お兄さんの年れい×3.2＝おじさんの年れい

3 小数の倍，分数の倍③
小数の倍③
P8・9

1 ①

② $\square \times 0.6 = 30$
③ $\square = 30 \div 0.6$
$\square = 50$ 答え 50分

2 学校から駅までの道のりを□mとすると，
$\square \times 0.4 = 380$
$\square = 380 \div 0.4$
$\square = 950$ 答え 950m

3 白のペンキの量を□Lとすると，
$\square \times 0.8 = 1.2$
$\square = 1.2 \div 0.8$
$\square = 1.5$ 答え 1.5L

4 あさひさんは，1日平均9ページずつ本を読んでいます。15日間では，何ページ読むことになりますか。 ［8点］

式

答え（　　　）

5 次の問題に答えましょう。

［1問　8点］

① 1200mを5分間で進む自転車の速さは，分速何mですか。

式

答え（　　　）

② 時速80kmで進む電車が3時間進むときの道のりは，何kmですか。

式

答え（　　　）

6 ある店では，トレーナーを定価の2割引きの2560円で売っています。このトレーナーの定価は，何円ですか。 ［10点］

式

答え（　　　）

7 弟は家から学校まで，姉は学校から家まで，それぞれ同時に出発して同じ道を歩きました。弟は分速70m，姉は分速80mで歩き，家から学校までの道のりは900mです。次の問題に答えましょう。 ［1問　10点］

① 下の表に，2人の進んだ道のりとその和を書きましょう。

時間（分）	0	1	2	3	4	
弟　（m）	0	70	140			
姉　（m）	0	80	160			
和　（m）	0	150				

② 弟と姉は出発してから何分後に出会いますか。

（　　　）

基礎力をつけるには くもんの小学ドリル が 強いみかた!!

スモールステップで、らくらく力がついていく!!

算数

計算シリーズ（全13巻）
① 1年生たしざん
② 1年生ひきざん
③ 2年生たし算
④ 2年生ひき算
⑤ 2年生かけ算（九九）
⑥ 3年生たし算・ひき算
⑦ 3年生かけ算
⑧ 3年生わり算
⑨ 4年生わり算
⑩ 4年生分数・小数
⑪ 5年生分数
⑫ 5年生小数
⑬ 6年生分数

数・量・図形シリーズ（学年別全6巻）

文章題シリーズ（学年別全6巻）

学力チェックテスト

算数（学年別全6巻）

国語（学年別全6巻）

英語（5年生・6年生 全2巻）

国語

1年生ひらがな

1年生カタカナ

漢字シリーズ（学年別全6巻）

言葉と文のきまりシリーズ（学年別全6巻）

文章の読解シリーズ（学年別全6巻）

書き方（書写）シリーズ（全4巻）
① 1年生ひらがな・カタカナのかきかた
② 1年生かん字のかきかた
③ 2年生かん字の書き方
④ 3年生漢字の書き方

英語

3・4年生はじめてのアルファベット
ローマ字学習つき

3・4年生はじめてのあいさつと会話

5年生英語の文

6年生英語の文

くもんの算数集中学習　小学５年生 データの活用にぐーんと強くなる

2023年2月　第1版第１刷発行

●印刷・製本　株式会社精興社
●カバーデザイン　辻中浩一+村松亨修（ウフ）
●カバーイラスト　亀山鶴子
●本文イラスト　原あいみ・TIC TOC
●本文デザイン　岸野祐美（株式会社京田クリエー
●編集協力　株式会社アポロ企画

●発行人　志村直人
●発行所　株式会社くもん出版
〒141-8488 東京都品川区東五反田2-10-2 東五反田スクエア11F
電話　編集直通 03(6836)0317
営業直通 03(6836)0305
代表 03(6836)0301

ISBN 978-4-7743-3362-5

ＣＤ 57340
くもん出版ホームページアドレス　https://www.kumonshuppan.com/

4 公園の面積を□m^{2}とすると，

□×0.3=6

□=6÷0.3

□=20　　答え　20m^2

5 ① 1.5　② 0.75
③ 10.8　④ 2.4

ポイント!
□を使って，かけ算の式に表します。

とき方

1 ① 昨日の読書時間がもとにする大きさです。
② 昨日の読書時間×0.6=今日の読書時間

2 学校から駅までの道のり×0.4
=学校から家までの道のり

3 白のペンキ×0.8=青のペンキ

4 公園の面積×0.3=すな場の面積

5 ① 4×□=6
□=6÷4
□=1.5
② 12×□=9
□=9÷12
□=0.75
③ 4.5×2.4=10.8
④ □×2.5=6
□=6÷2.5
□=2.4

4 小数の倍，分数の倍④
小数の倍④

P10・11

1 ① 120÷150=0.8　答え　0.8倍
② 90÷120=0.75　答え　0.75倍
③ ドーナツ

2 ① 400÷320=1.25　答え　1.25倍
② 330÷250=1.32　答え　1.32倍
③ 茶色のうさぎ

3 じゃがいも…90÷72=1.25
たまねぎ…118÷100=1.18
答え　じゃがいも

4 バッグ…2100÷2400=0.875
ぼうし…1700÷2000=0.85
答え　ぼうし

ポイント!
・より大きいもの→倍を表す数が大きいほう
・より小さいもの→倍を表す数が小さいほう

とき方

1 ①② ねびき後のねだん÷もとのねだん
で求めます。
③ 倍を表す数を比(くら)べると，0.8>0.75だから，
ドーナツのほうが安くなったといえます。

2 ①② 2回目の体重÷1回目の体重で求めます。
③ 倍を表す数を比(くら)べると，1.25<1.32だから，
茶色のうさぎのほうが重くなったといえます。

3 ねあげ後のねだん÷もとのねだんで求めます。
1.25>1.18だから，じゃがいものほうが高く
なったといえます。

4 0.875>0.85だから，ぼうしのほうが安くなったといえます。

5 小数の倍，分数の倍⑤
分数の倍

P12・13

1 ① $5\div3=\frac{5}{3}$　答え　$\frac{5}{3}$倍
② $2\div5=\frac{2}{5}$　答え　$\frac{2}{5}$倍
③ $3\div2=\frac{3}{2}$　答え　$\frac{3}{2}$

2 ① $8\div11=\frac{8}{11}$　答え　$\frac{8}{11}$倍
② $40\div27=\frac{40}{27}$　答え　$\frac{40}{27}$倍
③ $14\div9=\frac{14}{9}$　答え　$\frac{14}{9}$倍
④ $3\div16=\frac{3}{16}$　答え　$\frac{3}{16}$倍

3 ① $12\div5=\frac{12}{5}$　答え　$\frac{12}{5}$
② $7\div15=\frac{7}{15}$　答え　$\frac{7}{15}$
③ $39\div26=\frac{39}{26}$　答え　$\frac{39}{26}$

4 ① $11\div6=\frac{11}{6}$　答え　$\frac{11}{6}$倍
② $6\div11=\frac{6}{11}$　答え　$\frac{6}{11}$倍

ポイント!

|とみた大きさをもとにする大きさとして，何倍になるかを考えます。

とき方

1 ① 赤のホースの長さを|とみるので，
青のホースの長さ÷赤のホースの長さ
で求めます。
② 青のホースの長さを|とみるので，
白のホースの長さ÷青のホースの長さ
で求めます。
③ 赤のホースの長さが白のホースの長さの何倍になるかを求めます。

2 ① 11Lを|とみます。
② 27cmを|とみます。
③ 9gを|とみます。
④ 16kmを|とみます。

3 ① 12kgが5kgの何倍になるかを求めます。
② 7dLが15dLの何倍になるかを求めます。
③ 39m²が26m²の何倍になるかを求めます。

4 ① 小さいバケツの水の量を|とみます。
② 大きいバケツの水の量を|とみます。

6 小数の倍，分数の倍⑥

小数の倍，分数の倍

P14・15

1 14÷35=0.4 答え 0.4倍

2 (ななみさんの家から学校までにかかる時間を□分とすると，)
□×1.6=24
□=24÷1.6
□=15 答え 15分

3 25×0.8=20 答え 20人

4 $25 \div 17 = \frac{25}{17}$ 答え $\frac{25}{17}$倍

5 水とうに入る水の量を□Lとすると，
□×3.5=1.4
□=1.4÷3.5
□=0.4 答え 0.4L

6 250×1.2=300 答え 300g

7 $5 \div 11 = \frac{5}{11}$ 答え $\frac{5}{11}$倍

8 前の日の入園者数を□人とすると，
□×0.8=584
□=584÷0.8
□=730 答え 730人

ポイント!

・○の□倍が△→○×□=△
・○が△の□倍→○÷△=□

とき方

1 クラスの人数を|とみるので，
南町に住んでいる人数÷クラスの人数
で求めます。

2 家から学校までにかかる時間×1.6
=家から駅までにかかる時間

3 5年生の人数×0.8=4年生の人数

4 南公園の池の面積÷北公園の池の面積
で求めます。

5 水とうに入る水の量×3.5
=やかんに入る水の量

6 ふつうのラーメンのめんの量×1.2
=大もりラーメンのめんの量

7 乗用車の全長÷路線バスの全長で求めます。

8 前の日の入園者数×0.8=ある日の入園者数

7 平均①

平均①

P16・17

1 ① 55+52+58+53=218 答え 218g
② 218÷4=54.5 答え 54.5g

2 (35+15+27+20+15+10+25)÷7=21
答え 21分

3 ① 11人
② 11÷5=2.2 答え 2.2人

4 (14+0+6+28+15)÷5=12.6
答え 12.6点

5 (370+520+480+420+250+340+0)÷7
=340 答え 340mL

ポイント!

平均(へいきん)=合計÷個数(こすう)
全体の平均(へいきん)を求めるときは，0の場合もふくめて考えます。

とき方

1 ② 4等分した1個分の重さが，このたまご4個の平均の重さになります。

2 1週間は7日間なので，合計を7でわります。

3 ① 5+0+3+1+2=11(人)
② 0人の曜日もふくめるので，個数は5です。

4 得点が0点である2回目もふくめるので，5回の平均を求めます。

5 土曜日は0mLですが，1週間の平均なので，個数は7です。

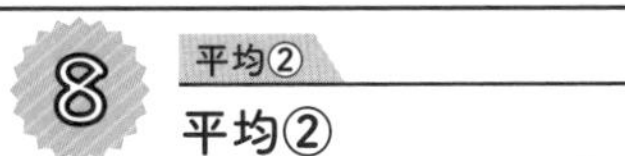

8 平均②
平均②

P18・19

1 ① 4.2×5=21　答え 21さつ
② 21−(7+3+5+2)=4　答え 4さつ

2 79×4=316
316−(81+77+83)=75　答え 75点

3 27.2×5=136
136−(30+28+26+32)=20　答え 20問

4 2.5×4=10
10−(5+0+2)=3　答え 3点

5 1.4×5=7
7−(1+2+0+1)=3　答え 3びき

ポイント!
平均×個数で合計を求めてから，わからない数を考えます。

とき方

1 ① 平均は4.2さつ，個数は5です。
② 5日間に借りた本の数から，月，火，水，金に借りた本の数をひいて求めます。

2 まず，4回のテストの合計点を求めます。
4回のテストの合計点から，1，3，4回目のテストの点数をひいて，2回目の点数を求めます。

3 5日間の平均問題数×5=5日間で解いた問題数

4 4回の平均×4=4回の得点の合計

5 5人の平均×5=5人ですくった全部の数

9 平均③
平均の利用①

P20・21

1 ① (21.8+22.3+21.4+22.6+20.9+23.0)÷6=22　答え 22g
② 22×50=1100　答え 1100g

2 1.4÷7=0.2
0.2×30=6　答え 6L

3 450×60=27000　答え 27000L

4 8÷4=2
2×365=730　答え 730kg

5 (148+159+153+155+160)÷5=155
155×40=6200
6200g=6.2kg　答え 6.2kg

ポイント!
いくつかの平均から，全体の量を予想します。
まず，1個平均はいくつになるかを考えます。

とき方

1 ① 6個の重さの合計÷個数=1個平均の重さ
② 22gのいちごが50個あると考えます。
1個の重さ×個数=全部の重さ

2 1週間に飲んだ量÷7=1日平均の量
1日平均の量×30=30日間に飲む量

3 1日450Lを60日間使うと考えます。

4 まず，4日間の平均を求めて，それが365日と考えます。

5 まず，5個の平均を求めます。

10 平均④
平均の利用②

P22・23

1 ① (8.1+8.9+8.4+9.2+8.4+8.6)÷6=8.6　答え 8.6g
② 1290÷8.6=150　答え 150個

2 25÷10=2.5
80÷2.5=32　答え 32分

3 150÷6=25　答え 25個

4 2400÷800=3　答え 3日

5 (57+58+64+60+61)÷5=60
3600÷60=60　答え 60個

ポイント!

平均から，個数を予想します。平均のいくつ分かを求めるので，わり算を使います。

とき方

1 ① 重さの合計を個数の6でわります。
② 1個の重さを，①で求めた8.6gとみて考えます。

2 1問の平均時間から求めることもできます。
10÷25=0.4
0.4×80=32(分)

3 全部の量÷1個分の量=何個分

4 まず，2.4LをmLで表します。
2.4L=2400mLです。

5 まず，5個の平均を求めます。
3.6kg=3600gです。

11 平均⑤ 平均の利用③ 

P24·25

1 ① 4.5×16+6×14=156　答え 156個
② 16+14=30　答え 30人
③ 156÷30=5.2　答え 5.2個

2 2×10+3×12+2×8=72
10+12+8=30
72÷30=2.4　答え 2.4さつ

3 ① 85×4=340　答え 340点
② (340+86)÷5=85.2　答え 85.2点

4 6×5=30
(30+9)÷6=6.5　答え 6.5本

とき方

2 まず，5年生全体が借りた本の数の合計を求めます。その合計を，本を借りた5年生全体の人数でわって求めます。

4 まず，5回の練習で入ったシュートの合計を求めます。その合計に，追加の本数をたして，全体の合計を求めます。

12 平均⑥ 平均の利用④

P26·27

1 ① (6.51+6.65+6.58)÷3=6.58
答え 6.58m
② 6.58÷10=0.658　答え 0.66m
③ 0.66×500=330　答え 330m

2 ① (6.25+6.32+6.28+6.26+6.34)÷5
=6.29
6.29÷10=0.629　答え 0.63m
② 0.63×200=126　答え 126m

3 (15.2+14.6+15.7+14.5)÷4=15
15÷10=1.5　答え 1.5秒

4 (6.69+6.72+6.74+6.65+6.70)÷5=6.7
6.7÷10=0.67
0.67×820=549.4　答え 549.4m

ポイント!

歩はばは，10歩の長さから1歩の平均の長さを求めたものです。歩はばから，およその長さを求めることもできます。

とき方

1 ① 10歩の長さを，それぞれmの単位で表します。3回歩いたときの平均なので，3回分の長さの合計を3でわります。
② ①より，10歩で6.58m進んだことがわかります。これより，1歩の長さ(歩はば)は，6.58÷10=0.658で，小数第3位を四捨五入して0.66mになります。
③ 歩はば×歩数=道のり

2 ① まず，5回の平均を求め，その平均を1回の歩数10でわって歩はばを求めます。
② ももかさんの歩はば200歩分の長さを求めます。

3 まず，4回の平均を求めます。これは，10往復した平均なので，4回の平均を10でわって1往復の平均を求めます。

4 5回歩いた長さから，ひろとさんの歩はばを求めます。その歩はばの820歩分が，学校から公園までの道のりになります。

13 単位量あたりの大きさ① こみぐあい 

P28·29

1 ① A　② C
③ (1) A…6÷600=0.01
C…5÷400=0.0125　答え C
(2) A…600÷6=100
C…400÷5=80　答え C

2 ① 東公園…24÷800=0.03
西公園…36÷900=0.04　答え 西公園
② 東公園…800÷24=33.3…
西公園…900÷36=25　答え 西公園

3 A…60÷5＝12
B…100÷8＝12.5　　答え　B

4 A…8÷5＝1.6
B…10÷6＝1.66…
C…12÷8＝1.5　　答え　B

とき方

1 ① 面積が同じだから，数が多いほうがこんでいるといえます。
② 数が同じだから，面積がせまいほうがこんでいるといえます。
③ $1cm^2$あたりの数が多いほう，1ぴきあたりの面積がせまいほうがこんでいるといえます。

2 ① $1m^2$あたりの人数が多いのは西公園です。
② 1人あたりの面積がせまいのは西公園です。

3 $1m^2$あたりの本数が多いほうがこんでいるといえます。

4 1人あたりのたたみのまい数が多いほうがすいているといえます。

14 単位量あたりの大きさ②
単位量あたりの大きさ

P30・31

1 ① 390÷600＝0.65　　答え　0.65kg
② 540÷800＝0.675　　答え　0.675kg
③ B

2 A…840÷7＝120
B…750÷5＝150　　答え　A

3 ① 120÷5＝24　　答え　24km
② 24×9＝216　　答え　216km
③ 300÷24＝12.5　　答え　12.5L

4 ① 900÷10＝90
90×3.5＝315　　答え　315円
② 405÷90＝4.5　　答え　4.5m

とき方

1 $1m^2$あたりにとれた重さという単位量あたりの大きさを使うと，とれぐあいを比べることができます。

2 全部のねだん÷さっ数
で，1さつあたりのねだんを求めます。

3 ① 道のり÷ガソリンの量＝1Lあたりの道のり
② 1Lあたりの道のり×ガソリンの量
＝走る道のり
③ 全部の道のり÷1Lあたりの道のり
＝使ったガソリンの量

4 ① まず，1mあたりのねだんを求めます。
② 代金÷1mあたりのねだん
＝買ったリボンの長さ

15 単位量あたりの大きさ③
人口密度①

P32・33

1 ① 2040000÷13562＝150.4…
答え　150人
② 2800000÷8480＝330.1…
答え　330人
③ 広島県

2 ① (1) 35000÷85＝411.7…
答え　412人
(2) 30000÷72＝416.6…
答え　417人
② 東山市

3 ① 1250000÷9646＝129.5…
答え　130人
② 1330000÷4131＝321.9…
答え　322人

4 A町…8575÷22＝389.7…
B町…10483÷30＝349.4…　　答え　A町

ポイント!
人口密度＝人口÷面積
人口密度は，$1km^2$あたりに平均何人いるかを表しています。人口密度が大きいほうがこんでいるといえます。

とき方

1 ①② 人口を数字だけで表してから計算します。整数で答えるので，小数第1位で四捨五入します。
③ 人口密度が大きいほうがこんでいるといえます。

2 ① 西山市の人口は35000人で，面積は$85km^2$だから，35000÷85で求めます。東山市も同じように，人口÷面積にあてはめて求めます。

3 ① 表の人口の単位は「万人」だから，青森県の人口は，1250000人です。
② 133万人→1330000人です。

4 389.7…＞349.4…で，A町のほうが人口密度が大きいので，こんでいるといえます。

16 単位量あたりの大きさ④ 人口密度② P34・35

1 ① 1780000÷308＝5779.2…

答え およそ5800km²

② 5100000÷1023＝4985.3…

答え およそ5000km²

③ 三重県

2 7350000÷1935＝3798.4…

答え およそ3800km²

3 ① 45×900＝40500 答え 40500人

② 320×136＝43520 答え 43520人

4 ① ア 225 イ 48000

② (189000＋48000)÷(225＋320)

＝434.8… 答え 435人

ポイント!

人口密度＝人口÷面積

面積＝人口÷人口密度，人口＝面積×人口密度

とき方

1 ① 178万人→1780000人です。答えは，上から3けためを四捨五入して求めます。

② 510万人→5100000人です。

③ 5800km²＞5000km²だから，三重県のほうが広いです。

2 735万人→7350000人です。

3 ① 表より，面積が45km²，人口密度が900人です。

② 表より，面積が320km²，人口密度が136人です。

4 ① ア 189000÷840＝225

イ 320×150＝48000

② 表の2つの町の人口密度をあわせた，840＋150＝990(人)ではありません。(A町の人口＋B町の人口)÷(A町の面積＋B町の面積)で求めます。

17 単位量あたりの大きさ⑤ 速さ① P36・37

1 ① Bさん ② Bさん

③ (1) A…40÷8＝5

C…50÷9＝5.5… 答え Cさん

(2) A…8÷40＝0.2

C…9÷50＝0.18 答え Cさん

2 ① 170÷2＝85 答え 時速85km

② 270÷3＝90 答え 時速90km

③ B

3 ① 1100÷5＝220 答え 分速220m

② 400÷16＝25 答え 秒速25m

③ 220÷4＝55 答え 時速55km

ポイント!

速さ＝道のり÷時間

とき方

1 ① 走った道のりが長いほうが速いといえます。

② 走った時間が短いほうが速いといえます。

③ (1) 1秒間あたりの道のりが長いほうが速いといえます。

(2) 1mあたりの時間が短いほうが速いといえます。

2 ① 道のりが170km，時間が2時間です。

② 道のりが270km，時間が3時間です。

③ 1時間に走る道のりが長いほうが速いといえます。

3 ① 道のりが1100m，時間が5分です。

② 道のりが400m，時間が16秒です。

③ 道のりが220km，時間が4時間です。

18 単位量あたりの大きさ⑥ 速さ② P38・39

1 ① 50×3＝150 答え 150km

② 50×4＝200 答え 200km

③ 50×2.5＝125 答え 125km

2 ① 400×20＝8000 答え 8000m

② 400×5.5＝2200 答え 2200m

3 ① 60×25＝1500 答え 1500m

② 25×8＝200 答え 200m

③ 24×5＝120 答え 120km

④ 1時間30分＝90分

4×90＝360 答え 360km

ポイント!

道のり＝速さ×時間

道のりを求めるときは，時間の単位をそろえます。

とき方

1 ① 1時間で50km進むので，3時間で何km進むかを考えます。

② 速さは時速50km，時間は4時間です。

③ 30分を時間で表すと，0.5時間です。
2時間30分＝2.5時間

2 ① 速さは分速400m，時間は20分です。
② 30秒を分で表すと，0.5分です。
5分30秒＝5.5分

3 ① 速さは分速60m，時間は25分です。
② 速さは秒速25m，時間は8秒です。
③ 速さは時速24km，時間は5時間です。
④ 1時間30分を分の単位で表します。

19 単位量あたりの大きさ⑦ 速さ③

P40・41

1 ① 1200÷200＝6 答え 6分
② 3200÷200＝16 答え 16分
③ 5000÷200＝25 答え 25分

2 ① 400÷25＝16 答え 16秒
② 1000÷25＝40 答え 40秒

3 ① 160÷40＝4 答え 4時間
② 630÷70＝9 答え 9秒
③ 4.2km＝4200m
4200÷840＝5 答え 5分
④ 12÷8＝1.5
1.5時間＝1時間30分
答え 1時間30分

ポイント！
時間＝道のり÷速さ
速さと道のりの単位をそろえてから計算します。

とき方

1 ② 道のりは3200m，速さは分速200mです。
③ 道のりの単位をmにそろえてから，計算します。
5km＝5000m
道のりは5000m，速さは分速200mです。

2 ① 道のりは400m，速さは秒速25mです。
② 道のりの単位をmにそろえてから，計算します。
1km＝1000m

3 ③ 道のりの単位をmにそろえてから，計算します。道のりは4200m，速さは分速840mです。
④ 何時間何分と答えるので，1.5時間を1時間30分とします。

20 単位量あたりの大きさ⑧ 速さ④

P42・43

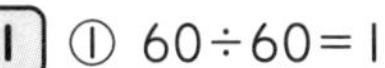

1 ① 60÷60＝1 答え 秒速1m
② 60×60＝3600 答え 時速3600m
③ 時速3.6km

2 36km＝36000m
36000÷3600＝10 答え 秒速10m

3 ① 8×60＝480 答え 分速480m
② 8×3600＝28800
28800m＝28.8km 答え 時速28.8km

4 ① 1200÷60＝20 答え 秒速20m
② 15×3600＝54000
54000m＝54km 答え 時速54km
③ 18km＝18000m
18000÷3600＝5 答え 秒速5m
④ 350×60＝21000
21000m＝21km 答え 時速21km

ポイント！
・時速→分速…÷60，時速→秒速…÷3600
・分速→時速…×60，分速→秒速…÷60
・秒速→時速…×3600，秒速→分速…×60

とき方

1 ① 分速を秒速に変えるので，分速60mを60でわります。
② 分速を時速に変えるので，分速60mに60をかけます。
③ mをkmになおすので，②で求めた時速3600mを1000でわります。

2 時速を秒速に変えるので，速さを3600でわります。
または，36÷3600＝0.01で秒速0.01km，0.01×1000＝10より，秒速10mと求めてもよいです。

3 ① 秒速を分速に変えるので，速さに60をかけます。
② 秒速を時速に変えるので，速さに3600をかけて，mをkmになおします。
または，①で求めた分速に60をかけて求めてもよいです。

4 ① 分速を秒速に変えるので，速さを60でわります。
② 秒速15mに3600をかけると，時速54000mです。単位をkmになおします。
③ まず，18kmをmになおします。時速を秒速に変えるので，速さを3600でわります。

④ 分速を時速に変えるので，速さに60をかけて，mをkmになおします。

21 単位量あたりの大きさ⑨
速さ⑤
P44・45

1 ① (1) 25×3600＝90000
90000m＝90km　答え 時速90km
(2) チーター
② (1) 72km＝72000m
72000÷3600＝20　答え 秒速20m
(2) チーター

2 ① ㋐ 450　㋑ 45　㋒ 12.5
㋓ 18　㋔ 300
② ボート

3 ① 分速1.5km
② 1.5×3＝4.5　答え 4.5km

4 ① 時速15km＝分速0.25km
0.25×24＝6　答え 6km
② 分速600m＝秒速10m
10×45＝450　答え 450m

とき方

1 ① (1) 秒速を時速に変えるので，3600をかけて，mをkmになおします。
(2) 自動車は時速72km，チーターは時速90kmなので，チーターのほうが速いです。
② 時速を秒速に変えるので，3600でわります。

2 ① ㋐ 7.5×60＝450
㋑ 750×60＝45000，45000m＝45km
㋒ 750÷60＝12.5
㋓ 5×3600＝18000，18000m＝18km
㋔ 5×60＝300
② 単位時間あたりに進む道のりがいちばん長い乗り物が，いちばん速いといえます。

3 ① 時速を分速に変えるので，速さを60でわります。90÷60＝1.5で，分速1.5kmです。
② 速さ×時間で求めます。速さは分速1.5km，時間は3分です。

4 ① 時速15kmを分速で表すので，60でわります。15÷60＝0.25
または，24分を時間になおすと，
24÷60＝0.4(時間)だから，
15×0.4＝6(km)と求めてもよいです。
② 分速600mを秒速で表すので，60でわります。600÷60＝10
または，45秒を分になおすと，
45÷60＝0.75(分)だから，
600×0.75＝450(m)と求めてもよいです。

22 単位量あたりの大きさ⑩
速さの利用
P46・47

1 ① 360÷2＝180　答え 180まい
② 450÷3＝150　答え 150まい
③ A

2 A(エー)…1.5÷20＝0.075
B(ビー)…0.9÷15＝0.06　答え A

3 ① 180m
② 180÷10＝18　答え 18秒

4 時速90km＝秒速25m
(350＋100)÷25＝18　答え 18秒

5 A…140÷8＝17.5
B…270÷15＝18　答え B

とき方

1 ① 仕事量÷時間で求めます。仕事量は360まい，時間は2分です。
② 仕事量は450まい，時間は3分です。
③ 1分間あたりのまい数が多いほうが速く印刷できるといえます。

2 耕(たがや)した面積を時間でわって，1分間あたりに耕(たがや)す面積を求めます。1分間あたりに耕(たがや)す面積が広いほうが速く耕(たがや)せるといえます。

3 ① トンネルの長さと電車の長さをたします。
100＋80＝180(m)
② ①で求めた180mの道のりを秒速10mで進むと何秒かかるかを求めます。

4 時速90km＝時速90000m
90000÷3600＝25で，秒速25mです。
進んだ道のりは，鉄橋の長さと電車の長さの合計です。

5 水の量を時間でわって，1分間あたりにくみあげる水の量を求めて，比(くら)べます。

23 比例①
比例①
P48・49

1

正方形の数○(個)	1	2	3	4	5
ぼうの本数△(本)	4	7	10	13	16

3本増える。

2 ①

箱の数○(個)	1	2	3	4	5
高さ △(cm)	4	8	12	16	20

② 4cmずつ増える。
③ 2倍，3倍，……になる。

3 ① 2ずつ増える。
② 2倍，3倍，……になる。
③ 比例する。

4 ① ×　② ○　③ ○

とき方

1 正方形が1個のときのぼうは4本，
正方形が2個のときのぼうは7本なので，
正方形が1個増えると，ぼうは7−4=3(本)増えます。

2 ① 箱の数が2個のとき，高さは4×2=8(cm)です。
同じようにして，箱の数が3個，4個，5個のときの高さを求めます。
② 8−4=4(cm)ずつ増えます。

3 ① ○が1から2に1増えると，△は2から4に2増えています。
②

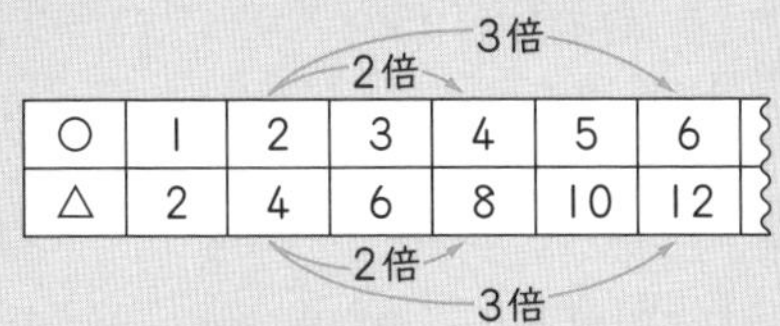

○	1	2	3	4	5	6
△	2	4	6	8	10	12

4 ① 燃えた長さが2倍，3倍，…になっても，残りの長さは2倍，3倍，…にならないので，比例しません。
② ガソリンの量が2倍，3倍，…になると，進む道のりも2倍，3倍，…になるので，比例します。
③ かんづめの数が2倍，3倍，…になると，重さも2倍，3倍，…になるので，比例します。

24 比例② 比例②

P50・51

1 ①

長さ○(m)	1	2	3	4	5	6
重さ △(g)	50	100	150	200	250	300

② 2倍，3倍，……になる。
③ 比例する。
④ △=50×○
⑤ 400g

2 ①

ガソリンの量○(L)	1	2	3	4	5	6
道のり△(km)	40	80	120	160	200	240

② 2倍，3倍，……になる。
③ 比例する。
④

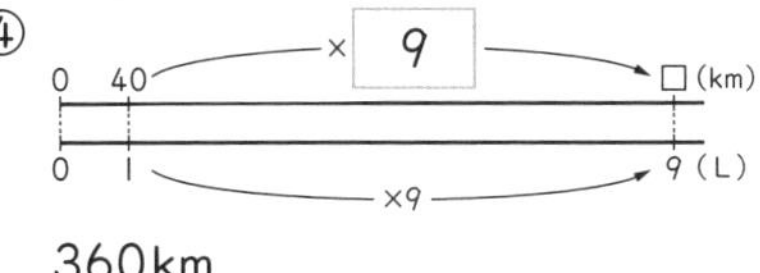

360km

3 ① 比例する。
② △=30×○
③ 360円

とき方

1 ① はり金の長さが2mのとき，重さは50×2=100(g)です。
同じようにして，長さが3m，4m，…のときの重さを求めます。
② はり金の長さが1mから2m，3mと2倍，3倍になると，はり金の重さは50gから100g，150gと2倍，3倍になります。
④ 重さ=1mの重さ×長さ
で，1mの重さは50gです。
⑤ 50×8=400(g)

2 ① ガソリンの量が2Lのとき，進む道のりは40×2=80(km)です。
同じようにして，ガソリンの量が3L，4L，…のときの進む道のりを求めます。
④ ガソリンの量が9倍になっているので，道のりも9倍になります。
40×9=360(km)

3 ① まい数が2倍，3倍，…になると，代金も2倍，3倍，…になるので，代金はまい数に比例します。
② 代金=1まいのねだん×まい数
で，1まいのねだんは30円です。
③ 30×12=360(円)

25 比例③ 比例③

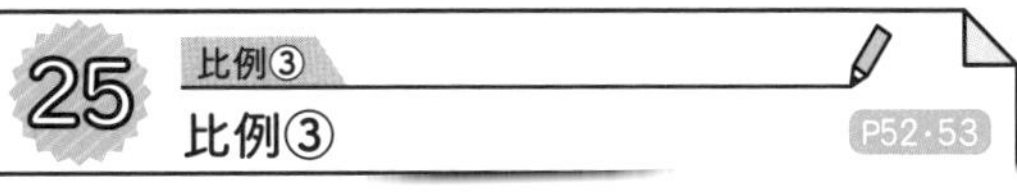

P52・53

1 ①

底辺○(cm)	1	2	3	4	5	6
面積△(cm^2)	6	12	18	24	30	36

② 2倍，3倍，……になる。
③ 比例する。
④ △=○×6
⑤ 72cm^2

2 ① 比例する。
② △=2×○
③ 面積…16cm^2
高さ…10cm

3 ①

高さ　○(cm)	1	2	3	4	5
体積 △(cm^3)	10	20	30	40	50

② 比例する。
③ △=10×○
④ 80cm^3

とき方

1 ① 底辺が2cmのとき，平行四辺形の面積は，
2×6=12(cm^2)です。
同じようにして，底辺が3cm，4cm，…のときの面積を求めます。
② 底辺が1cmから2cm，3cmと2倍，3倍になると，面積は6cm^{2}から12cm^2，18cm^{2}と2倍，3倍になります。
④ 平行四辺形の面積=底辺×高さ
で，高さは6cmです。
⑤ 12×6=72(cm^2)

2 ① 高さが2倍，3倍，…になると，面積も2倍，3倍，…になるので，面積は高さに比例します。
② 三角形の面積=底辺×高さ÷2で求めます。
底辺は4cmだから，
△=4×○÷2，△=2×○
③ 面積…2×8=16(cm^2)
高さ…20=2×○
○=20÷2
○=10(cm)

3 ① 高さが2cmのとき，直方体の体積は，
2×5×2=20(cm^3)です。
同じようにして，高さが3cm，4cm，5cmのときの体積を求めます。
② 高さが2倍，3倍，…になると，体積も2倍，3倍，…になるので，体積は高さに比例します。
③ 直方体の体積=たて×横×高さだから，
△=2×5×○，△=10×○
④ 10×8=80(cm^3)

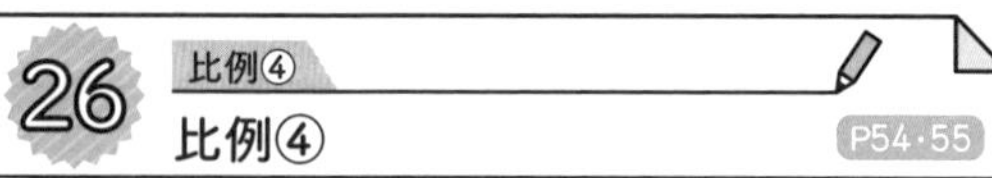

1 ① △=○×3.14
②

直径○(cm)	1	2	3	4	5	6
円周△(cm)	3.14	6.28	9.42	12.56	15.7	18.84

③ 2倍，3倍，……になる。
④ 比例する。
⑤ 31.4cm

2 ①

半径○(cm)	1	2	3	4
円周△(cm)	6.28	12.56	18.84	25.12

② 比例する。
③ △=○×6.28
④ 62.8cm

3 ① 比例する。
② 3倍
③ 4倍

ポイント!
円周の長さは直径の長さに比例します。また，直径は半径の2倍です。

とき方

1 ① 円周の長さ=直径×3.14
② 直径が2cmのとき，円周の長さは，
2×3.14=6.28(cm)です。
同じようにして，直径が3cm，4cm，…のときの円周の長さを求めます。
③ 直径が1cmから2cm，3cmと2倍，3倍になると，円周は3.14cmから6.28cm，9.42cmと2倍，3倍になります。
⑤ 10×3.14=31.4(cm)

2 ① 半径が2cmのとき，円周の長さは，
2×2×3.14=12.56(cm)です。
同じようにして，半径が3cm，4cmのときの円周の長さを求めます。
② 半径が2倍，3倍，…になると，円周の長さも2倍，3倍，…になるので，円周の長さは半径に比例します。
③ △=2×○×3.14，△=○×6.28
④ 10×6.28=62.8(cm)

3 ① 直径が2倍，3倍，…になると，円周も2倍，3倍，…になるので，円周は直径に比例します。
② 直径15mは直径5mの3倍だから，円周の長さも3倍になります。
または，それぞれの円周の長さから求めてもよいです。
③ 円周125.6mは円周31.4mの4倍だから，直径の長さも4倍になります。
または，それぞれの直径の長さから求めてもよいです。

27 比例⑤

比例⑤

比例⑤ P56・57

1 ① △＝60×○

②

時間○(時間)	1	2	3	4	5	6
道のり△(km)	60	120	180	240	300	360

③ 2倍，3倍，……になる。

④ 比例する。

⑤ 480km

2 ① △＝20×○

②

時間　○(秒)	1	2	3	4	5
道のり △(m)	20	40	60	80	100

③ 比例する。

④ 100秒

3 ① 比例する。

② △＝200×○

③ 7倍

ポイント!

道のりは時間に比例します。

とき方

1 ① 道のり＝速さ×時間
で，速さは時速60kmです。

② 進む時間が2時間のとき，道のりは，
60×2＝120(km)です。
同じようにして，時間が3時間，4時間，…のときの道のりを求めます。

③ 時間が1時間から2時間，3時間と2倍，3倍になると，道のりは60kmから120km，180kmと2倍，3倍になります。

⑤ 60×8＝480(km)

2 ② 進む時間が2秒のとき，道のりは，
20×2＝40(m)です。

③ 時間が2倍，3倍，…になると，道のりも2倍，3倍，…になるので，道のりは時間に比例します。

④ 2km＝2000m
2000÷20＝100(秒)

3 ② 分速200mだから，△＝200×○

③ 56分は8分の7倍だから，道のりも7倍になります。
または，それぞれの道のりから求めてもよいです。

28 割合①

比べる量・もとにする量 P58・59

1 ① (1) 比べる量…希望者数(30人)
もとにする量…定員(25人)

(2) 30÷25＝1.2　　答え 1.2倍

② (1) 比べる量…希望者数(24人)
もとにする量…定員(30人)

(2) 24÷30＝0.8　　答え 0.8倍

③ 陸上…1.2
バレーボール…0.8

2 ① (1) 14÷20＝0.7　　答え 0.7倍

(2) 16÷25＝0.64　　答え 0.64倍

② (1) 0.7

(2) 0.64

③ さくらさん

3 バスA…32÷40＝0.8　　答え 0.8
バスB…44÷40＝1.1　　答え 1.1

とき方

1 ① (1) 1とみるものがもとにする量なので，定員がもとにする量です。

(2) 希望者数÷定員で求めます。

③ 何倍かを表す数が，定員を1とみたときの割合になります。

2 比べる量が入った数，もとにする量が投げた数です。

① 入った数が投げた数の何倍かを求めるので，入った数÷投げた数で求めます。

② ①で求めた何倍かを表す数が，もとにした量を1とみたときにあたる数です。

③ 割合が大きいほうが，よく入ったといえます。

3 比べる量が乗っている人数，もとにする量が定員です。定員を1とみるので，それぞれのバスに乗っている人数を40でわって求めます。
バスAは，比べる量が32人，バスBは，比べる量が44人です。

29 割合②

割合を求める① P60・61

1 ① 75÷150＝0.5　　答え 0.5

② 45÷150＝0.3　　答え 0.3

③ 30÷150＝0.2　　答え 0.2

2 ① 900÷1200＝0.75　　答え 0.75

② 300÷1200＝0.25　　答え 0.25

3 ① 20÷50=0.4　答え 0.4
② 42÷50=0.84　答え 0.84
③ 13÷50=0.26　答え 0.26
④ 3÷50=0.06　答え 0.06

4 102÷680=0.15　答え 0.15

ポイント!
割合=比べる量÷もとにする量

とき方

1 ① 花だん全体の本数を1とみたときに，赤の花の本数がどれだけにあたるかを求めます。もとにする量は花だん全体で150本，比べる量は赤の花で75本です。
② もとにする量は150本，比べる量は45本です。
③ ①②より，花だん全体の本数を1とすると，赤の花が0.5，オレンジの花が0.3だから，白の花の割合は，1−(0.5+0.3)=0.2と求めてもよいです。

2 ① もとにする量は家から駅までの1200m，比べる量は歩いた900mです。
② 走った道のりは300mで，これが，比べる量になります。
または，1−0.75=0.25と求めてもよいです。

3 もとにする量は50cmです。それぞれの長さを50でわって，割合を求めます。

4 学校の子どもの人数680人がもとにする量，5年生102人が比べる量です。

30 割合③ 割合を求める②
P62·63

1 ① (1)

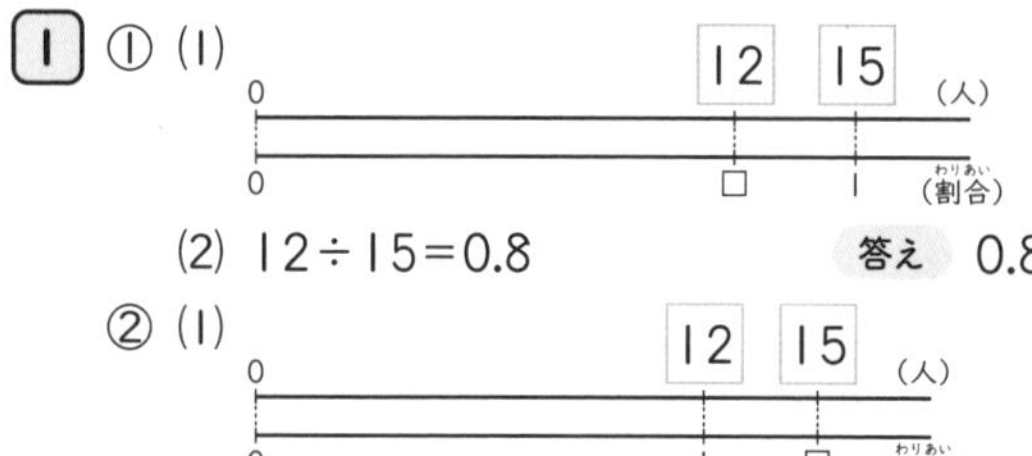

(2) 12÷15=0.8　答え 0.8

② (1)
12　15（人）
0
0
1
□
（割合）

(2) 15÷12=1.25　答え 1.25

2 ① 18÷50=0.36　答え 0.36
② 18÷15=1.2　答え 1.2

3 ① 16÷20=0.8　答え 0.8
② 60÷50=1.2　答え 1.2
③ 68÷80=0.85　答え 0.85
④ 6÷8=0.75　答え 0.75

とき方

1 ① もとにする量は子どもの人数15人，比べる量は大人の人数12人です。
② もとにする量は大人の人数12人，比べる量は子どもの人数15人です。

2 ① もとにする量は，運動場で遊んでいる子ども50人です。50人をもとにした5年生18人の割合を求めます。
② もとにする量は，6年生の15人です。

3 ① もとにする量は問題数20問，比べる量は正解した16問です。
② もとにする量は定員50人，比べる量は乗っている60人です。
③ もとにする量はまいた種80個，比べる量は芽が出た68個です。
④ もとにする量は8試合，比べる量は勝った6試合です。

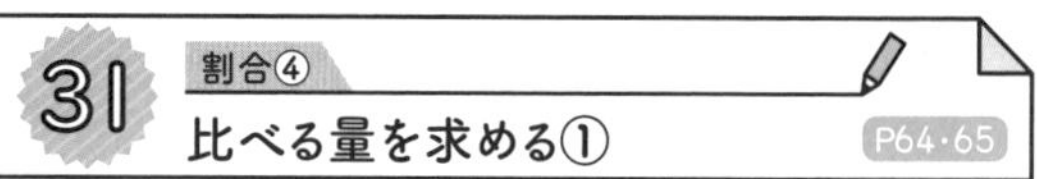

31 割合④ 比べる量を求める①
P64·65

1 ①

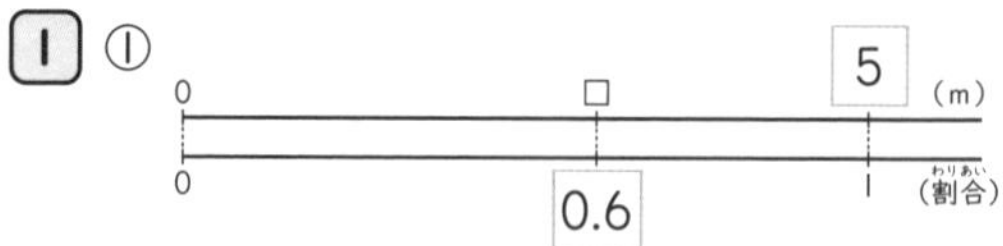

② 5×0.6=3　答え 3m

2 ① 5年生120人
② 120×0.35=42　答え 42人

3 20×0.2=4　答え 4m^2

4 900×0.3=270　答え 270mL

5 140×0.75=105　答え 105cm

6 15×0.6=9　答え 9回

ポイント!
比べる量=もとにする量×割合

とき方

1 ① 初めにあったリボン5mを1とします。
② もとにする量が5m，割合が0.6です。

2 ① 「5年生全体」や「120人」でもよいです。
② もとにする量は120人，割合は0.35です。

③公園の面積の0.2がすな場の面積だから，
すな場の面積＝公園全体×0.2

④飲む予定の牛にゅうの量＝全体の量×0.3

⑤妹の身長＝あきとさんの身長×0.75

⑥シュートが成功した回数
＝シュートを打った回数×0.6

割合⑤

比べる量を求める②

P66・67

1 ① 昨日の利用者数120人

② 今日の利用者数

③

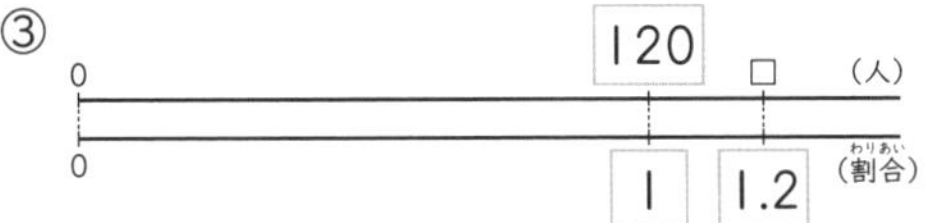

④ 120×1.2＝144　　答え 144人

2 140×1.35＝189　　答え 189人

3 50×1.3＝65　　答え 65km²

4 200×1.25＝250　　答え 250個

5 5×1.4＝7　　答え 7m

6 150×1.08＝162　　答え 162円

ポイント!

もとにする量に割合（わりあい）をかけて，比（くら）べる量を求めます。割合（わりあい）が1より大きいとき，比（くら）べる量はもとにする量より大きくなります。

とき方

1① 「昨日の利用者数」や「120人」でもよいです。
③ 120人を1とみます。
④ 今日の利用者数＝昨日の利用者数×1.2

2もとにする量は，定員140人です。

3西市の面積＝東市の面積×1.3

4今日売れた数＝昨日売れた数×1.25

5家の高さ＝木の高さ×1.4

6今年のねだん＝去年のねだん×1.08

割合⑥

もとにする量を求める①

P68・69

1 ① 初めにあった長さ

② 使った長さ2m

③

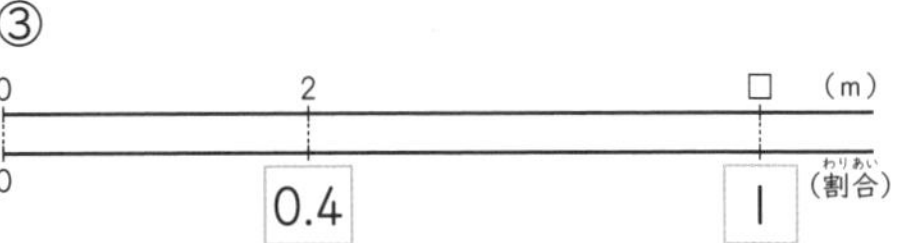

④ □×0.4＝2

⑤ □×0.4＝2

□＝2÷0.4

□＝5　　答え 5m

2 9÷0.25＝36　　答え 36人

3 15÷0.3＝50　　答え 50m²

4 136÷0.8＝170　　答え 170cm

5 36÷0.9＝40　　答え 40人

ポイント!

もとにする量＝比（くら）べる量÷割合（わりあい）

とき方

1② 「使った長さ」や「2m」でもよいです。
③ 初めにあった長さ□mを1とみます。
④ 初めにあった長さ×割合（わりあい）＝使った長さ2m

2求めるのは，もとにする量であるクラス全体の人数です。比（くら）べる量は欠席者数9人です。

3もとにする量は公園全体の面積，比（くら）べる量は花だんの面積15m²です。

4もとにする量はお父さんの身長，比（くら）べる量はそらさんの身長136cmです。

5もとにする量はバスの定員，比（くら）べる量は乗っている36人です。

割合⑦

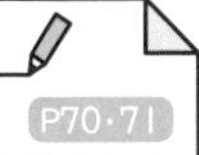

もとにする量を求める②

P70・71

1 ①

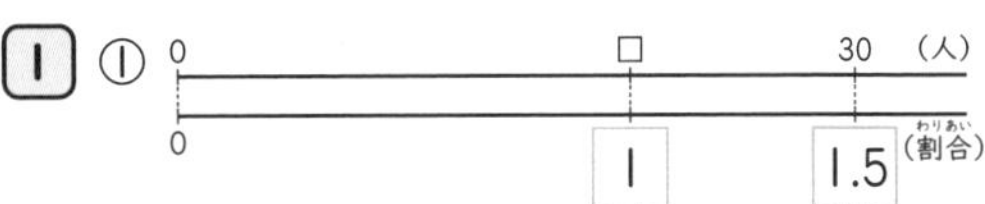

② 30÷1.5＝20　　答え 20人

2 2300÷1.15＝2000　　答え 2000さつ

3 80÷1.25＝64　　答え 64kg

4 2.4÷1.6＝1.5　　答え 1.5m

5 54÷1.2＝45　　答え 45回

6 650÷1.3＝500　　答え 500g

ポイント！

比べる量を割合でわって，もとにする量を求めます。

とき方

1 音楽クラブの定員がもとにする量，入部希望者数30人が比べる量です。

2 求めるのは，もとにする量である去年の本の数です。比べる量は，今年の本の数です。

3 もとにする量は昨日とれた量，比べる量は今日とれた量80kgです。

4 もとにする量は青いリボンの長さ，比べる量は赤いリボンの長さ2.4mです。

5 もとにする量は1回目にとんだ回数，比べる量は2回目にとんだ回数54回です。

6 もとにする量はいつもの量，比べる量は増量後の650gです。

35 割合⑧ 百分率① P72·73

1 ① 5%　② 8%
③ 45%　④ 70%
⑤ 90%　⑥ 100%
⑦ 150%　⑧ 102%
⑨ 200%　⑩ 32.5%

2 ① 0.04　② 0.09
③ 0.27　④ 0.18
⑤ 0.5　⑥ 0.3
⑦ 1.2　⑧ 1.07
⑨ 1.35　⑩ 2.4
⑪ 3　⑫ 0.506
⑬ 0.197　⑭ 0.024
⑮ 0.005

ポイント！

割合0.01は百分率で1%と表します。
百分率は100をもとにして表した割合です。

とき方

1 100倍して，「%」をつけます。
④ 0.7は0.70と考えて，70%です。
⑧ 1.02×100=102だから，102%です。
⑩ 0.001は0.1%です。

2 「%」をとって，100でわります。
⑪ 100%→1なので，300%は3です。
⑬ 0.7%→0.007なので，19.7%は0.197です。

36 割合⑨ 百分率②

1 ① 6割　② 7割3分
③ 8割2分1厘　④ 1割4厘
⑤ 20割　⑥ 0.3
⑦ 4　⑧ 0.397
⑨ 0.51　⑩ 0.082

2 ① 2割　② 9分
③ 6割3分　④ 4割8分
⑤ 7厘　⑥ 2割5分8厘
⑦ 3割1厘　⑧ 25割
⑨ 80%　⑩ 2%
⑪ 0.6%　⑫ 150%
⑬ 51.6%　⑭ 4.3%
⑮ 10.7%

ポイント！

割合0.1は歩合で1割と表します。
歩合は10をもとにして表した割合です。

とき方

1 ② 0.7→7割，0.03→3分だから，0.73→7割3分となります。
④ 小数第2位が0だから，「分」は0になり，表しません。
⑦ 10割→1だから，40割→4です。
⑩ 「○割」がないので，小数第1位の数は0です。

2 ①～⑧ まず，百分率を小数で表します。
⑦ 30.1%→0.301
小数第2位が0であることに注意します。
⑨～⑮ まず，歩合を小数で表します。
⑮ 1割0分7厘と考えて，0.107となります。

37 割合⑩ 百分率の利用① P76·77

1 ① 66÷120=0.55　答え 0.55
② 55%
③ 54÷120=0.45　答え 45%

2 3000÷7500=0.4　答え 40%

3 360÷450=0.8　答え 80%

4 ① 54÷45=1.2　答え 1.2
② 120%

5 75÷60=1.25　答え 125%

6 10÷25＝0.4　答え 4割

💡ポイント!
割合＝比べる量÷もとにする量
百分率で求める問題は，割合を小数で表したら，100倍して「%」をつけます。

とき方

1 ① もとにする量は5年生全体の120人，比べる量は犬が好きな66人です。
② 0.1→10%だから，0.5→50%，
0.01→1%だから，0.05→5%で55%です。
③
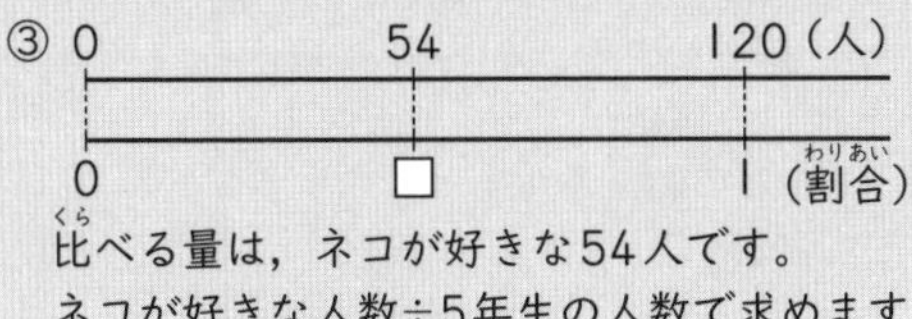

比べる量は，ネコが好きな54人です。
ネコが好きな人数÷5年生の人数で求めます。

2 もとにする量は$7500m^2$，比べる量は$3000m^2$です。

3 もとにする量は450円，比べる量は360円です。

4 ① もとにする量は定員の45人，比べる量は乗客数54人です。
② 1→100%，0.2→20%だから，120%です。

5 もとにする量は60本，比べる量は75本です。

6 もとにする量は全試合数25試合，比べる量は勝った10試合です。0.4→4割です。

38 割合⑪ 百分率の利用②

P78・79

1 ① 0.4
② 80×0.4＝32　答え 32ページ

2 360×0.2＝72　答え 72mL

3 560×1.5＝840　答え 840m

4 ① 1.4
② 21÷1.4＝15　答え 15cm

5 90÷0.75＝120　答え 120円

6 30×0.8＝24　答え 24問

7 12÷0.3＝40　答え $40m^2$

💡ポイント!
比べる量＝もとにする量×割合
もとにする量＝比べる量÷割合
百分率や歩合を小数で表してから計算します。

とき方

1 ① 10%→0.1だから，40%→0.4です。
②
0　□　80（ページ）
0　0.4　1（割合）
比べる量を求める問題です。
もとにする量は80ページ，割合は0.4です。

2 比べる量を求める問題です。20%→0.2です。
もとにする量は360mL，割合は0.2です。

3 比べる量を求める問題です。150%→1.5です。
もとにする量は家から学校までの560m，割合は1.5です。

4 ① 100%→1，40%→0.4だから，1.4です。
② もとにする量を求める問題です。比べる量は21cm，割合は1.4です。

5 もとにする量を求める問題です。75%→0.75です。比べる量は今日のねだん90円，割合は0.75です。

6 もとにする量はクイズの問題数30問，比べる量は正解した問題数です。
1割→0.1だから，8割→0.8です。

7 もとにする量は公園全体の面積，比べる量は花だんの面積$12m^2$です。3割→0.3です。

39 割合⑫ 百分率の利用③

P80・81

1 ① (1) 2000×0.2＝400　答え 400円
(2) 2000−400＝1600　答え 1600円
② 2000×(1−0.2)＝2000×0.8
＝1600　答え 1600円

2 6000×(1−0.05)＝6000×0.95
＝5700　答え 5700L

3 800×(1−0.4)＝800×0.6
＝480
〔800×0.4＝320，800−320＝480〕
答え 480円

4 4500×(1−0.02)＝4500×0.98
＝4410
〔4500×0.02＝90，4500−90＝4410〕
答え 4410人

5 3600×(1−0.3)＝3600×0.7
＝2520　答え 2520円

6 2500×(1−0.2)=2500×0.8
=2000
〔2500×0.2=500，2500−500=2000〕
答え 2000円

ポイント!
○%引きは，100%から○%をひいた割合を，もとにする量にかけて求めます。
または，もとにする量の○%を求めて，この量をもとにする量からひいて求めます。
割合が歩合で表されていても，百分率と同じ考え方で求めます。

とき方

1 ② 20%引きなので，100−20=80(%)のねだんを求めます。

2 今週使った水の量は，先週の100−5=95(%)です。

3 代金は，定価の100−40=60(%)です。
または，定価の40%の金額を，定価からひいて求めてもよいです。

4 今年の人口は，去年の100−2=98(%)です。
または，去年の人口の2%を求めて，去年の人口からひいて求めてもよいです。

5 1割→0.1だから，3割→0.3です。
代金は，3600円の10−3=7(割)です。

6 2割→0.2です。
代金は，定価2500円の10−2=8(割)です。
または，定価の2割の金額を，定価からひいて求めてもよいです。

40 割合⑬ 百分率の利用④

P82・83

1 ① 買った筆箱600円
② 600÷(1−0.25)=600÷0.75
=800　答え 800円

2 432÷(1−0.04)=432÷0.96
=450　答え 450人

3 629÷(1−0.15)=629÷0.85
=740　答え 740円

4 570÷(1−0.05)=570÷0.95
=600　答え 600kg

5 1440÷(1−0.2)=1440÷0.8
=1800　答え 1800円

6 15000÷(1−0.4)=15000÷0.6
=25000
答え 25000円

7 210÷(1−0.3)=210÷0.7
=300　答え 300個

ポイント!
もとにする量を求める問題なので，
比べる量÷割合で求めます。

とき方

1 ①「買った代金」「600円」「25%引きで売られている筆箱600円」などでもよいです。
② もとのねだんがもとにする量です。25%引きなので，ね引き後の割合は1−0.25=0.75です。

2 もとにする量は去年の子どもの人数，比べる量は今年の子どもの人数です。
割合は，1−0.04=0.96です。

3 もとにする量は定価，比べる量は買った代金です。
割合は，1−0.15=0.85です。

4 もとにする量は去年のしゅうかく量，比べる量は今年のしゅうかく量です。
割合は，1−0.05=0.95です。

5 もとにする量は定価，比べる量は買った代金です。2割→0.2で，定価の2割引きだから，ね引き後の割合は，1−0.2=0.8です。

6 もとにする量は定価，比べる量は買った代金です。4割→0.4で，ね引き後の割合は，1−0.4=0.6です。

7 もとにする量は昨日売れた数，比べる量は今日売れた数です。3割→0.3で，減った後の割合は，1−0.3=0.7です。

41 割合⑭ 百分率の利用⑤

P84・85

1 ① 120%
② 300×(1+0.2)=300×1.2
=360　答え 360mL

2 4000×(1+0.3)=4000×1.3
=5200　答え 5200円

3 150×(1+0.2)=150×1.2
=180　答え 180g

4 ① Ｉふくろ100まい
② 100÷(1+0.25)=100÷1.25
=80　**答え** 80まい

5 690÷(1+0.15)=690÷1.15
=600　**答え** 600mL

6 4200÷(1+0.4)=4200÷1.4
=3000　**答え** 3000円

7 1200÷(1+0.6)=1200÷1.6
=750　**答え** 750人

ポイント!
○%増量は，100%に○%をたした割合を，もとにする量にかけて求めます。

とき方

1 ① 100%+20%=120%
② 20%→0.2で，20%増量なので，今のせんざいの量は，これまでの量の(1+0.2)の割合になります。

2
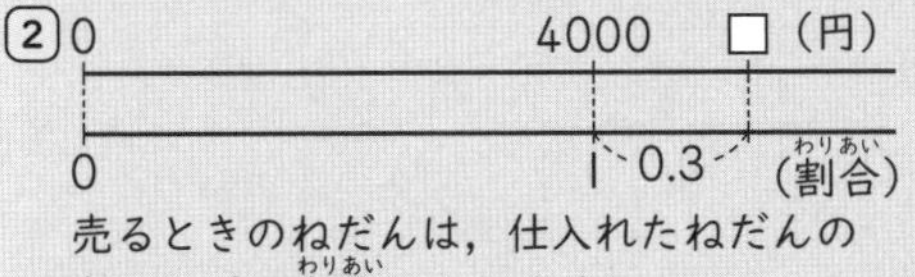

売るときのねだんは，仕入れたねだんの(1+0.3)の割合になります。

3 比べる量を求める問題です。2割→0.2で，2割増量なので，増量後の割合は，1+0.2=1.2です。

4 ①「売られている1ふくろのまい数」や「100まい」，「25%増量した折り紙100まい」などでもよいです。
② ○%増量を使ったもとにする量を求める問題です。もとにする量はこれまでのまい数，比べる量は増量後のまい数です。

5 もとにする量を求める問題です。15%増量なので，増量後の割合は，1+0.15=1.15です。

6 もとにする量を求める問題です。
40%の利益→40%増加したねだんだから，定価の割合は，1+0.4=1.4です。

7 もとにする量を求める問題です。
6割→0.6で，6割増加なので，今日の入園者数の割合は，1+0.6=1.6です。

42 割合とグラフ① 帯グラフや円グラフ①

P86・87

1 ① (1) (左から)長方形，割合
(2) 1
② 少ない。
③ 35%
④ 3倍

2 ① (1) 割合
(2) 1
② 算数
③ 60%
④ $\frac{3}{4}$

ポイント!
全体を，長方形で表したグラフを帯グラフ，円で表したグラフを円グラフといいます。
どちらも割合を表したグラフです。

とき方

1 ② 算数は，半分(50%)より少ないです。
③ 算数は，0から35のめもりまでです。
④ 体育のはばは，図工のはばの3倍になっています。

2 ② 区切った面積がいちばん大きいものが，割合がいちばん多いといえます。
④ 算数と国語と体育をあわせると，0のめもりから75のめもりまでで，全体の$\frac{3}{4}$といえます。

43 割合とグラフ② 帯グラフや円グラフ②

P88・89

1 ① 茨城県…23%
宮崎県…19%
高知県…10%
鹿児島県…9%
岩手県…5%
大分県…4%
② 茨城県
③ 3.8倍
④ 47%

2 ① サッカー，25
② $\frac{1}{5}$
③ 4倍
④ 500×0.25=125　**答え** 125人
⑤ 10−7=3(%)
500×0.03=15　**答え** 15人

ポイント！

帯グラフの小さい1めもりは1％です。
それぞれの割合は，めもりの数を読み取ります。

とき方

1 ① 宮崎県は，23から42のめもりまでで，
42−23＝19(％)です。
同じように，他の県の割合も求めます。
③ 19÷5＝3.8(倍)
④ 帯グラフで，宮崎県から大分県までのめもりは，70−23＝47(めもり)です。

2 サッカーは25％，バレーボールは20％，バスケットボールは16％，野球は10％，テニスは7％，水泳は4％，その他は18％です。
③ 16÷4＝4(倍)
⑤ 野球とテニスの人数をそれぞれ求めてから，ひいてもよいです。
500×0.1＝50
500×0.07＝35
50−35＝15(人)

44 割合とグラフ③ 帯グラフや円グラフ③

P90・91

1 ① 山梨県…21％
長野県…18％
山形県…10％
岡山県…9％
福岡県…4％
北海道…4％
② 66％
③ 36900÷0.21＝175714.2…
答え 176000t

2 ① ケーキ，30
② 5倍
③ 150×0.24＝36　答え 36人
④ 20−12＝8(％)
150×0.08＝12　答え 12人

3 ① 25％
② 20÷0.25＝80　答え 80人

ポイント！

円グラフの小さい1めもりは1％です。

とき方

1 ① 長野県は，21から39のめもりまでで，
39−21＝18(％)です。
③ 比べる量÷割合で，比べる量は山梨県のしゅうかく量，割合は21％で0.21です。

2 ケーキは30％，シュークリームは24％，プリンは20％，アイスクリームは12％，ゼリーは6％，その他は8％です。
② 30÷6＝5(倍)
④ プリンとアイスクリームの人数をそれぞれ求めてから，ひいてもよいです。

3 運動場は40％，体育館は25％，ろう下は15％，教室は10％，その他は10％です。
① 15＋10＝25(％)
② 比べる量÷割合で求めます。

45 割合とグラフ④ 帯グラフのかき方①

P92・93

1 ①

乗り物の種類別の台数

種類	台数(台)	割合(％)
乗用車	20	40
トラック	12	ア 24
バス	8	イ 16
オートバイ	6	ウ 12
その他	4	エ 8
合計	50	100

②

乗り物の種類別の台数の割合

乗用車	トラック	バス	オートバイ	その他

0　10　20　30　40　50　60　70　80　90　100％

2 ①

好きな給食のメニュー

メニュー	カレー	からあげ	やきそば	ハンバーグ	うどん	その他	合計
人数(人)	132	96	68	40	24	40	400
割合(％)	33	24	17	10	6	10	100

②

好きな給食のメニューの割合

カレー	からあげ	やきそば	ハンバーグ	うどん	その他

0　10　20　30　40　50　60　70　80　90　100％

3

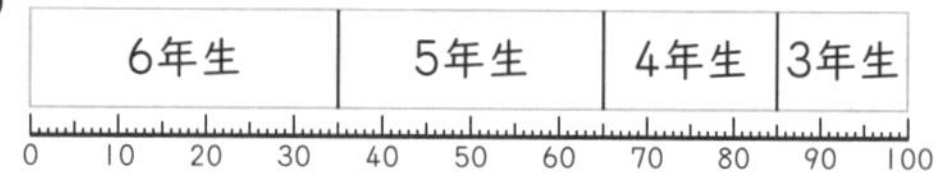

ポイント!

百分率の大きい順に，左からかきます。
その他は，百分率が大きくても最後にかきます。

とき方

1 ① ア　12÷50=0.24
イ　8÷50=0.16
ウ　6÷50=0.12
エ　4÷50=0.08
答えは%で表します。

② トラックは24%で，40+24=64(%)だから，40から64のめもりまでです。
同じようにして，バス，オートバイをかき，最後にその他をかきます。

2 ① カレー　132÷400=0.33
からあげ　96÷400=0.24
やきそば　68÷400=0.17
ハンバーグ　40÷400=0.1
うどん　24÷400=0.06
その他　40÷400=0.1

3 6年生　14÷40=0.35
5年生　12÷40=0.3
4年生　8÷40=0.2
3年生　6÷40=0.15

46 割合とグラフ⑤ 帯グラフのかき方②

P94・95

1 ①

都道府県別のキウイフルーツのしゅうかく量(2019年)

県名	愛媛	福岡	和歌山	神奈川	静岡	その他	合計
しゅうかく量(t)	6000	5230	3040	1480	949	8601	25300
割合(%)	24	21	12	6	4	33	100

②

都道府県別のキウイフルーツのしゅうかく量の割合(2019年)

愛媛	福岡	和歌山	神奈川	静岡	その他

0　10　20　30　40　50　60　70　80　90　100%

2 ①

飼っている動物

種類	犬	ネコ	魚	鳥	その他	合計
人数(人)	17	14	9	6	7	53
割合(%)	33	26	17	11	13	100

② 飼っている動物の割合

犬	ネコ	魚	鳥	その他

0　10　20　30　40　50　60　70　80　90　100%

3 ① 2.8cm
② 5.1cm

ポイント!

割合の合計は100%にします。
割合の合計が100%にならないときは，百分率がいちばん大きい部分か「その他」で，100%になるように調整します。

とき方

1 ① 愛媛　24%
福岡　5230÷25300=0.206…　21%
和歌山　3040÷25300=0.120…　12%
神奈川　1480÷25300=0.058…　6%
静岡　949÷25300=0.037…　4%
その他　8601÷25300=0.339…　34%
合計　101%
その他を1%減らして，33%にします。

2 ① 犬　17÷53=0.320…　32%
ネコ　14÷53=0.264…　26%
魚　9÷53=0.169…　17%
鳥　6÷53=0.113…　11%
その他　13%
合計　99%
犬を1%増やして，33%にします。

3 100%が10cmになります。
① いちごの割合は28%だから，いちごとその次のぶどうの間を区切る直線は，左から2.8cmのところになります。
② いちごとぶどうの割合をあわせると，28+23=51(%)です。
区切る直線は，左から10×0.51=5.1(cm)のところになります。

47 割合とグラフ⑥ 円グラフのかき方①

P96・97

1 ①

住んでいる町別の人数

町名	東山町	西山町	北山町	南山町	その他	合計
人数(人)	45	36	27	24	18	150
割合(%)	30	24	18	16	12	100

②

住んでいる町別の人数の割合

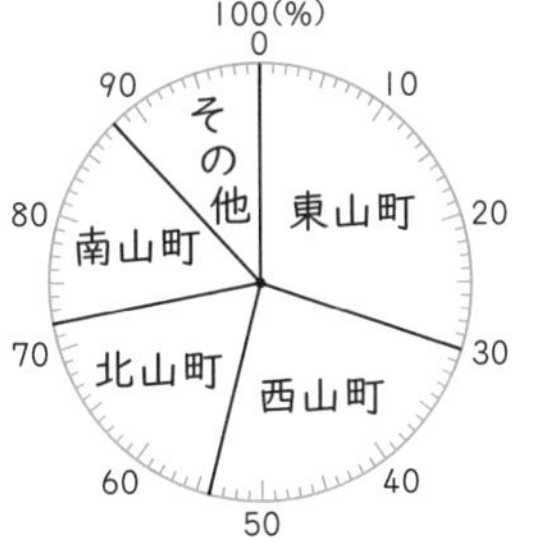

2 ①

貸し出された本の種類

種類	物語	図かん	科学	伝記	その他	合計
本の数（さつ）	152	100	64	36	48	400
割合（%）	38	25	16	9	12	100

② 貸し出された本の種類の割合

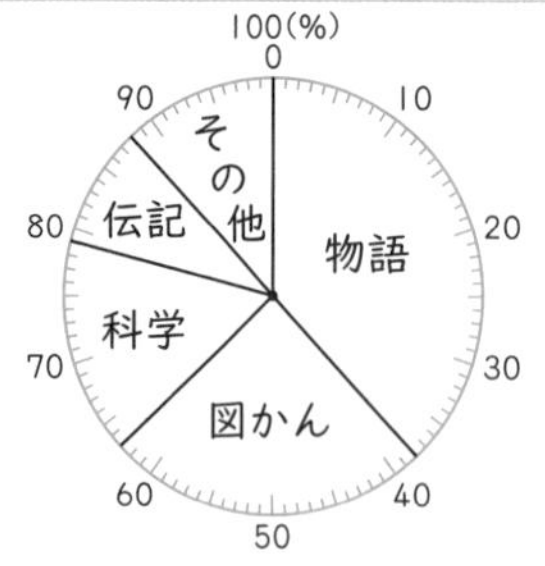

3 おこづかいの使い道

種類	金額（円）
本	800
おかし	560
文ぼう具	400
その他	240
合計	2000

おこづかいの使い道の割合

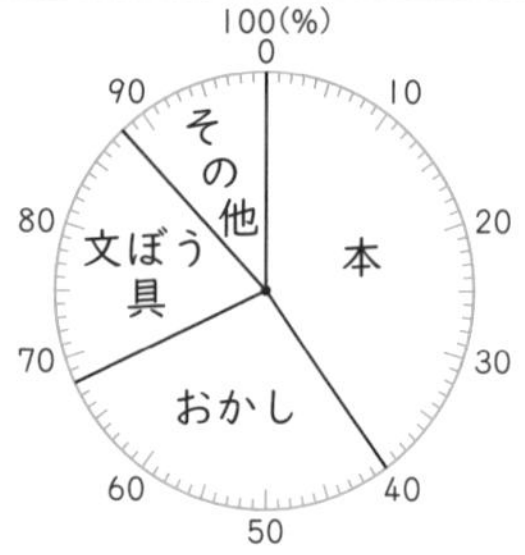

ポイント！

円グラフは，真上から右まわりに区切ってかきます。

とき方

1 ① 西山町　36÷150＝0.24
北山町　27÷150＝0.18
南山町　24÷150＝0.16
その他　18÷150＝0.12

② 西山町は24%だから，30＋24＝54（%）で，30から54のめもりまでです。
同じようにして，北山町，南山町をかき，最後にその他をかきます。

2 ① 物語　152÷400＝0.38
図かん　100÷400＝0.25
科学　64÷400＝0.16
伝記　36÷400＝0.09
その他　48÷400＝0.12

3 その他は，
2000－（800＋560＋400）＝240（円）です。
本　800÷2000＝0.4
おかし　560÷2000＝0.28
文ぼう具　400÷2000＝0.2
その他　240÷2000＝0.12

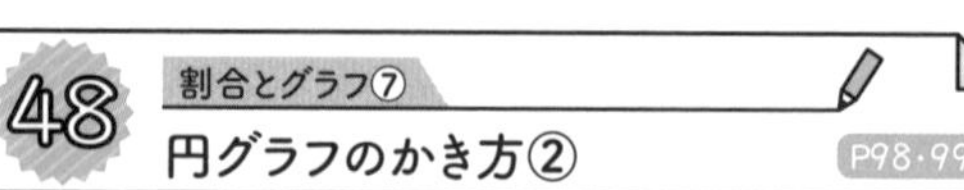

1 ①

都道府県別のにんじんのしゅうかく量（2019年）

都道府県	北海道	千葉	徳島	青森	長崎	その他	合計
しゅうかく量（百t）	1947	936	514	396	311	1845	5949
割合（%）	33	16	9	7	5	30	100

②

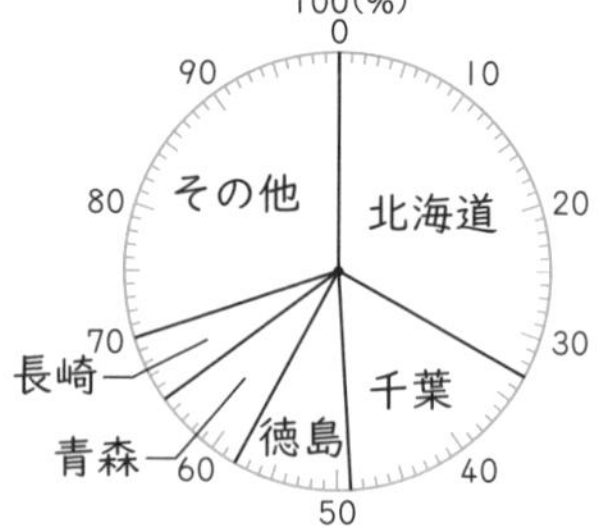

2 ①

公園の場所別の面積

場所	しばふ	遊具	水遊び場	花だん	その他	合計
面積（m^2）	1285	1115	204	65	511	3180
割合（%）	41	35	6	2	16	100

② 公園の場所別の面積の割合

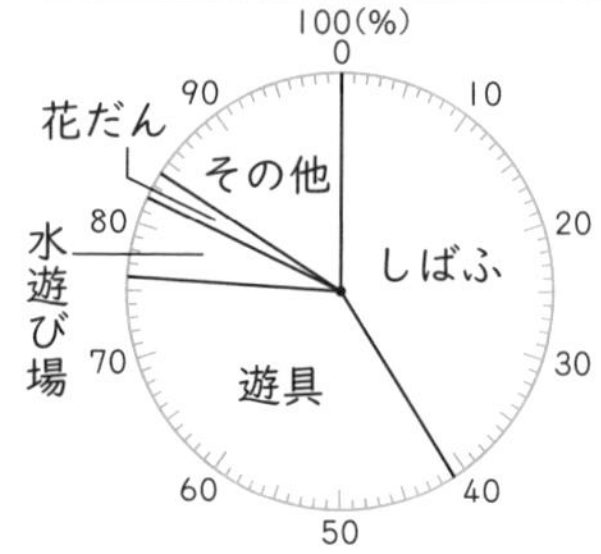

3 ① 30人

②

好きなテレビ番組

ジャンル	バラエティー	アニメ	ドラマ	スポーツ	その他	合計
人数(人)	12	6	5	3	4	30
割合(%)	40	20	17	10	13	100

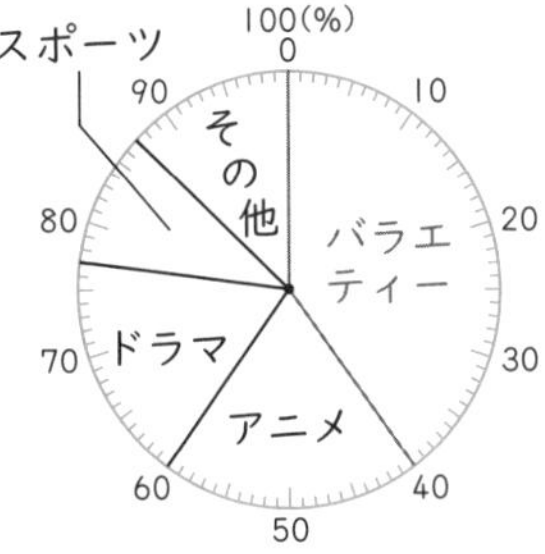

ポイント!

割合を求めたら，まず，合計が100%になることを確にんします。

とき方

1 ① 北海道　33%

千葉　936÷5949=0.157…　16%

徳島　514÷5949=0.086…　9%

青森　396÷5949=0.066…　7%

長崎　311÷5949=0.052…　5%

その他　1845÷5949=0.310…　31%

合計　101%

その他を1%減らして，30%にします。

2 ① しばふ　1285÷3180=0.404…　40%

遊具　1115÷3180=0.350…　35%

水遊び場　204÷3180=0.064…　6%

花だん　65÷3180=0.020…　2%

その他　16%

合計　99%

しばふを1%増やして，41%にします。

3 ① 円グラフより，バラエティーの割合は40%だから，クラス全体の人数は，
12÷0.4=30(人)です。

② その他は，30−(12+6+5+3)=4(人)です。

バラエティー　40%

アニメ　6÷30=0.2　20%

ドラマ　5÷30=0.166…　17%

スポーツ　3÷30=0.1　10%

その他　4÷30=0.133…　13%

合計　100%

49 割合とグラフ⑧ グラフを読み解く問題①

P100·101

1 ① 2018年…21%
2019年…25%
2020年…23%

② 22747t

③ 山梨県

④ 2019年

⑤ ウ

2 ① 工業用地，農地

② 6km²

③ いえない。

理由

(例)東市の農地の面積は，
$50\times0.07=3.5(km^2)$
西市の農地の面積は，$30\times0.1=3(km^2)$
だから，農地の面積は，西市のほうが大きいとはいえない。

とき方

1 ② 98900×0.23=22747(t)

③ 2019年と2020年の帯グラフの，各部分の長さで比べます。2020年のほうが長くなっているのは，山梨県だけです。

④ 2019年のしゅうかく量は，
107900×0.29=31291(t)です。
2020年のしゅうかく量は，
98900×0.31=30659 (t)です。
2019年のほうが，しゅうかく量は多いです。

⑤ ウ　割合が同じでも，全体の量がちがうので，しゅうかく量が同じとはいえません。

2 ② $30\times0.2=6(km^2)$

③ 割合が大きくても，総面積がちがうので，面積が大きいとは限りません。

 割合とグラフ⑨ グラフを読み解く問題②

P102·103

1 ① 切りきず

② 4月

③ 運動場

④ (1) これらのグラフからはわからない

(2) 正しくない

(3) 正しい

2 イ，ウ

とき方

1① アの帯グラフから読み取れます。
切りきず以外は増えています。
② ウの折れ線グラフから読み取れます。
4月は40人で，いちばん人数が少ないです。
③ イの円グラフから読み取れます。
④ (1) イは，6月のけがが全体の場所別の割合で，6月のすりきずをした場所の割合はわかりません。
(2) うちみの人数は，アとウから，
4月　40×0.15＝6(人)
5月　60×0.1＝6(人)
6月　50×0.12＝6(人)
となり，正しくありません。
(3) ウより，4月の人数は40人，5月の人数は60人だから，60÷40＝1.5(倍)です。

2ア 5月に貸し出された物語の数の，3年生の割合が25%だから，その数は，
(150×0.32)×0.25＝12(さつ)です。
イ 100÷150＝0.666…だから，約67%です。
ウ 貸し出された物語の数は，
5月が150×0.32＝48(さつ)，
6月が100×0.35＝35(さつ)です。
エ 円グラフが表しているのは，5月に貸し出された本ではなく，物語の学年ごとの割合です。

51 割合とグラフ⑩ グラフを読み解く問題③

P104・105

1 ① 減っている。
② 2010年から2020年の0～17才のグループ
③ (1) ア
(2) ウ

2 ① イ
② ウ
③ ア
④ ウ

とき方

1① アのぼうグラフより，20年間で減っていることがわかります。
② イの折れ線グラフを見ればわかります。線のかたむきが急であるほど，変わり方が大きいです。
③ アは全体の人数の変わり方，イは各グループの人数の変わり方，ウは各グループの割合の変わり方がわかりやすいグラフになっています。

2① 人数の変わり方は，折れ線グラフに表します。
②④ 割合は，円グラフに表します。
③ 種類別の人数は，ぼうグラフに表します。

52 割合とグラフ⑪ グラフを読み解く問題④

P106・107

1 ① 7%
② 0.559台
③ 6%
④ ア 2010　イ 2015
ウ 2010　エ 同じ
オ 減って　カ 2015
キ 正しい

とき方

1① 4225÷62195＝0.067…だから，7%です。
② 4225÷7552＝0.5594…だから，0.559台です。単位がそれぞれ「千台」，「千人」で，千の単位でそろっているので，このまま計算できます。
③ 円グラフの31から37のめもりまでです。
④ 2010年の日本の割合は16%で，生産台数は，77584×0.16＝12413.44(千台)です。
2015年の日本の割合は10%で，生産台数は，90781×0.1＝9078.1(千台)です。

2010年と2015年の日本の生産台数を比べると，2010年のほうが多いです。

また，2020年の日本の割合は10%です。

2015年と2020年の割合は同じですが，総生産台数がちがうので，生産台数は同じではありません。総生産台数の多いほうが生産台数が多いといえます。

53 変わり方① 関係を表や式で表す①

P108・109

1 ① △＝○＋7
②

はると○(才)	1	2	3	4	5	6
兄　△(才)	8	9	10	11	12	13

③ 1ずつ増える。
④ 17才
⑤ 22才

2 ① △＝25－○
②

使ったまい数○(まい)	1	2	3	4	5	6
残りのまい数△(まい)	24	23	22	21	20	19

③ 1ずつ減る。

④ 10まい
⑤ 7まい

3 ① △=30−○
②

たての長さ○(cm)	1	2	3	4	5	6
横の長さ△(cm)	29	28	27	26	25	24

③ 10cm
④ 14cm

とき方

1① ○と△をことばの式に表して考えます。
兄の年れい=はるとさんの年れい+7
② ○が2のとき，△=○+7の○に2をあてはめて，△=2+7，△=9となります。
同じようにして，○が3，4，…のときの△を求めます。
③ 表を横に見ていきます。○が1ずつ増えると，△も1ずつ増えています。
④ 10+7=17(才)
⑤ 29=○+7
○=29−7，○=22(才)

2③ 表を横に見ていきます。○が1ずつ増えると，△は1ずつ減っています。
④ 25−15=10(まい)
⑤ 18=25−○
○=25−18，○=7(まい)

3① たての長さ+横の長さ=30だから，
○+△=30，△=30−○
② ○が1ずつ増えると，△は1ずつ減ります。
③ 30−20=10(cm)
④ 16=30−○
○=30−16，○=14(cm)

54 変わり方② 関係を表や式で表す②

P110・111

1 ① △=5×○
②

横の長さ○(cm)	1	2	3	4	5	6
面積△(cm^2)	5	10	15	20	25	30

③ 2倍，3倍，……になる。
④ 半分になる。
⑤ 比例する。

2 ① △=80×○
②

時間○(時間)	1	2	3	4	5	6
道のり△(km)	80	160	240	320	400	480

③ 比例する。
④ 720km

3 ① ア △=130×○

ドーナツの数○(個)	1	2	3	4	5	6
代金△(円)	130	260	390	520	650	780

イ △=28−○

食べたまい数○(まい)	1	2	3	4	5
残りのまい数△(まい)	27	26	25	24	23

ウ △=20×○

高さ○(cm)	1	2	3	4	5	6
体積△(cm^3)	20	40	60	80	100	120

② ア，ウ

とき方

1① 長方形の面積=たて×横
② ①の式の○に数をあてはめて，△を求めます。○が2のとき，△=5×2，△=10
同じようにして，○が3，4，…のときの△を求めます。
③ 横の長さが2cmから4cmと2倍になると，面積も10cm^2から20cm^2と2倍になります。
④ 横の長さが6cmから3cmと半分になると，面積も30cm^2から15cm^2と半分になります。
⑤ 横の長さが2倍，3倍，…になると，面積も2倍，3倍，…になるので，面積は横の長さに比例します。

2① 道のり=速さ×時間
③ 時間が2倍，3倍，…になると，道のりも2倍，3倍，…になるので，道のりは時間に比例します。
④ 80×9=720(km)

3① ア 代金=1個のねだん×個数
イ 残りのまい数
=はじめのまい数−食べたまい数
ウ 直方体の体積=たて×横×高さ だから，
△=5×4×○，△=20×○
② アとウは，○が2倍，3倍，…になると，△も2倍，3倍，…になるので，△は○に比例します。イは，○が1ずつ増えると，△は1ずつ減ります。

55 変わり方③
関係を表や式で表す③

P112・113

1 ① △＝200×○＋60

②

ケーキの数○(個)	1	2	3	4	5	6
代金△(円)	260	460	660	860	1060	1260

③ 200円ずつ増える。

④ 比例しない。

⑤ 1660円

2 ① △＝80×○＋100

②

ボールの数○(個)	1	2	3	4	5	6
全部の重さ△(g)	180	260	340	420	500	580

③ 比例しない。

理由

(例)○が2倍，3倍，……になっても，△は2倍，3倍，……にならないから。

3 ① △＝60−3×○

②

配る人数○(人)	1	2	3	4	5	6
残りのまい数△(まい)	57	54	51	48	45	42

③ 3まいずつ減る。

④ 24まい

とき方

1 ① 代金＝1個のねだん×個数＋箱代

② ①の式の○に数をあてはめて，△を求めます。○が2のとき，
△＝200×2＋60，△＝460です。
同じようにして，○が3，4，…のときの△を求めます。

③ ケーキが1個から2個に1個増えると，代金は，460−260＝200(円)増えます。

④ ○が2倍，3倍，…になっても，△は2倍，3倍，…にならないので，△は○に比例しません。

⑤ 200×8＋60＝1660(円)

2 ① 全部の重さ
＝ボール1個の重さ×個数＋かごの重さ

② ○が2のとき，△＝80×2＋100，△＝260です。
同じようにして，○が3，4，…のときも求めます。

3 ① 残りのまい数
＝はじめのまい数−1人に配るまい数×人数

② ○が2のとき，△＝60−3×2，△＝54です。
同じようにして，○が3，4，…のときも求めます。

③ 配る人数が1人から2人に1人増えると，残りのまい数は，57−54＝3(まい)減ります。

④ 60−3×12＝24(まい)

56 変わり方④
関係を表や式で表す④

P114・115

1 ①

正三角形の数○(個)	1	2	3	4	5	6
マッチぼうの数△(本)	3	5	7	9	11	13

② 2本ずつ増える。

③ ア △＝1＋2×○
イ △＝3＋2×(○−1)

④ 31本

2 ①

正六角形の数○(個)	1	2	3	4	5	6
ぼうの数△(本)	6	11	16	21	26	31

② 5本ずつ増える。

③ △＝1＋5×○
〔△＝6＋5×(○−1)〕

④ 101本

3 ①

ひし形の数○(個)	1	2	3	4	5	6
ストローの数△(本)	4	7	10	13	16	19

② △＝1＋3×○
〔△＝4＋3×(○−1)〕

③ 比例しない。

④ 91本

ポイント!

図や表を使うと，2つの量の変わり方のきまりが見つけやすくなります。

とき方

1 ① 正三角形が4個，5個，6個のときは，下の図のようになります。

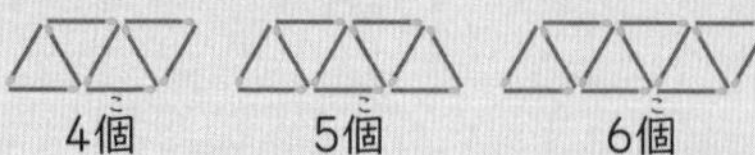

② 正三角形が1個のときマッチぼうは3本
正三角形が2個のときマッチぼうは5本
だから，正三角形が1個増えると，マッチぼうは，5−3＝2(本)増えます。

③ ア いちばん左の1本と，2本ずつに分けて考えます。正三角形が○個のときは，2

本ずつのまとまりが○個できます。

イ 1個目の正三角形は3本で，正三角形が1個増えるごとに2本ずつ増えていくと考えます。正三角形が○個のとき，2本ずつのまとまりは(○−1)個できます。

④ 1+2×15=31(本)
または，3+2×(15−1)=31(本)

2 ② 正六角形が1個から2個に1個増えると，ぼうの数は，11−6=5(本)増えます。

③ 下の図のように考えると，

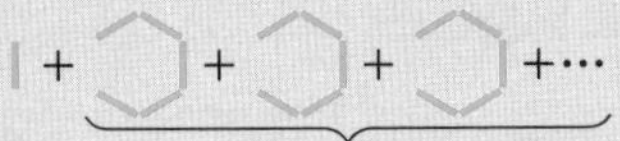

1本　5 × ○本

△=1+5×○と表せます。

また，下の図のように考えると，

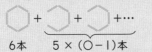

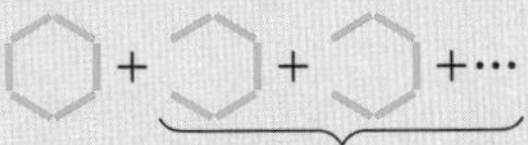

6本　5 × (○−1)本

△=6+5×(○−1)と表せます。

④ 1+5×20=101(本)
または，6+5×(20−1)=101(本)

3 ① ひし形が1個増えると，ストローは3本増えます。

② 下の図のように考えると，

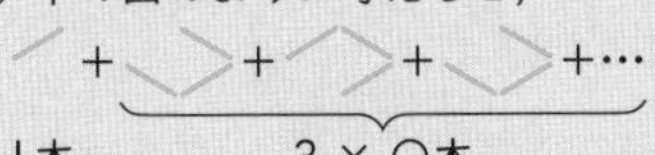

1本　3 × ○本

△=1+3×○と表せます。

また，下の図のように考えると，

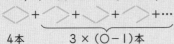

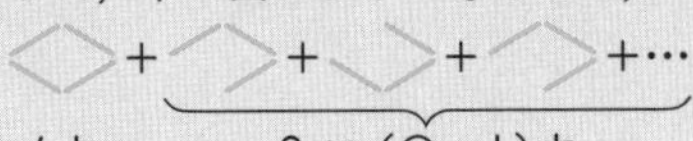

4本　3 × (○−1)本

△=4+3×(○−1)と表せます。

③ ○が2倍，3倍，…になっても，△は2倍，3倍，…にならないので，△は○に比例しません。

④ 1+3×30=91(本)
または，4+3×(30−1)=91(本)

57 表を使って考える①
整理した表で考える①

P116・117

1 ①②

	昨日まで	1日(今日)	2日	3日	4日
たくみ(ページ)	24	32	40	48	56
ひかり(ページ)	0	12	24	36	48
差(ページ)	24	20	16	12	8

③ 4ページずつちぢまる。

④ (1) (順に)4，6
(2) (順に)4，6，6

2 ①

つばささんが家を出てからの時間 (分)	0	1	2	3	4
妹 (m)	400	460	520	580	640
つばさ (m)	0	100	200	300	400
差 (m)	400	360	320	280	240

② 40mずつちぢまる。

③ 10分後

ポイント!

2つの量の変わり方を表に書いて，2つの量の差のきまりを見つけます。

とき方

1 ① たくみさんは，1日に8ページずつ増えていきます。ひかりさんは，1日に12ページずつ増えていきます。

② 2人のページ数の差は，たくみさんのページ数−ひかりさんのページ数で求めます。
1日(今日)のときの差は，
32−12=20(ページ)です。
同じようにして，2日，3日，…のときの2人のページ数の差を求めます。

③ 昨日までから1日(今日)まででは，
24−20=4(ページ)ちぢまっています。1日(今日)から2日までで も，20−16=4(ページ)ちぢまっています。他のときも同じように，4ページずつちぢまっています。

④ (1) 最初の差の24ページから，1日にちぢまるページ数ずつ減らしていき，0ページになる日数を調べます。
(2) 1日に4ページずつちぢまります。24ページちぢめるには，何日かかるかを考えます。

2 ① 妹は，1分間に60mずつ増えていきます。つばささんは，1分間に100mずつ増えていきます。
2人の道のりの差は，妹の家からの道のり−つばささんの家からの道のりで求めます。
1分のときの差は，460−100=360(m)です。
同じようにして，2分，3分，…のときの2人の道のりの差を求めます。

② 0分から1分まででは，400−360=40(m)ちぢまっています。他のときも同じように，40mずつちぢまっています。

③ つばささんが妹に追いつくとき，2人の道のりの差が0mになることから考えます。
400÷40=10より，10分後です。

表を使って考える②

58 整理した表で考える②

P118・119

1 ①②

時間　（分）	0	1	2	3	4
さな　（m）	0	60	120	180	240
お姉さん（m）	0	80	160	240	320
和　　（m）	0	140	280	420	560

③ 140mずつ増える。

④ （順に）140，140，5，5

⑤ 15分後

2 ①

	昨日まで	1分	2分	3分	4分
けんと　（m）	10	11	12	13	14
お母さん（m）	0	2	4	6	8
ぬった長さの和　（m）	10	13	16	19	22

② 45m

③ 3mずつ増える。

④ 15分

ポイント！

2つの量の変わり方を表にかいて，2つの量の和のきまりを見つけます。

とき方

1 ① さなさんは，1分間に60mずつ増えていきます。お姉さんは，1分間に80mずつ増えていきます。

② 1分後の2人の道のりの和は，
60＋80＝140(m)です。
同じようにして，2分後，3分後，…のときの2人の道のりの和を求めます。

③ 0から1分まででは，140−0＝140(m)増えています。他のときも同じように，140mずつ増えています。

④ 道のりが700m，速さが分速140mのときの時間を求めます。

⑤ 道のりが2100m，速さが分速140mのときの時間を求めるので，2100÷140＝15(分後)です。

2 ① けんとさんは，1分間に1mずつ増えていきます。お母さんは，1分間に2mずつ増えていきます。
1分後のぬった長さの和は，11＋2＝13(m)です。
同じようにして，2分，3分，…のときのぬった長さの和を求めます。

② 昨日までに10mぬったので，
55−10＝45(m)です。

③ 昨日までから1分まででは，13−10＝3(m)増えています。他のときも同じように，3mずつ増えています。

④ 45mを1分間に3mずつぬっていくので，
45÷3＝15(分)です。

表を使って考える③

59 整理した表で考える③

P120・121

1 ①②

折った回数（回）	1	2	3	4
三角形の数（個）	2	4	8	16

2 倍　2 倍　2 倍

③ 32個

④ 64個

2 ①

切った回数（回）	1	2	3	4
できた紙の数（まい）	2	4	8	16

② 2倍になる。

③ 32まい

④ (1) 64まい
(2) 6回

とき方

1 ① 折ったものを広げると，下のようになります。

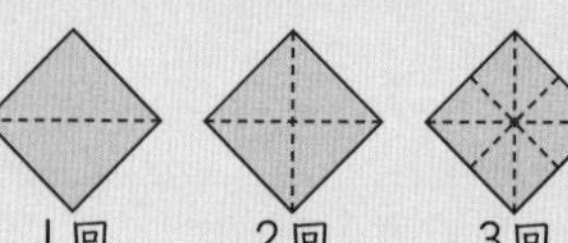

② 1回目から2回目では，2個から4個になっているので，2倍です。同じように，2回目から3回目，3回目から4回目も2倍になります。

③ 5回折ったときの三角形の数は，4回折ったときの2倍だから，16×2＝32(個)です。

④ 5回折ったときの三角形の数の2倍だから，
32×2＝64(個)です。
または，4回折ったときの三角形の数の2×2＝4(倍)と考えてもよいです。

2 ① 1回目は2まいできます。2回目は，2まいを重ねて切るので4まい，3回目は，4まいを重ねて切るので8まい，4回目は，8まいを重ねて切るので16まいできます。
② 表より，1回増えると，できる紙の数は2倍になっています。
③ 4回切ってできた紙の数の2倍だから，16×2＝32(まい)です。
④ (1) できた紙のまい数は，6.4÷0.1＝64(まい)です。
(2) 64÷2＝32より，5回切ったときの2倍が64まいだから，切った回数は6回です。

60 表を使って考える④ 整理した表で考える④

P122・123

1 ①

ならべ方（番目）	1	2	3	4	5
おはじきの数(個)	1	4	8	12	16

② (順に)4，16，4，20
③ 24個
④ 8番目

2 ①

だんの数（だん）	1	2	3	4	5
色板の数（まい）	1	4	9	16	25

② (順に)6，6，36
③ 49まい
④ 8だん

とき方

1 ① 4番目と5番目は，下のようになります。

4番目　5番目

② 2番目から3番目では，4個から8個になっているので，4個増えています。同じように，3番目から4番目，4番目から5番目でも，4個ずつ増えています。これより，6番目のおはじきの数は，5番目より4個増えるので，16＋4＝20(個)です。
③ 7番目のおはじきの数は，6番目より4個増えるので，20＋4＝24(個)です。
④ □＋4＝28，□＝28－4，□＝24
これより，28個は7番目の数24個より4個増えているので，8番目です。

2 ① 4だんと5だんは，下のようになります。

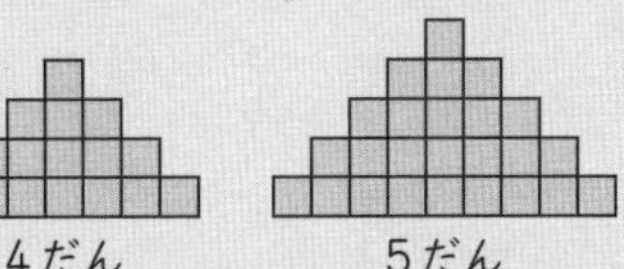

② 色板のまい数は，だんの数を2回かけた数になるから，6だんの形のときの色板の数は，6×6＝36(まい)です。
③ 7だんの形のときの色板の数は，7×7＝49(まい)です。
④ 64＝8×8だから，8だんの形のときです。

61 まとめ① 5年のまとめ①

P124・125

1 ① 0.59
② 1.05

2 ① △＝30×○＋100
②

きゅうりの数○(本)	1	2	3	4	5
代金△(円)	130	160	190	220	250

③ 310円

3 ① 28%
② 280000×0.12＝33600
答え　33600円

4 南町の面積を□km^2とすると，
□×0.8＝84
□＝84÷0.8
□＝105　答え　105km^2

5 (144＋137＋140＋134＋136＋128)÷6
＝136.5　答え　136.5cm

6 ① 768000÷4191＝183.2…
答え　183人
② 956000÷1877＝509.3…
答え　509人

7 100÷40＝2.5
2.5時間＝2時間30分　答え　2時間30分

8 38÷50＝0.76　答え　76%

とき方

1 1%→0.01，10%→0.1，100%→1です。
① 「%」をとって，100でわります。
② 十の位が0なので，小数で表すときの小数第1位は0になります。

2 ① 代金＝
きゅうり1本のねだん×本数＋トマトのねだん
② ①の式の○に数をあてはめて，△を求めます。○が1のとき，
△＝30×1＋100，△＝130です。
同じようにして，○が2，3，…のときの△を求めます。
③ 30×7＋100＝310(円)

3 帯グラフの小さい1めもりは1%です。
① 住居費は，30から58のめもりまでで，
58－30＝28(%)です。
② 光熱費の割合は12%だから，1か月の支出280000円の12%の金額を求めます。

4 南町の面積×0.8＝北町の面積
で，北町の面積は84km²です。

5 6人の身長の合計を人数でわって，平均を求めます。

6 人口密度＝人口÷面積
① 表の人口の単位は「千人」だから，福井県の人口は，768000人です。
② 香川県の人口は，956000人です。

7 時間を求める問題なので，時間＝道のり÷速さにあてはめて求めます。
2.5時間を何時間何分で表します。
0.5時間＝30分だから，2.5時間＝2時間30分です。

8 割合＝比べる量÷もとにする量
もとにする量は植えた50個，比べる量は発芽した38個です。答えは百分率で表します。

まとめ②

5年のまとめ②

P126・127

1 ① 19.2
② 200

2 ① 比例する。
② 15cm

3 図書室にある種類別の本の数

種類	数(さつ)	割合(%)
物語	420	35
科学	240	20
歴史	180	15
図かん	108	9
その他	252	21
合計	1200	100

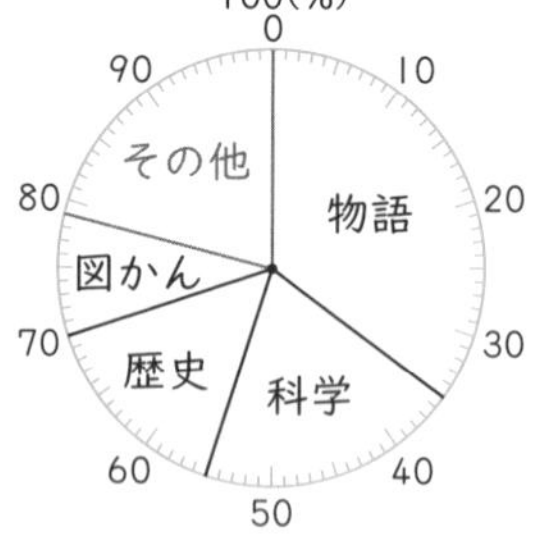

4 9×15＝135　答え　135ページ

5 ① 1200÷5＝240　答え　分速240m
② 80×3＝240　答え　240km

6 2560÷(1－0.2)＝2560÷0.8
＝3200　答え　3200円

7 ①

時間(分)	0	1	2	3	4
弟　(m)	0	70	140	210	280
姉　(m)	0	80	160	240	320
和　(m)	0	150	300	450	600

② 6分後

とき方

1 ① 12.8×1.5=19.2
② □×3.6=720
□=720÷3.6
□=200

2 ① 横の長さが2倍，3倍，…になると，体積も2倍，3倍，…になるので，体積は横の長さに比例します。
② 直方体の体積=たて×横×高さだから，
△=2×○×4，△=8×○です。
△に120をあてはめて，120=8×○，
○=120÷8，○=15で，15cmです。

3

物語	420÷1200=0.35	35%
科学	240÷1200=0.2	20%
歴史	180÷1200=0.15	15%
図かん	108÷1200=0.09	9%
その他	252÷1200=0.21	21%
合計		100%

円グラフは，真上から右まわりに区切ってかきます。
物語は0から35のめもりまで，
科学は35から35+20=55(めもり)まで，
歴史は55から55+15=70(めもり)まで，
図かんは70から70+9=79(めもり)までです。

4 平均のページ数を，1日に読むページ数として，1日に読むページ数×日数=読んだページ数にあてはめて求めます。

5 ① 速さを求める問題なので，
速さ=道のり÷時間にあてはめて求めます。
② 道のりを求める問題なので，
道のり=速さ×時間にあてはめて求めます。

6 もとにする量=比べる量÷割合
もとにする量は定価，比べる量は売っているねだんです。2割→0.2で，ね引き後の割合は，1−0.2=0.8です。

7 ① 弟は1分間に70mずつ，姉は1分間に80mずつ進みます。2人が1分間に進んだ道のりの和は，70+80=150(m)です。2人の道のりの和は150mずつ増えていきます。
② 2人の進んだ道のりの和が900mになるときの時間を求めます。速さは分速150mだから，900÷150=6で，6分後です。

2302R1